U0799469

中国钢铁之最

(2014)

中国钢铁工业协会《钢铁信息》编辑部　编

北　京
冶　金　工　业　出　版　社
2015

内容提要

本书将《钢铁信息》刊物中的“钢铁之最”栏目所刊登的条目按企业和产品分类汇编成《中国钢铁之最（2014）》，以供企业领导、有关人员和《钢铁信息》的读者参考。

图书在版编目(CIP)数据

中国钢铁之最．2014/中国钢铁工业协会《钢铁信息》编辑部编．—北京：冶金工业出版社，2015．3

ISBN 978-7-5024-6867-5

Ⅰ．①中…　Ⅱ．①中…　Ⅲ．①钢铁企业—中国—名录　Ⅳ．①F426．31-62

中国版本图书馆 CIP 数据核字(2015)第 045799 号

出 版 人　谭学余

地　　址　北京市东城区嵩祝院北巷 39 号　邮编　100009　电话　(010)64027926

网　　址　www.cnmip.com.cn　电子信箱　yjcbs@cnmip.com.cn

责任编辑　戈　兰　美术编辑　彭子赫　版式设计　孙跃红

责任校对　石　静　责任印制　李玉山

ISBN 978-7-5024-6867-5

冶金工业出版社出版发行；各地新华书店经销；三河市双峰印刷装订有限公司印刷

2015 年 3 月第 1 版，2015 年 3 月第 1 次印刷

148mm×210mm；8．375 印张；246 千字；253 页

43．00 元

冶金工业出版社　投稿电话　(010)64027932　投稿信箱　tougao@cnmip.com.cn

冶金工业出版社营销中心　电话　(010)64044283　传真　(010)64027893

冶金书店　地址　北京市东四西大街 46 号(100010)　电话　(010)65289081(兼传真)

冶金工业出版社天猫旗舰店　yjgy.tmall.com

(本书如有印装质量问题，本社营销中心负责退换)

《中国钢铁之最(2014)》

编 委 会

主　任　刘振江

副主任　张宇春　陈国康

主　编　薛壬海

编　辑　刘宝林　焦　响　高春和

序

自1949年新中国成立以来，我国钢铁工业发生了巨大的变化，到2013年钢产量已经达到了近8.22亿吨，钢材品种由单一品种变成了多品种，产品质量有了飞跃的发展，生产技术已达到了世界先进水平，为了让人们记住钢铁工业的发展历史，宣传中国钢铁工业的企业文化、鼓励钢铁企业向更高、更好、更强指标挑战，我们编辑出版了《中国钢铁之最（2006）》《中国钢铁之最（2007）》《中国钢铁之最（2010）》《中国钢铁之最（2012）》。今年我们重新整理编辑了2002年至2013年在《钢铁信息》上刊登的“钢铁之最”，按钢铁行业指标排序第一的企业进行整理、分类、汇总。出版《中国钢铁之最（2014）》。

“钢铁之最”对记录钢铁工业发展历史，对推动钢铁行业健康、可持续发展，对企业对标挖潜、赶超先进、争创一流，有较强的参考意义。

今后我们还将不定期连续汇集出版《中国钢铁之最》，希望广大企业能积极参与，共同完善“钢铁之最”。书中难免有粗浅疏漏和错误，恳请广大读者谅解，并提出宝贵意见。

《钢铁信息》编辑部

2014年12月

目　录

钢铁行业之最部分

2002～2013 年钢铁行业指标排序第一名

钢铁企业部分

非钢铁企业部分

分项目部分

钢铁行业之最部分

GANGTIE HANGYE ZHIZUI BUFEN

宝钢集团有限公司

➢宝钢集团宝钢股份特殊钢分公司生产的大型硬化塑料模块年产量达到 1 万吨，模块规格厚度可达 1000mm，最大宽度达到 1800mm。

➢宝钢集团宝钢股份特殊钢分公司在生产 Cr18 型、Cr22 型和 Cr25 型低氮的双相不锈钢基础上，研制开发了 Cr25 型高氮双相不锈钢，具有良好的耐腐蚀性、可焊性和良好的综合力学性能，并已批量生产。

➢宝钢集团宝钢股份特殊钢分公司采用独特的铸造工艺，成功生产出满足外形尺寸为 ϕ820mm × 567mm，单件重量 740kg 的不锈钢阀体进出阀关键零件。

➢宝钢集团宝钢股份特殊钢分公司自行设计、研制的 600℃短时用高温钛合金于 1986 年开始研制、在 1994 年成功应用于大型卫星上和神州系列飞船上，并应用于我国第一艘航天载人飞船上。

➢宝钢集团宝钢股份特殊钢分公司于 1982 年在国内首次试制成功 R-26 合金，满足了上海汽轮机厂引进火电汽轮机高、中压气缸螺栓等关键材料的国产化要求。

➢宝钢集团宝钢股份特殊钢分公司于 1998 年在国内首次研制成功 GH690 合金锻件及棒材，最大锻件横向面积达 530cm^2，各项性能均达到核工程使用要求。满足了我国各项工程的特殊要求。

➢宝钢集团宝钢股份特殊钢分公司于 2004 年 7 月在国内首次试制成功重型燃气轮机发动机用 GH2674 合金大型涡轮盘锻件，最大规格达到 ϕ2220mm × 210mm，重达 6. 7t，是国内生产的最大高温合金锻件。

➢宝钢集团宝钢股份特殊钢分公司 1987 ~ 1993 年期间研制成功的 GH3600 高温合金精细薄壁管材，是我国长征三号甲系列运载火箭氢氧发动机大喷管延伸段的主要材料。管材的尺寸精度、内外表面质量及光洁度和各项性能都达到了最高要求。至今，已成功地运用于火箭发射，把卫星送上预定轨道。

➢宝钢集团宝钢股份特殊钢分公司于 1979 年 3 月在国内首次研

制成功航天用 GH4169 合金整体涡轮盘（即涡轮转子和涡轮叶片由盘件整体加工而成）材料，并于 1980 年经受了远距离向太平洋发射的考验，至今由宝钢集团宝钢股份特殊钢分公司制造的 GH4169 合金整体涡轮转子材料应用于制造长征系列一、二级大型运载火箭整体涡轮转子，经受了长征运载火箭多次发射成功。

➢宝钢集团宝钢股份特殊钢分公司拥有的 20t 氩气保护电渣炉，可以在惰性气氛保护下进行重熔，防止易氧化元素的烧损及有效控制气体含量，其建成时间、品种产量、质量水平、炉容均居全国之首，国内同行业第一。

➢宝钢集团宝钢股份特殊钢分公司于 2003 年 12 月建成了国内最早的一条不锈钢为主的棒、线、卷生产作业线，该线运用了当今世界上最先进的工艺技术及设备，设计年产量为 35 万吨，可生产奥氏体、铁素体、马氏体双相不锈钢和马氏体不锈阀门钢、奥氏体不锈阀门钢以及其他特殊钢。

➢宝钢集团宝钢股份特殊钢分公司研制成功国内最大的直径 2118mm、厚 160mm、重 4. 4t 的特大型合金锻件，为我国重型燃气轮机用大型高温合金涡轮盘饼的开发打下基础，锻造采用了“可粘贴绝热材料”、“保温锻造技术”、“多元分解锻造工艺”等工艺技术，在特殊钢分公司 4000t 快锻实施成功，锻件的研制成功是我国高温合金大型锻件生产技术的突破。

➢宝钢集团宝钢股份特殊钢分公司 2006 年从意大利 POMINI 公司引进的连轧生产线，工艺布置为一架 700 粗轧机和 16 架 CCR 连轧机半连续轧制方式，成功生产了 CH163、CH4133B、CH738、CH3030 等高温合金，这是国内首条高温合金、钛合金连轧生产线。

➢宝钢集团宝钢股份特殊钢分公司锻造厂于 2005 年 9 月从美国 HETRAN 公司引进价值 400 万美元的 BT-12/BBP-12 型棒材剥皮机，主要用于高温合金、钛合金、模具钢、不锈钢、轴承钢、高速工具钢等棒材的表面处理，处理规格为 80 ~ 300mm，是国内最大规格棒材的无芯车光切削设备。

➢宝钢集团宝钢股份特殊钢分公司 2004 年 1 月开始采用 18t 电弧炉 + AOD 工艺冶炼精密合金，并实现粗轧开坯，生产了 Ni36、

Ni22Cr3、Ni20Mn6、4j42、1j50、1j79 等钢种，产品质量完全达到要求，生产成本大幅度下降，国内钢铁行业第一。

➢宝钢集团宝钢股份特殊钢分公司在 3000t 压机上用等温锻造的方法锻制出投影面积达 0.48m^2 的钛合金机匣精锻件，是目前国内投影面积最大、形状复杂的钛合金锻件，它的研制成功具有两方面意义，一是在锻制大型复杂性状钛合金锻件上取得了突破，二是我国拥有了用小设备制造大锻件的技术。

➢宝钢集团宝钢股份特殊钢分公司具有 30 多年的历史，拥有从 500 ~ 10000t 的系列压机 6 台、大吨位真空感应炉和真空自耗炉以及精锻机、快锻机等设施，产品覆盖了各种规格的高温合金磨具、钛合金等温锻件等数十种，遍及航空航天领域，产量已近 200t，国内钢铁行业第一。

➢宝钢集团宝钢股份特殊钢分公司成功熔炼了直径为 ϕ1066mm，重达 11t 的国内最大的纯钛铸锭，其化学成分、组织均匀性均达到了国际先进水平，是国内目前最大的铸锭，国内钢铁行业第一。

➢宝钢集团宝钢股份特殊钢分公司 2003 年从德国 SPS 公司引进了 40/45MN 快锻机，于 2004 年 11 月投产，最大锻压力可达 45t，操作机夹持最大重量 43t，最大夹持力矩 90t · m，其锻造力和敦促压力均是国内引进的快锻机中最大的。

➢宝钢集团宝钢股份特殊钢分公司于 2004 年 12 月投产的从德国 SMS-Meer 公司引进 SMX650 型 13/15MN 径锻机，其锻造力达到 15MN，操作机夹持最大重量 6t，最大夹持力矩 120t · m，锻打频率可达 240 次/分，是国内最大的径锻机，也是国内引进的第一台径锻机。

➢宝钢集团上海第一钢铁有限公司 2500m^3 高炉配套的高炉煤气余压透平发电装置（TRT），2003 年 4 月 4 日并网发电，透平主机出力为 8510 ~ 9000kW，创国内同类型高炉配套国产 TRT 装置新纪录。

➢宝钢集团梅山有限公司炼铁厂 2 号高炉第三代（炉容 1280m^3）自 2004 年 3 月 28 日 10 点 14 分点火开炉至 2004 年 4 月 1 日（开炉第五天），日产达到 2654t，高炉利用系数为每天 2.073 吨铁/立方米，创国内同类型高炉新纪录。

➢宝钢集团梅山有限公司炼铁厂1号150t转炉炉壳更换、三点球面支撑和冷却系统改造、末端烟道和三罩更换及相关项目检修工程，于2004年2月20日开工至3月8日点火烘炉并兑铁连续正常生产，28天完成95个大项目的200个子项目，创国内同类型转炉炉壳更换停产时间新纪录。

➢宝钢集团梅山有限公司炼铁厂2号连铸机采用了自动开浇、结晶器液位自动控制、EMBR、ASTC、大包下渣检测、结晶器在线调宽、结晶器液压振动、BOPS等先进技术，2003年5月23日拉速达2.4m/min，创国内同类型连铸机拉速新纪录。

➢宝钢集团梅山钢铁公司2号高炉恢复性大修工程——新建1280 m^3 高炉及配套公辅设施建设工期299天，投产后仅5天利用系数就突破2.0t/(m^3·d)，日产量达到设计能力，建设工期和达产期均创国内同类型高炉最短纪录。

➢宝钢集团梅山钢铁公司2号活性石灰窑工程——新建500t/d套筒竖窑及配套公辅设施，建设工期195天，刷新了同类工程建设的最快纪录。

➢宝钢集团梅山钢铁公司3号烧结机工程——180m^2 烧结机及配套公辅设施，建设工期263天，创国内同类工程工期最短纪录。

➢宝钢集团梅山钢铁公司2号连铸机工程从基础施工到热负荷试车第一炉浇钢一次成功，工期仅用6个月零25天，创国内同类工程工期最短纪录。

➢宝钢集团梅山钢铁公司1号连铸机2002年年产量达到万吨，铸机台时平均产量达到201t创国内同类型设备新纪录。

➢宝钢集团梅山钢铁公司500t套筒式活性石灰窑从1999年投产到2002年6月进行第一次中修，窑役寿命达到3年零50天，第一次中修工期仅用37天，创国内冶金行业同类设备新纪录。

➢宝钢集团梅山钢铁公司原料储运码头料场至烧结料场管状皮带通廊全长约2300m，供料能力1000t/h，建设工期136天，刷新了同类工程建设的最快纪录。

➢宝钢集团梅山钢铁公司1号转炉换转炉炉壳炉修用时27天。

创国内炉修最短工期纪录。

➢宝钢集团梅山钢铁公司热轧技改项目仅停产 37 天，热负荷试车一次成功，创国内钢铁行业热轧机改造停产最短纪录。

➢宝钢集团梅山钢铁公司承担的“十五”重大攻关项目“大间距集中无底柱采矿新工艺研究”通过国家验收，梅山铁矿成为我国第一个采用大间距无底柱采矿的矿山。

➢宝钢集团宝钢股份宝钢分公司冷轧薄板厂二次冷轧兼平整机组（DCR 机组）于 2004 年 12 月投产，采用双机架六辊先进技术，同时具备冷轧和平整功能，不仅可以生产高强度、薄规格镀锡原板，还可以生产光面质量要求高的光亮钢板及彩电显像管用荫罩带钢、内磁屏蔽钢等，是国内第一条二次冷轧与平整机组合二为一的生产线。

➢宝钢集团宝钢股份宝钢分公司冷轧薄板厂二次冷轧兼平整机组（DCR 机组）于 2005 年 4 月生产出厚度仅为 0.1mm 极薄极硬的 DR10 等级镀锡板，产品广泛应用于产品制罐行业。

➢宝钢集团宝钢股份宝钢分公司冷轧薄板厂 2004 年 12 月 20 日竣工投产的二次冷轧兼平整机组（DCR 机组）采用双机架六辊先进技术，同时具备二次冷轧和平整功能，并可实现干、湿平整切换。不仅可生产高强度、薄规格的二次冷轧型镀锡原板，还可以生产光面质量要求高的光亮板以及彩电显像管用荫罩带钢、内磁屏蔽等产品，是国内第一条钢铁精品生产线。

➢宝钢集团宝钢股份宝钢分公司冷轧薄板厂二次冷轧兼平整机组（DCR 机组）于 2005 年 4 月 16 日生产出超过机组设计能力，厚度规格仅为 0.08mm 二次冷轧镀锡原板，创造了国内同行业镀锡板生产纪录。

➢宝钢集团宝钢股份宝钢分公司冷轧薄板厂 2004 年 12 月 20 日竣工投产的二次冷轧兼平整机组（DCR 机组）于 2005 年 4 月 19 日，成功生产出国内规格最薄 0.13mm、0.15mm 的内磁屏蔽钢，产品广泛应用于彩电显像管。

➢宝钢集团宝钢股份宝钢分公司冷轧薄板厂二次冷轧兼平整机组（DCR 机组）于 2005 年 9 月 8 日成功生产出厚度规格仅为

0. 13mm 和 0. 15mm 的二次冷轧型荫罩带钢，产品广泛应用于彩电显像管。

➢宝钢集团宝钢股份分公司厚板厂在线超声波探伤设备布置在剪切线入口，对剪切前的轧制厚板进行检测，具有检测节奏快、边部无盲区等优点，是国内首套采用在线自动超声波探伤工艺的设备，国内钢铁行业第一。

➢宝钢集团宝钢股份宝钢分公司厚板厂自动超声波探伤设备具有 300 个检测通道，是国内目前检测通道最多的厚板超声波探伤设备。

➢宝钢集团宝钢股份宝钢分公司厚板厂自动超声波探伤设备沿钢板宽度方向布置了 300 个检测通道，可以在钢板运送的同时对宽度 4900mm 的钢板进行 100% 覆盖检测，是国内目前检测范围最宽的厚板超声波探伤设备。

➢宝钢集团宝钢股份宝钢分公司厚板厂宽厚板轧机，轧制压力 108000kN，轧制宽度达 4900mm，轧制长度达 52000mm；轧机单片牌坊高达 15000mm、宽 4700mm、厚 2200mm；重量达 400t；堪称“中国轧机之王”。

➢宝钢集团宝钢股份宝钢分公司厚板厂 5m 厚板 ACC 多功能加速冷却系统，将直接淬火与层流冷却两种工艺集于一身，该装置前后分喷射冷却段和 U 形管层流冷却段。可结合设备特点与工艺要求实现直接淬火、层流冷却等 5 种分段冷却功能，同时借助全自动控制冷却系统，实现多块钢轧制中间冷却功能、多规格品种钢的控制冷却功能及特厚板的软冷却功能。

➢宝钢集团宝钢股份宝钢分公司厚板厂两种炉型加热炉，其一是两套步进机构并独立控制的箱型双排料步进式加热炉，其二是用于间歇加热特定钢种与尺寸规格的台车式装出料的车底加热炉。加热原料厚度规格最多，从 120mm 至 500mm 有 9 种规格，加热模式代码 512 种，加热钢种有 12 大类，两种炉型加热炉采用独立计划装炉、交叉出炉控制。

➢宝钢集团宝钢股份宝钢分公司厚板厂 AGC 系统的油缸直径 1650mm，壁厚 95mm，是国内最大的 AGC 系统油缸。

➢宝钢集团宝钢股份宝钢分公司厚板厂5m厚板高压水除鳞系统，系统压力达到25MPa，是国内压力最高的轧机除鳞系统。

➢宝钢集团宝钢股份宝钢分公司厚板厂加速冷却系统ACC，喷射冷却系统：7000m^3/h；当钢板厚度为10mm时，最大冷却速度达到55K/s，U形管系统：13000m^3/h，当钢板厚度为10mm时，最大冷却速度达到42K/s，是国内最大的ACC。

➢宝钢集团宝钢股份宝钢分公司厚板厂热矫直机采用强力机型，最大矫直力达到44000kN，是国内最大的热矫直机，国内钢铁行业第一。

➢宝钢集团宝钢股份宝钢分公司厚板厂5m厚板厂厚板轧机，其工作辊尺寸为ϕ1210/1110mm×5300mm，其支撑辊尺寸为ϕ2300/2100mm×4950mm，是国内尺寸最大的轧辊。

➢宝钢集团宝钢股份宝钢分公司厚板厂轧机牌坊尺寸为15220mm×4700mm×2200mm，重390t/片。是国内最大的轧机牌坊，国内钢铁行业第一。

➢宝钢集团宝钢股份宝钢分公司厚板厂5m厚板厂厚板定尺剪，剪切钢板厚度：5~50mm，剪切钢板宽度：1300~4900mm，钢板定尺剪切长度：3000~26000m，钢板冷态抗拉强度：1200N/mm^2（40mm板厚）、750 N/mm^2（50mm板厚），最大剪切力16000kN，是国内最大的定尺剪。

➢宝钢集团宝钢股份宝钢分公司厚板厂厚板检查台架，沿宽度方向分为两列，可同步或单独运行，总宽度2×26.25=52.5m，总长度（轨道中心线）77500mm，1号段横移能力250t，2号段横移能力550t，是国内最宽、横移能力最大的检查台架。

➢宝钢集团宝钢股份宝钢分公司厚板厂冷床，沿宽度方向分为两列，可同步或单独运行，运送时有效尺寸2m×26m×76m，抬升时有效尺寸4m×26m×38m，宽度52.5m，长度84m，承重能力850t，是国内最大的冷床。国内钢铁行业第一。

➢宝钢集团宝钢股份宝钢分公司厚板厂氮气保护辐射管加热辊道式连续热处理炉宽5m，总长83.58m，最高炉温可达1000℃，是国内最长的热处理炉。

➢宝钢集团宝钢股份宝钢分公司厚板厂5m宽厚板冷矫直机，最大矫直力达到35000kN，最大矫直强度达1250N/mm²，矫直辊直径220mm，矫直辊长度5100mm，采用9/5辊变辊数矫直，矫直辊单独驱动，具有辊缝控制AGC，弯辊控制APC，矫直辊单独辊缝调整独立传动，并钢板自动矫直，钢板除尘和快速换辊。

➢宝钢集团宝钢股份宝钢分公司钢管厂焊管分厂ϕ610mm直缝焊管机组于2005年11月开始热负荷试车，历时14个月，于2006年2月月产量达到2.967万吨，提前实现月达产目标，创造了国际同类机组月达产速度最快纪录，国内钢铁行业第一。

➢宝钢集团宝钢股份宝钢分公司钢管厂焊管分厂，ϕ610mm直缝焊管工程于2004年8月3日开始建设，到开工生产仅用了15个月，创造了世界同类机组建设周期最短的纪录。

➢宝钢集团宝钢股份宝钢分公司钢管厂焊管分厂，ϕ610mm直缝焊管机组成功试制了N80-Q、L80-1、P110焊管填补了国内直缝焊管线高钢级焊接套管的空白。

➢宝钢集团宝钢股份宝钢分公司钢管厂焊管分厂，ϕ610mm直缝焊管生产线于2006年月顺利完成ϕ610mm×19.6mm等极限规格产品的试生产，成为国内同类机组中第一个成功生产符合API标准的极限规格的ϕ610 ERW生产线。国内钢铁行业第一。

➢宝钢集团新疆八一钢铁集团有限责任公司1971年在国内首创了“转炉补炉法”。利用转炉可补前后炉衬，不能补耳轴两侧炉衬的特点，在当耳轴两侧炉衬需要修补时，用行车把转炉炉体吊离托圈，将炉体旋转90°，使耳轴两侧炉衬变为前后墙炉衬，顺利地进行补炉操作。采用此法后转炉炉龄显著提高，最高可达1610炉。

➢宝钢集团新疆八一钢铁厂1952年把涡鼓型侧吹碱性转炉在世界上第一次投入了工业性生产。涡鼓型侧吹碱性转炉比直筒侧吹碱性转炉脱磷效率高，更适应于高磷铁水的冶炼。

鞍山钢铁集团公司

➢鞍山钢铁集团公司1700mm中薄板坯连铸连轧生产线于2000年11月试车成功，是我国第一条自行设计、制造技术总负责并拥有全部知识产权的短流程热轧带钢生产线。

➢鞍山钢铁集团公司是新中国第一个大型钢铁联合企业。始建于1916年，其前身是日本侵略时期建立的鞍山制钢所，1949年恢复建设的鞍钢正式开工，当年生产的生铁、钢、钢材分别占全国的40.6%、63.1%和55.4%。

➢鞍山钢铁集团公司无缝钢管厂 ϕ140mm 机组，1953年10月27日试轧成功新中国第一根无缝钢管。

➢鞍钢集团钢绳厂1965年就研制成功矿井提升用的具有不旋转性，平衡性良好的扁钢丝绳。

➢鞍钢集团钢绳厂生产的钢丝绳，在经国家客运架空索道安全监督检验中心批准运行的360多条客运架空索道中，占有率达到75%，200多条拖牵索道中占有率达到95%。

➢鞍钢集团钢绳厂于1965年研制成功用于矿井提升的椭圆股钢丝绳，替代了进口，是国内研制成功最早的厂家，并独家生产。

➢鞍钢集团钢绳厂于1966年成功研制出我国独有的6VX37S线接触三角股钢丝绳，是国内研制成功最早的厂家。

➢鞍山钢铁集团公司新轧钢股份有限公司大型厂于2003年10月自行研制生产了电车用槽型钢轨，用于辽宁省大连市有轨电车改扩建工程，填补了国内空白。

➢鞍钢集团弓长岭矿业公司建有两条设计能力共计400万吨/年球团矿生产线，是目前国内最大的链箅机-回转窑球团矿生产线，一期200万吨工程自2002年8月26日开工，到2003年10月15日竣工，日产达5500t，最高产达到6760t，球团矿铁品位65%以上，抗压强度2500N/P以上，转鼓指数92.63%，耐磨指数2.25%，还原率68.46%，膨胀指数15.17%，该工程投资最少，建设周期最短，达产期最快，投资回收期最短。

➢鞍钢集团弓长岭矿业公司于2001年用5个半月建成年处理量600万吨“提铁降杂”高效预选工艺，使矿石入磨品位提高近2个百分点，年减少废石入磨量110万吨，实现年增铁精矿27万多吨，年增效益5700多元。

➢鞍钢无缝钢管厂 ϕ159 MPM 连轧机组在设计施工中，首次使用了感应再加热技术，投资低，占地少，加热升温快，表面氧化少，国内同行业第一。

➢鞍钢无缝钢管厂 ϕ159 MPM 连轧机组采用水幕除尘技术，投资少、占地少、除尘效果好，国内同行业第一。

➢鞍钢无缝钢管厂于 1950 年 3 月开始筹建，1952 年 7 月 1 日开工建设，1953 年 10 月 27 日试轧成功，同年 12 月 26 日正式投产，是新中国成立后建设的第一座无缝钢管厂，是第一根无缝钢管的诞生地，为全国钢铁行业之最。

➢鞍钢无缝钢管厂 ϕ159 MPM 连轧机组总投资 2098 亿元，建设施工期 12 个月，工程热试车、试生产到达产 1 年，为投资最少、建设工期最短、达产最快，国内同行业第一。

➢鞍山钢铁集团公司新轧钢股份有限公司厚板厂于 2003 年引进奥钢联 VAI 四辊可逆式中厚板轧机，辊身长度 4300mm，最大轧制压力 80000kN，轧机立柱端面面积 9900cm^2，支撑辊辊径 2150mm，重 160t，工作辊辊径 1120mm，重 45t，是 2003 年投产最大的厚板轧机。

➢鞍山钢铁集团公司新轧钢股份有限公司厚板厂于 2002 年引进德国西马克 SMS-DEMAG 的全液压四重式 11 辊可逆中厚板热矫直机，矫直力 34000kN，矫直宽度 4150mm，不仅具有整体倾动、斜矫功能，同时矫直机上分离框可使弯辊量达 ±8mm，是 2004 年投产的最先进的矫直机。

➢鞍钢集团电讯厂第一家将鞍钢通信系统管网整体纳入微机统一管理，实现鞍钢通信管网资源微机化、信息化、地图化管理。

➢鞍钢集团电讯厂，鞍钢门卫多媒体视频监控系统采用国内最先进的嵌入式硬盘录像主机，全系统采用光缆传输，图像清晰，夜视能力强，该系统应用于钢铁行业最早，采用技术最先进。

➢鞍钢新钢铁有限责任公司原燃料储运分公司占地面积 153 万平方米，拥有 24 条铁路专用线，6 条生产加工线，储存物资近 50 个品种，最高储备能力 200 万吨，年吞吐量 700 万吨，是鞍钢的“钢铁粮仓”。

➢鞍钢新轧钢公司线材厂于 2003 年与东北大学合作，采取控轧控冷技术，细化钢材内部晶粒尺寸，确保钢材塑性，提高钢材强度，成功开发了超细晶粒钢线材生产技术。

➢鞍钢新钢铁公司于2003年4月投产的容积为3200mm^3新1号高炉，配套了由卢森堡PW公司引进的环缝清洗工艺煤气清洗系统，该清洗装置高炉煤气水单耗1.8t/km^3。

➢鞍钢新钢铁公司于2003年4月投产的容积为3200mm^3新1号高炉，配置的煤气余压发电装置（TRT），是国内首台全国产化最大的装置。

➢鞍钢股份公司中厚板厂2005年12月采用TMCP工艺生产12～60mm EH500超高强船体及海洋工程用钢，为国内首创。

➢鞍钢股份公司中厚板厂2007年7月采用TMCP工艺生产出Q880CF和Q960CF强度级别超低碳贝氏体中厚钢板，为国内首创。

➢鞍钢股份公司无缝钢管厂ϕ159 MPM连轧管机组2003年8月投产，工程投资2.98亿元，土建和设备安装周期4个月，热调试4个月，达产4个月，创国内无缝钢管行业工程投资最少、建设周期最短、达产速度最快新纪录。

➢鞍钢2007年矿山采剥总量20315万吨，为国内钢铁行业最大。国内钢铁行业第一。

➢鞍钢2007年矿山矿石产量5001万吨，为国内钢铁行业最大。国内钢铁行业第一。

➢鞍钢2007年矿山精矿产量1885万吨，为国内钢铁行业最大。国内钢铁行业第一。

➢鞍钢2007年烧结矿产量2087万吨，为国内钢铁行业最大。国内钢铁行业第一。

➢鞍钢2007年矿山贫赤铁矿选矿从业人员劳动生产率26059吨/人，为国内钢铁行业最高。国内钢铁行业第一。

➢ 2007年鞍钢矿山贫赤铁矿选矿厂用水单耗为0.171m^3/t，为国内钢铁行业最低。国内钢铁行业第一。

➢ 2007年鞍钢矿山露天铁矿大型生产汽车运输效率423.6万公里/台，为国内钢铁行业最高。国内钢铁行业第一。

➢ 2007年鞍钢钢铁扁绳生产量3011t，占国内总产量70%以上，为国内钢铁行业最高。国内钢铁行业第一。

➢ 2007 年鞍钢客运索道用钢丝绳国内市场占有率 90% 以上，为国内钢铁行业最高。国内钢铁行业第一。

➢由鞍钢生产的北京香山公园索道为国内生产的第一条索道。国内钢铁行业第一。

➢鞍钢生产的浙江溪口索道钢绳，是国内第一条拖挂式索道钢绳。国内钢铁行业第一。

➢鞍钢生产的山西王莽岭索道，钢丝绳单根重量 26t，为国内单根最重的钢丝绳。国内钢铁行业第一。

➢鞍钢自主研发的"260t 转炉柔性连接脱圈"，为国内最大转炉脱圈。国内钢铁行业第一。

➢ 2005 年鞍钢研发的三峡蜗壳 ADB610D 钢替代进口。国内钢铁行业第一。

➢鞍钢 1780mm 冷轧生产线是国内第一条自主创新集成的大型宽带钢冷连轧生产线。国内钢铁行业第一。

➢鞍钢 1500mm 冷连轧机组建设效率为国内最高。

➢鞍钢输出济钢 1700mm ASP 生产线是国内第一条整体输出的大型连轧生产线。国内钢铁行业第一。

➢鞍钢创建由 36 块等离子屏幕组成的生产能源管控大屏幕系统，为国内钢铁行业最大。国内钢铁行业第一。

➢鞍钢采用 TMCP 工艺生产的 EH500 超高强船体及海洋工程用钢，为国内首创。国内钢铁行业第一。

➢鞍钢采用 TMCP 工艺生产的 Q880CF 和 Q960CF 强度级别超低碳贝氏体中厚钢板，为国内首创。国内钢铁行业第一。

➢鞍钢 2006 年 5 月至 2007 年底，采用 ASP 中薄板坯连铸连轧工艺累计生产无取向硅钢 52 万吨，创中薄坯连轧生产无取向硅钢产量纪录。国内钢铁行业第一。

➢鞍钢 2006 年设计生产的遥控无级变频调速牵引车获国家发明专利，开创了铁水牵引机车实现无级变频调速、遥控操作的新纪录。国内钢铁行业第一。

➢鞍山钢铁集团公司炼铁总厂西区烧结 2 系列 328m^2 烧结机，规格为：$\phi 18.8m \times 15.8m$，$H_{总} = 54.5m$，烟气处理量 $198 \times 10^4 m^3/h$。

是由鞍钢集团工程技术有限公司采用丹麦 Niro 公司研制开发的旋转喷雾干燥（SDA）烟气脱硫技术并对其进行消化吸收的烧结烟气脱硫项目。其烧结机为国内最先应用旋转喷雾干燥（SDA）烟气脱硫技术进行脱硫的最大烧结机、其脱硫塔直径为国内最大。

➢鞍山钢铁集团公司西区 3 号 260t 转炉及鲅鱼圈钢铁厂三套 260t 转炉柔性连接托圈是国内目前独立设计、独立制造的并具有国际先进水平的最大的转炉支撑装置。

➢鞍山钢铁集团公司鞍钢股份冷轧厂含油废水回用系统与 2009 年 5 月全面通水投运，该系统将冷轧厂所产生的废乳化液、油库废水、清洗液、平整液等含油废水统一收集到废水处理站进行处理，然后全部回用到净环水站喷淋水系统中，进水量平均 $15m^3/h$，水回用率达到 95% 以上，是国内第一次把冷压连工艺生产废水处理后回用到罩式炉喷淋水系统中。

➢鞍山钢铁集团公司鞍钢股份冷轧厂 5 号镀锌线采用改良森吉米尔法连续退火炉，加热和保温能力均落后于美钢联工艺，但通过优化生产工艺，更改机组极限条件后可使鞍钢热镀锌线的厚料产品质量达到美钢联生产线水平，目前已成为国内镀锌线批量稳定生产销售的产品厚度跨度最大的镀锌生产线，最厚达到 3.0mm，最薄达到 0.3mm。

➢鞍山钢铁集团公司鞍钢股份冷轧厂难焊接钢质在酸洗-轧机联合机组生产达到国内最低的焊缝断带率。实现闪光焊接 45 号、05CuPCrNi 两种钢质在鞍钢股份冷轧厂 1 号酸洗-轧机联合机组的稳定连续生产，焊缝断带率稳定控制在 0.5% 以下，实现激光焊接发蓝冷硬钢带系列钢质在酸洗-轧机联合机组的稳定连续生产，焊缝断带率稳定控制在 0.4% 以下。

➢鞍山钢铁集团公司鞍钢股份鲅鱼圈分公司管控铁路运输中心范屯站之间正线采用单线布置。2009 年 5 月 17 日克服到发线有效长不足的影响，充分利用调车场东西牵出线，在到发场 4 道一次组编组 136 辆，开行车次为 88611（机车号为 422），创冶金企业铁路运输一次编组车数最高纪录。

➢鞍山钢铁集团公司鞍钢股份鲅鱼圈钢铁分公司厚板部中厚板

生产线的设计产能为230万吨，2009年年底已达到年产200万吨的生产能力，品种结构和产品质量在同行业中均处于先进水平，为我国产能最大的中厚板生产线。

➢鞍山钢铁集团公司鞍钢股份鲅鱼圈钢铁分公司厚板部中厚板生产线粗轧机的支承辊辊身长度为5400mm，产品最大宽度可达5200mm，产品能满足核电、造船等行业特殊要求，为我国产品宽度最宽的中厚板生产线。

➢鞍山钢铁集团公司鞍钢股份鲅鱼圈钢铁分公司厚板部中厚板生产线，轧机由德国SMSD及Siemens公司设计，粗轧机的最大轧制力10500t，为国内宽厚板领域轧制力最大的轧机。

➢鞍山钢铁集团公司鞍钢股份鲅鱼圈分公司炼钢连铸项目2009年12月生产合格坯56.7万吨，相当于年产660万吨以上水平，在短短15个月就实现达产目标，创国内同规模钢铁项目之最。

➢鞍山钢铁集团公司鞍钢股份鲅鱼圈分公司炼钢部引进德国Metso Lindemann公司的废金属液压剪切机 EC1648-15 TD80-25-20/8×90kW，为目前国内乃至亚洲剪切力最大的废钢冷剪机。

➢鞍山钢铁集团公司鞍钢股份鲅鱼圈分公司炼钢部为了提高RH产能，开展了RH耐材提寿、RH工艺改进、RH生产组织优化、RH涮罐、RH喷补、RH刮渣、RH清热顶盖作业研究等一系列公关，RH处理能力大大提升，2010年1~4月份两座RH处理钢水4098罐，生产钢坯102万吨，相当于年处理能力306万吨，为国内钢铁之最。

➢鞍钢集团公司鞍钢股份公司线材厂率先将水浴处理技术成功应用到实际生产中，填补了国内应用水浴热处理生产高速线材的空白。经过水浴处理的盘条，索氏体化率可达到95%~98%；盘条可直接用于深加工，可以免去后续的铅浴处理工序，为深加工用户节约了成本，又能够避免铅带来的污染，真正实现了“绿色”生产。

➢鞍钢集团公司鲅鱼圈炼焦部焦油渣自动回配装置，采用双螺旋搅拌设备将焦油渣同配合煤充分混合，再送入配合煤进入焦炉，达到焦油渣回收处理再利用的目的。焦油渣回配装置自开工投入使用以来，效果良好，焦油渣的回收处理达到了100%，有效地解决了焦油渣对环境的污染问题，以及焦油渣在从原料场至配煤系统过程中造成的各皮带溜槽堵塞问题，解决了对配煤圆盘设备腐蚀和堵塞问题，保护了环境，减轻了现场员工的劳动强度，降低了生产成本，取得了明显的经济效益和社会效益。“焦油渣回收装置”已获得国家发明专利（专利号 ZL200920013513.0)，并荣获了第十九届全国发明展览会（西安）银奖。焦油渣自动回配装置从2010年5月至2011年6月，焦油渣回配率100%，创造了中国焦化焦油渣处理装置之最。

➢鞍钢集团公司管理创新部“矿区生态环境修复关键技术的研究与应用”针对排岩场、尾矿库表层覆土难、地形地貌复杂、栽植苗木成活率低的问题，采用了“柳条筐固坑栽植法”、“保水保肥植树袋种植法”既解决了矿区排岩场边坡绿化复垦固坑难的问题，又为栽培后期保水保肥提供了方便条件。2010年该项目通过辽宁省科技成果鉴定。

➢鞍钢集团公司鞍钢股份鲅鱼圈钢铁分公司焦化工程由中冶焦耐工程技术有限公司自主创新设计，并进行施工建设总承包，工程总投资19.8亿元人民币。2006年5月份破土动工，经过移山填海造地，建成一套JNX70-2型4×52孔复热式焦炉（以下简称7m焦炉），配套建设2×160t/h的干熄焦装置。2008年4月22日1号焦炉开工投产，至2009年4月20日3号焦炉顺利装煤，标志着国内首座开工建设的7m大型化焦炉全面投产运行。

➢鞍钢集团公司鞍钢鲅鱼圈7m焦炉配套焦炉煤气放散自动点火装置，放散点火装置以计算机技术为基础，煤气压力为运作参数，实现煤气压力报警、放散点火、蒸汽控制等功能。它可以保障集气管压力波动过大时，焦炉煤气放散，并点火引燃，保护大气环境，避免了焦炉放散时荒煤气直接放散至大气，黄烟漫天的现象发生，减少了荒煤气对人体的损害，同时降低操作工的劳动强度。

➢鞍钢集团公司鞍钢鲅鱼圈炼焦部7m焦炉开工运行以来，由于煤气放散自动点火装置的正常稳定运行，避免了十余次在大停电鼓风机停机等事故时，焦炉煤气放散造成的环境污染，鞍钢鲅鱼圈7m焦炉配套焦炉煤气放散自动点火装置至2011年7月的成功运行创造了中国焦化环保装置运行之最。

➢鞍钢股份鲅鱼圈钢铁分公司炼焦部排气洗净塔由排气洗净塔本体，排气洗净塔泵，排气风机和连接各槽器的尾气管道组成。炼焦部排气洗净塔系统具有的特点是，吸收抽除焦化厂槽具尾气效率高，机械化澄清槽、剩余氨水槽、循环氨水槽、焦油贮槽、焦油中间槽等尾气100%通过管道进入到排气洗净塔，进行冲洗处理，实现很好的环保效果，减少了污染，解决了国内钢铁企业焦化厂副产作业区域内共存的呛人气味，优化了区域内空气质量，改善了员工操作环境。

排气洗净塔于2008年2月建成，2008年4月投入运行，是鲅鱼圈分公司最为重要的环保设备，鞍钢鲅鱼圈炼焦部经过3年的生产实践，目前已经通过技术革新，总结出一套排气洗净塔运行管理模式，使得排气洗净塔在鲅鱼圈钢铁分公司从2009年5月至2011年5月连续稳定运行3年。

鲅鱼圈炼焦部排气洗净塔创造了国内钢铁焦化厂同类环保设备连续稳定运行之最。

➢鞍钢集团公司齐大山选矿厂2010年通过安装计量水表科学计量；ERP数据采集实时控制；合理分配用水量；平衡好各作业区新水消耗；加强设备冷却水改造；充分利用厂内净化水，降低新水单耗，使贫赤铁矿选矿新水单耗降为0.107m^3/t，贫赤铁矿选矿水单耗降为0.56m^3/t，居国内同行业之首。

➢鞍钢股份有限公司为了树立“违章行为与人身伤害事故一样对待”的理念，进一步规范员工安全生产行为，做到“违规指挥不执行、安全措施未落实不检修、安全工作不到位不作业、安全受到威胁不生产”，杜绝违反各类规章制度现象，坚决遏制各类事故的发生，保障员工在生产作业活动过程中的身体健康和生命安全及国有资产安全，2010年5月14日制定并实施《鞍钢股份有限公司安全生产禁令》及《鞍钢股份有限公司安全生产禁令实施办法》。鞍钢股份有限公司是在冶金行业第一家实施《安全生产禁令》的企业。

➢鞍钢集团公司齐大山选矿厂破碎车间只有一台PX1350/180旋回式粗破机，原设计作业率为60%。随着精矿产量的增加，对粗破机破矿量需求量增加。选厂经过认真研究，制定和实施“四个集中”生产、检修原则，一是集中供矿，强化外部矿源的组织；二是集中破矿，采用“一高、两快、三勤”的方法，高料位生产，提高破矿效率；三是集中维护，实施“三加强”的措施，强化设备问题的处理和保养维护，改善设备的技术状况；四是集中检修，坚持“三定”的原则，对用时较多、难度系数高的设备问题集中检修，提高检修质量和效率。粗破作业率得到了极大提高，达到82.13%，超设计22.13%，被载入中国企业吉尼斯新纪录，满足了选厂扩大生产规模的需要。

➢鞍钢集团公司齐大山铁矿是国内唯一的集采矿选矿热电于一体的大型铁矿山。其规模及生产能力位居全国一流。采矿生产在齐大山铁矿干部职工的努力下，创造出了辉煌的成绩。其中在2010年16.8m^3 电铲综合效率达到483.4万吨/(台·年)。

➢鞍钢集团公司鲅鱼圈钢铁分公司炼钢部自主创新开发的转炉铜磷钢冶炼模型从2010年11月15日开发上线使用，该模型应用了氧枪自动控制技术、副枪自动控制技术、熔剂自动加入技术，取代了工人手动冶炼铜磷钢工作，白灰单耗为零，并实现脱碳保磷的目的，节约了原材料（白灰、磷铁等）成本，为国内最先进的铜磷钢冶炼控制模型。

➢鞍钢集团重机公司自筹资金，自主研发，自担风险制造的国内首件70万千瓦水轮发电机组转轮下环，是目前世界上装机容量最大的发电机组，也是三峡大坝上唯一一个国产下环，它标志着我国三峡机组转轮三大铸件制造技术已被攻克。此下环最大直径为10520mm，高1927.9mm，重58.7t。该件用了185t钢水采用五罐十孔浇注，整个生产制造过程如热处理、性能检测、粗加工、探伤检测、精加工均一次成功，通过国家“三峡委”的验收。三峡水电下环的成功生产开启了大型水电产品国有化的大门，填补了国内水电生产的空白。改变了大型水轮机转轮主要部件依赖进口的局面。

➢鞍钢集团工程技术有限公司于2009年3月开始研制开发“旋转喷雾干燥脱硫工艺”，在引进、消化、吸收SDA法的基础上，开发研制出了“烧结烟气脱硫技术工艺及装置”为国际、国内钢铁行业首创，具有投资低、能耗低、运行成本低、脱硫效率高、副产品全部综合利用，不造成二次污染等特点。现已成功应用于鞍钢、沙钢、邯钢等多家钢铁企业烧结烟气脱硫，形成了多项具有自主知识产权的专利及专有技术，填补了国内空白，其特点如下：

（1）世界首创 $435m^2$ 烧结机采用旋转喷雾干燥（SDA）法进行烧结烟气脱硫。

该工艺技术为世界钢铁行业首创，成果达到国际先进水平，所研制的大型烧结机烟气脱硫装置处于国际领先水平。脱硫塔直径规格为：$\phi 18.8m \times 15.8m$，$H_{总} = 54.5m$，处理烟气量 $252 \times 10^4 m^3/h$。

（2）该脱硫工艺设施对烧结工况适应性强，可根据 SO_2 浓度和烟气温度变化情况，适时自动调节浆液量及浆液浓度，保证高效稳定的脱硫效率；空塔结构简单，能耗低，水耗低、对水质适应性强，运行和维护成本低。

（3）副产品全部综合利用，不造成二次污染，满足“循环经济”的要求。

（4）多项具有自主知识产权的专利及专有技术，填补了国内空白。

（5）脱硫系统运行稳定，状态良好，稳定达到以下目标：

1）脱硫处理后 SO_2 浓度 $\leqslant 100mg/m^3$（标态）；

2）出口烟气含尘量浓度 $\leqslant 30mg/m^3$（标态）；

3）脱硫系统周界噪声不高于 85dB(A)；

4）设备可用率：与烧结机同步；

5）脱硫系统漏风率 ≤3%；

6）脱硫系统使用寿命不低于 20 年。

➢鞍钢集团公司东鞍山烧结厂 2007 年在原来的工艺基础上进行了球磨大型化改造，年处理能力由原来的 430 万吨增加到 660 万吨，而东鞍山铁矿随着开采深度的增加，含碳酸盐赤铁矿石的比例也随之上升，由 10% ~15% 增加到 20% ~30%，每年含碳酸盐赤铁矿石有 150 万 ~200 万吨的出矿量。原有的阴离子反浮选工艺不适应处理该部分矿石，选别作业时造成精、尾不分的严重后果，影响产品质量及选矿的生产成本，企业的经济效益下降，同时，由于选矿能力的提升及含碳酸盐赤铁矿不能入选，造成东鞍山铁矿矿源的严重不足，为了不影响目前的采矿作业及不浪费矿石资源，东鞍山铁矿被迫将该部分矿石选址在矿山堆存，导致采矿成本的大幅上升。

为了合理利用矿产资源，鞍钢集团矿业公司和东北大学合作针对鞍山式含碳酸盐赤铁矿石进行了系统的选矿试验研究，并提出了相应的选别方法。经过两年多的大量实验研究，采用分步浮选法处理含碳酸盐赤铁矿的选别工艺获得了成功。

本项目研究揭示了东鞍山含碳酸盐铁矿石难于浮选分离的原因，首次在铁矿选矿领域采用分步浮选技术，成功地实现了过去无法利用的含碳酸盐难选铁矿石的分选，技术先进，工艺调整简单，结果可靠。

项目实施后年综合经济效益达 23396.88 万元，且每年为东鞍山烧结厂增加可利用铁矿石量 170 万吨，并使东鞍山地区约 5 亿吨含碳酸盐赤铁矿石得到高效利用。经济、社会和环境效益显著，解决了东鞍山烧结厂铁矿石原料紧张的问题，对东鞍山烧结厂的可持续发展奠定了基础。

➢ 鞍钢集团矿业公司弓长岭矿业公司球团一厂链箅机回转窑生产线是 2000 年以后出现的高自动化高效铁氧化球团生产线。链箅机的运行部分是链箅机的核心，它是由驱动链轮装置、从动链轮装置、侧密封、上托辊、下托辊、链箅装置及拉紧装置等组成。这个链箅装置是在高温环境下工作，又承受巨大的工作载荷。而链箅机链节则是该生产线上的主要输出设备，它的工作温度在 550℃以下，因此链节是否能承受恶劣的工作环境是关系到整台链箅机是否正常工作的关键。

此传动系统属于重型套筒链节传动，为了保证平稳准确传动，原设计在每根上托轴上安装了 3 个链轮。但从使用效果上看，由于链节受高温作用而伸长，不能保证每个链轮都能正确啮合，从而产生剧烈摩擦，导致链轮过早损坏。原系统使用时，平均寿命为 1.5 年。

为了延长链箅机链节的产能寿命，在 2007 年设备大修中更换了链箅机的全部链节，并在 2007 的年修过程中将上托轴链轮全部拆除，减少了不正常的传动摩擦。还采取了以下办法延长链箅机链节的产能寿命。

通过加强热工制度管理，严格控制风箱烧结温度不超过550℃。及时调整风箱热工气流的均匀分布，保证了传动链节温度的合理控制。

加强链箅机操作管理，控制链箅机主机电工作电流为50A，使链箅机工作平稳，无冲击性传动。

目前该链节已运行30个月，运行状态良好。按现在的磨损情况再运行24个月没有问题。

这条生产线共有2520个链节，整条链节净重59976kg，从2007年11月到2010年4月共计生产球团矿5046863t，链节产能为：5046863 ÷ 59976 = 84.148t/kg。链箅机链节产能最高，寿命最长。

➢鞍钢集团公司齐大山铁矿是全国唯一的集采矿选矿热电于一体的大型铁矿山。红矿选矿由连续磨工艺于2007年改为阶段磨矿、粗细分选、重选-磁选-阴离子反浮选新工艺。经过全矿干部职工的共同努力，红矿选矿生产创造了新水平，其中磨机台时达到了310t/h。

➢鞍钢集团公司鲅鱼圈钢铁分公司炼钢部自主创新开发的转炉熔池液位预报模型从2010年12月15日开发上线使用，该模型应用了副枪复合探头技术、副枪仪表检测技术、智能副枪系统液位预报技术、智能氧枪系统液位预报技术，取消了BL型副枪探头，取代了工人测量熔池液位工作，能够实时准确地预报熔池液位，为国内最先进的熔池液位预报模型。

➢鞍钢集团矿业公司辅助材料厂自行研制“KS”系列阴离子反浮选捕收剂，针对不同矿区矿石性质的差异，分别研发了KS-Ⅰ、KS-Ⅱ、KS-Ⅲ等系列产品。新设计的捕收剂分子结构具有适当长度分子链的非极性基和两个官能团的极性基，一个是羧基，一个是羟基。这种结构的捕收剂分子可以和活化的石英表面形成稳定的六环螯合型络合物，弥补了一般常用的阴离子捕收剂对透闪石、绿泥石等硅酸盐类脉石矿物捕收能力较差、药剂的分散性不强、形成的泡沫较黏、使一部分细粒铁矿物夹带于泡沫中造成浮尾品位高的不足。

新型捕收剂KS-Ⅱ对鞍矿齐大山选矿厂混磁精的实验室浮选试验

与生产用捕收剂 RA-515 相比，药剂用量基本不变，试验和工业生产都取得了较好的选别指标：浮选精矿年平均品位提高 0.13 个百分点，浮选作业尾矿品位降低 1.17 个百分点，作业金属回收率提高 1.58 个百分点。

新型捕收剂 KS-Ⅲ对鞍矿东鞍山烧结厂浮选车间混磁精的实验室浮选试验与生产用捕收剂 KS-Ⅰ相比，在药量基本相同的条件下，试验和工业生产均取得了较好的选别指标：浮精品位提高 0.51 个百分点，浮尾品味降低 0.43 个百分点，作业回收率提高 0.38 个百分点，效果更为明显。

KS 系列捕收剂用于鞍钢集团矿业公司所属选厂具有显著的经济效益，年效益约 2000 万元，KS 系列新型捕收剂结构新颖、选择性好、适应性强，其研制及应用技术达国际领先水平。

➢鞍钢集团矿业公司辅助材料厂 2010 年研制“鞍钢牌”KF-5 有机型矿用汽车冷却液研制项目，是鞍钢集团具有自主知识产权的产品。2009 年经国家工商局批准注册了“鞍钢牌”冷却液商标。

“鞍钢牌”冷却液含有高效的防腐组分，产品具有防冻、防穴蚀、防锈蚀、防腐蚀、防结垢等“五防”功能，为发动机冷却系统提供了全面的长效保护，解决了普通冷却液防腐性较差的问题，解决了冷却液贮存和长期使用中的稳定性问题。使用“鞍钢牌”冷却液可以明显改善冷却系统散热效果，提高发动机效率，保障汽车安全行驶。同时，在防止橡胶腐蚀方面有着与众不同的特殊功效。通过使用“鞍钢牌”冷却液实现了矿用汽车冷却液产品的技术升级，“鞍钢牌”冷却液能够满足各类矿山大型机械传动汽车、大型电动轮汽车及矿山大型工程机械等重负荷柴油机的使用技术要求。经实际应用和国家机构检测，“鞍钢牌”冷却液各项指标均达到企业标准《重负荷矿用汽车发动机冷却液产品标准》，远优于中华人民共和国石油化工行业标准 SH/T 0521—1999 和美国 ASTM D3306、ASTM D 4985—2000 产品规范要求。

2010 年 11 月 5 日，由矿业公司组织东北大学、辽宁科技大学及矿山用户等专家对该项目进行了成果鉴定，认为“鞍钢牌”有机型 KF-5 矿用汽车冷却液产品性能达到国内领先水平。2011 年 2 月，该项目被矿业公司评定为科技进步二等奖。

➢鞍钢集团矿业公司辅助材料厂研制的矿用牙轮钻头是大型冶金矿山露天开采所用牙轮钻机穿孔所用钻孔工具。经过多年的不断努力，针对鞍钢矿业公司各矿地质条件，产品不断创新、发展，目前我们生产的产品种类有：KX8-3-250 型钻头、KX8-32-250 型钻头、KX8-35-250 型钻头、KX8-4-250 型钻头、KX8-32-310 型钻头、KX8-4-310 型钻头、KX6-4-310 型钻头、KX7-4-310 型钻头。这些产品，有适用于磨蚀性或半磨蚀性硬矿岩的，有适用于极硬岩的，也有适用于矿岩混合区域的，这些产品适用于不同矿区、不同型号的钻机，其中新产品 KX8-32-250 型钻头平均穿孔米道为 550m/支，KX8-35-250 型钻头平均穿孔米道为 500m/支。

牙轮钻头产品采用国际先进技术工艺设计理念，其穿孔米道、穿孔效率等性能指标达到同行业一流水平。目前已具备年产能力 6000 支，年产量达 5500 支，占全国总量的 25%，能力居钢铁行业产能第一。是中国钢铁行业产能最大的矿用牙轮钻头生产基地。

➢鞍钢股份鲅鱼圈钢铁分公司 2011 年厚板部综合成材率指标完成了 90.78%，创国内 4m 以上中厚板产线之最。

2011 年厚板部通过优化坯料设计方案、优化试样布置方式、加强不合格品管理等技术和管理措施，提高设计成材率 1.2% 左右。通过实施各项措施，从 3 月开始综合成材率逐步升高，其中三季度综合成材率为 91.42%，且三季度单月综合成材率均超过了 91.35%，9 月份单月综合成材率完成了 91.47%，创厚板部历史最好水平。在此基础上，2011 年全年综合成材率累计完成了 90.78%，为国内 4m 以上中厚板产线之最。

➢鞍山钢铁集团公司引进 CCPP 联合循环发电机组为三菱研制的燃烧高炉煤气和焦炉煤气混合气体的大型燃气机组，是目前世界上最稳定、最先进的燃气燃烧高炉混合煤气的发电机组。鞍钢引进此设备后，经过不断地研究和探索、反复的试验，大胆采用并实现了只燃烧高炉煤气的新技术，24 小时以上的纯高炉煤气燃烧获得成功。此项技术的应用使机组在短期没有焦炉煤气的情况下不用停机，避免了由于焦化厂检修造成没有焦炉煤气进而发生跳机事故产生的经济损失，避免了停机后高炉煤气不能燃烧排入大气后造成污染环境。至今，在日方 M701DA（S）同类型机组中都没有应用此项技术，此项技术被评为鞍钢公司的2010年集团专有技术。按每年2次没有焦炉煤气停机计算：每年最少挽回经济损失800万~1200万元。

➢鞍钢重型机械有限责任公司研制的由陕西多伦科技发展有限公司为扬州诚德钢厂设计的挤管机。经过近三年的努力，现已研制成功。

该设备是生产大型、高质量、高精度无缝钢管的机械设备，轧制钢管最大直径ϕ920mm。设备作用是将常温管坯，在该机组内进行挤压、轧制，形成规定尺寸，高密度、高精度的无缝钢管。

该机组总重约1800t，分为机座、大滑块、保持架、芯棒装置、卡盘、床身等部分。其中机座是与基础直接连接的基础件，机座的上部安装有大滑块往复移动的导轨，大滑块内安装保持架，保持架中安装轧辊，大滑块在机座导轨上快速往复移动，保持架与轧辊在大滑块内也往复运行，芯棒及芯头在机组的中心。工作时，超高压液压缸驱动保持架运行，保持架通过连杆系统带动大滑块运行，芯头在钢管内部，管坯通过卡盘系统向前步进并旋转，钢管外部由三个轧辊形成圆形孔型对钢管进行轧制，靠轧辊的特殊孔型使钢管逐渐完成定径和成型。设备空载运行部件总重达600余吨；轧制过程中钢管温度较低，只有300℃左右，基本属于冷挤压加工的范畴，轧管过程的轧制力达到1.6×10^{8}N。

该设备是国内首台特大型无缝钢管挤压设备，也是国际上同类机组中最大的设备。

➢鞍钢集团是中国最大的钒制品企业，其中钒渣年产44万吨，V_2O_5年产1400t，FeV80年产10000t，FeV50年产15000t，钒氮合金年产4000t，钒铝合金年产500t。

➢鞍钢集团线材厂生产ϕ5.0mm国内最小规格高速无扭热轧控冷盘条的技术颇为成熟。在此基础上，该厂又研发出了轧制ϕ4.5mm极限规格高速无扭热轧控冷盘条的国内领先技术，并逐步向生产ϕ4.0mm规格盘条的生产技术迈进，成为国内高速无扭热轧控冷盘条轧制规格覆盖最广的企业，也即将成为国际同行业具备生产极限规格高速线材产品的领航型企业。

➢鞍钢鲅鱼圈钢铁分公司75%的原料来自于海路运输，全封闭皮带运输系统实现船载物资从码头直接进入原料场，实现海运接料环保、节能、高效。

全封闭接料系统：海运直通系统从港口T6转运站至原料场区域全线封闭，实现物料通过皮带直通进原料场，创下了36h直通20万吨粉矿的良好业绩，既避免了物料落地产生的二次转运费，亦减少了噪声、粉尘污染，实现了绿色环保、高效、快捷物流。

全新的PLC控制系统：海运直通系统设置1套主PLC系统，4套PLC远程站。在1号控制管理中心设主PLC控制室，在2号、3号、4号、5号变电所设远程PLC控制室。主站PLC可实现与二级计算机的通信联网，且主站PLC与远程站PLC可通过DP口建立区域网络实现数据通信与交换，实现了数据共享，方便了数据承接。

先进的除尘工艺：海运系统共8个转运站，在每个转运站设置在线清灰低压脉冲袋式除尘器，处理各个转运站卸料产生的粉尘，并采用环保型专用运灰车输送，进行综合利用；同时在皮带通廊设置除尘风机房，实现换气量$5832m^3/h$，可以保证除尘系统排放气体的含尘浓度$\leqslant 30mg/m^3$，工作岗位的含尘浓度$\leqslant 10mg/m^3$，不仅保证了物料的循环利用，又有效避免了环境污染。

噪声控制：对海运通廊所有风机及转运设备等机械进行合理布局，并利用海运系统闲置期间对设备进行维修与更换，控制器械噪声$\leqslant$85dB(A)，减少作业环境噪声污染，创造了良好的作业环境。

鞍钢鲅鱼圈海运接料系统运行至今创造了中国海运接料之最。

➢鞍钢股份鲅鱼圈钢铁分公司厚板部2011年成功研发核电用钢16MnD5，属国内最先研发成功核电用钢厚板生产线。

2011年厚板部采用大压缩比轧制技术与调质工艺相结合，利用60t钢锭，成功研制了核Ⅰ级产品核反应堆稳压器用16MnD5钢板，最大厚度达到122mm。产品已中标红沿河5号、6号机组核反应堆工程，成为国际第二家、国内第一家可以提供核反应堆稳压器用钢板的生产线。

➢鞍钢股份鲅鱼圈分公司1580mm热轧线2011年生产集装箱产

量达55.4万吨，2.0mm以下规格薄材比例达37%，总量占鞍钢销量的90%。销往马士基、中集、太平货柜、新华昌、胜狮等集装箱厂家，与国内主要钢厂进行对比，销量领先（2011年宝钢：40万吨；武钢：41万吨；首钢：33.8万吨；本钢：32.8万吨），已成为中国最大的集装箱原料供应产线。

➢鞍钢股份鲅鱼圈钢铁分公司220kV钢铁变电站，以最短的建设周期、安装调试工期和最少的投资实现一次开关设备无油化室内全部采用GIS(SF6）组合电器，二次设备全部实现综合自动化、调度自动化及远方遥控、监测、数据自动采集，光纤传送各种数据信息功能的变电站。

➢鞍山钢铁集团公司鲅鱼圈炼焦部7m焦炉开工运行以来，在十余次在大停电、鼓风机停机等事故中，焦炉自动放散点火装置实现了100%对放散焦炉煤气的点火处理，减少了焦炉煤气放散造成的环境污染。

鞍钢鲅鱼圈7m焦炉配套焦炉煤气放散自动点火装置至2011年12月的稳定运行创造了中国焦化环保装置运行之最。

➢鞍山钢铁集团鞍钢股份鲅鱼圈钢铁分公司采用焦油渣回收装置处理焦油渣，自7m大型化焦炉全面投产运行以来，每天产生大约15～20t焦油渣。焦油渣回配装置使用效果良好，焦油渣的回收处理达到了100%，取得了明显的经济效益和社会效益。“焦油渣回收装置”已获得国家发明专利（专利号ZL200920013513.0），并荣获了第十九届全国发明展览会（西安）银奖。该装置自2009年5月至2011年12月，焦油渣回配率100%，创造了中国焦化焦油渣回收、处理装置之最。

传统的焦化企业回收、处理焦油渣的方法为：将焦油渣运至原料场瘦煤货位，同瘦煤混合后重新进入配煤系统，达到回收、处理的目的。此方法回收、处理焦油渣严重污染环境，同时对备煤生产顺行造成严重影响。主要体现在：造成配煤系统从原料场工序至配煤粉碎机工序之间皮带及附属设备严重腐蚀，各下料溜槽频繁堵塞；造成配煤斗槽悬料，下料困难，影响配煤准确度及配煤质量；增加现场员工的操作困难，加大了员工的劳动强度。

相对传统焦油渣回收、处理方法，焦油渣自动回配装置将焦油渣同配合煤按一定比例充分混合后直接运输至配煤粉碎机后运输皮带上，省略焦油渣在原料场工序至配煤粉碎机工序之间运行的这一中间过程，有效地解决了焦油渣对环境的污染问题以及对备煤系统造成的各类难题，降低了员工劳动强度，减少了设备维护费用、保证了配煤准确度，在一定程度上提升了焦炭质量。

➢鞍山钢铁集团公司齐大山铁矿矿石系统半移动式破碎站是世界上最大的半移动式破碎站。破碎站由板式给矿机、破碎机和塔楼、排料胶带机三个部分组成，设备总重 1775t，其中排料胶带机总重 175t，最大外形尺寸 44000mm × 14100mm × 7600mm；破碎机和塔楼总重 850t，最大外形尺寸 19000mm × 21100mm × 24500mm；板式给矿机总重 750t，最大外形尺寸 31000mm × 28000mm × 19000mm。2002 年由于采场下降，为减少汽车运距，半移动式破碎站需随之下移。此次下移为投产后的第一次，也是国内第一次，标高由 +42m 下降到 -18m，行程路径为 1700m。此前在印度类似的迁移过程中由于对重心的调整不当造成破碎机和塔楼的倾翻，因此此次下移又被称为“亚洲第一移”。

➢鞍山钢铁集团公司于 2011 年 6 月，在印度孟买凯宾斯基里拉宾馆召开的 2011 年百略达战略执行论坛会议暨战略执行明星奖颁奖仪式上，鞍钢获得“2011 年百略达全球战略执行明星组织奖”，“全球战略执行明星组织奖”是全球企业战略执行领域的最高奖项，旨在表彰那些正确运用平衡计分卡并成功执行了战略、取得了突破性业绩的组织。2000 年至今全球有 100 多个组织获奖，亚太地区共有 20 多个组织获奖。在今年的评选中，亚太地区共有两家企业获此殊荣，鞍钢是今年唯一凭借成功运用平衡计分卡作为战略执行系统而取得突破性成果并获得这一奖项的中国企业。成为获得该奖项的第三家中国企业，是中国钢铁企业中的第一家获奖企业。

➢鞍山钢铁集团鞍钢股份有限公司线材厂联合辽宁科技大学共同研发了一种高速线材斯太尔摩线气雾冷却装置及其使用方法。根据斯太尔摩线所提供的辊道长度，在吐丝机与斯太尔摩首架风机之间的一段空冷辊道的上方，两侧对称设置一组或多组气雾冷却装置。

气雾冷却装置先从线圈搭接点上方重点向搭接点处喷雾冷却，由装置的内套管喷出具有一定压力和流量的水流，与经外套管、三头梯形螺槽喷出的压缩空气相遇并产生旋转混合，形成一次雾化的水雾，再经过多孔可调外套管嘴的小孔二次雾化后喷出。然后经过斯太尔摩线下方的风机对线圈进行风冷，并利用“佳灵装置”重点向搭接点处吹风，这样便可以在提高斯太尔摩线的冷却强度的同时解决线圈同圈性能差异较大的问题，σ_s、σ_b 平均可提高 10 ~ 15MPa，线材性能的均匀性和平均晶粒度也有所提高。气雾冷却装置的研发以及气雾冷却在提高产品组织性能方面取得的显著成效，使鞍钢股份有限公司线材厂成为国内外首家成功应用气雾冷却装置生产线材产品的生产企业，同时也为线材厂今后的领航道路奠定坚实基础。

➢鞍钢集团是中国最大的钛原料生产企业，具有年产 50 万吨钛精矿的生产能力。

➢鞍山钢铁集团公司具有年产 2700 万吨铁精矿的生产能力。是中国最大的自产铁精矿生产企业。

➢鞍山钢铁集团公司具有年产 310 万吨重轨的生产能力，是中国最大的重轨生产企业。

➢鞍山钢铁集团公司化工总厂建设的新型 7m 焦炉是国家“863”的示范性项目，配套 190t/h 干熄焦并采用高温高压锅炉。该设备采用了 7 大项、近 30 余小项新技术，将超大容积顶装焦炉的技术及装备提高到国际领先水平，在满足产量需求的条件下，最大限度地提高资源利用效率、节约能源和减少排放，即实现了焦炉大型化、高效节能和清洁生产，为中国最先进 7m 焦炉。

➢鞍山钢铁集团公司股份有限公司中厚板厂 4300mm 宽厚板生产线利用 TMCP 工艺生产超高强船板技术在国际上仅有如日本 NKK、日本 JFE、德国迪林根等为数不多的几家钢铁公司具备生产资格，在国内尚属空白。从 2005 年末至 2006 年初的 5 个月时间内，鞍钢股份在国内首次开发成功 TMCP 工艺生产超高强船板的生产工艺，轧制出 14 ~ 76mm 的 EH420、EH460、EH500、EH550、FH420、FH690 等产品；并成功交付 12000t 产品，并顺利通过九国船级社认证，产品实物质量指标及技术经济指标达到了国际先进水平，标志着我国已经掌握并突破了超高强船板从炼钢到轧钢的生产制造工艺控制的核心技术，是我国钢铁工业具有历史意义的一次跨越。

➢鞍山钢铁集团公司鲅鱼圈钢铁分公司炼钢部自主创新开发的转炉高碳钢冶炼模型从2010年10月12日开发上线使用，该模型应用了氧枪自动控制技术、副枪自动控制技术、熔剂自动加入技术、结晶碳含量智能修正技术、实时碳含量动态预报技术、冶炼终点智能控制技术，取代了工人冶炼高碳钢工作，降低转炉终点氧含量，节约了脱氧剂加入量，提高了钢水洁净度，打破了国外转炉高碳钢自动控制的技术封锁，为国内最先进的高碳钢冶炼控制模型。

➢鞍山钢铁集团公司鞍钢股份冷轧厂以最短的安装调试工期和最少的投资，完成了自主集成程度最高的酸洗板机组建设项目。

冷轧厂1号线原盐酸洗机组设备老化严重，机组故障率高，无法保证机组稳定连续运行，导致作业率和产能极低；拉矫机已经没有破鳞及矫直的功能，且酸洗后无平整，表面质量和板形无法保证；由于设备能力及装备水平影响，使产品规格受限，产品质量也无法满足汽车、轻工、家电等高端市场的需求。原址利旧改造盐酸洗机组可以解决上述问题，同时还可以保证1号线可逆轧机的原料供应，形成现有产线的规模优势；能够丰富热镀锌的产品系列，填补热轧酸洗镀锌板的空白，适应以热代冷的发展趋势。热轧酸洗板广泛应用于汽车、家电压缩机、建筑等行业，根据市场分析，酸洗板具有良好的消费市场和发展前景，而且需求空间较大，具有很大的开发潜力。

2011年鞍钢股份公司冷轧厂组织相关单位仅利用119天的时间，完成改造工程的土建基础，设备安装，编程调试和热负荷试车工作，建成一条国内自主集成程度最高，工程投资最少，工程工期最短的酸洗板机组。

该机组工程总投资仅为7000万元，与国内同类型的机组投资相比，节省工程投资约3000万元，创造了国内同等规模酸洗板机组自主集成程度最高，工程投资最少，工程工期最短的新纪录。

➢鞍山钢铁集团公司于2010年9月10日，荣获2010中国“战略执行明星组织”奖。中国“战略执行明星组织”评选活动组委会指出，成为中国“战略执行明星组织”的获奖企业，意味着鞍山钢铁集团已经在中国战略执行领域树立了标杆，必将引导和激励其他中国企业提升战略管理能力，打造核心竞争力。鞍山钢铁集团公司高度重视战略执行工作，高层积极推进，通过运用平衡计分卡，把战略规划转化成了可以操作的行动，实现了战略与运营的有效对接。并建立了基于 BSC 的战略管理体系，较好地推动了战略的执行，取得了良好的经济效益。

评委会给鞍钢的评语是：鞍钢集团公司在聚焦经济增加值、支撑战略、组织协同、战略执行等方面取得了明显的效果。

➢鞍山钢铁集团公司鞍钢股份中厚板厂与东北大学联合开发的 4300mm 中厚板轧机轧后快速冷却系统，是国内首套拥有自主知识产权的在线超快速冷却系统，不但可以实现在线淬火工艺，而且可以实现比传统 TMCP 工艺更加灵活的新一代 TMCP（UFC-TMCP）工艺。该系统已在生产中稳定应用，板形合格率大幅度提高，钢板组织性能优良，并节省了合金元素，提高了生产效率，简化了生产工序（以在线淬火代替离线加热和淬火），节能减排，实现了低成本高性能中厚板产品的批量稳定生产，取得了 2000 余万元的经济效益和显著的社会效益、环境效益，具有良好的推广前景。

本溪钢铁（集团）有限责任公司

➢本溪钢铁（集团）有限责任公司供水厂在 263 天就完成了日处理能力 12.5 万吨污水的建设安装及调试工作，实现了当年设计、当年施工、当年竣工投产、当年达标回收利用，创造了污水处理厂建设工程的奇迹。

➢本溪钢铁（集团）矿业有限责任公司歪头山铁矿“三水平衡泵站”于 1999 年 11 月研制成功，同年 12 月正式运行，成为全国第一家无尾矿污染的选矿厂。

北满特殊钢集团有限责任公司

➢北满特殊钢集团有限责任公司具有年产 22000t 电渣钢的生产能力，2001 年生产电渣钢 18179.730t，产量居全国之最，生产能力居全国之最。

➢东北特钢集团大连基地环保搬迁项目高速线材生产线，产品规格为 ϕ4.5～25mm，覆盖全部线材产品，品种为高质量的不锈钢、弹簧钢、轴承钢、合金结构钢、合金工具钢、优质碳素结构钢、碳素工具钢、高速工具钢等。是目前国内唯一可生产 ϕ4.5mm 规格的生产线，其技术、装备、环保水平均达到世界领先水平。

➢东北特钢集团大连基地环保搬迁项目高速线材生产线，引进了国外先进的步进式加热炉、在线感应加热炉、轧制过程冷却水箱、在线固溶炉，同时配套功能齐全的轧后冷却线。可依据品种和用途不同配合轧机机组灵活进行在线控轧控冷，并可依据产品要求不同，在线实现加热、固溶、缓冷、风冷、标准冷却、延迟冷却、空冷，是目前国内装备最先进、最完备的控轧控冷轧制线。

➢东北特钢集团大连基地环保搬迁项目高速线材生产线，配备了在线固溶炉，用于不锈钢盘条的在线固溶处理，生产线充分考虑节能环保，最大限度利用加热轧制热能，同时提高固溶处理效率，实现轧制与固溶处理一次完成，随时满足产品固溶处理的需求。是目前国内唯一的一条在线固溶处理线。

➢东北特钢集团有限公司下辖三个生产基地，共有电渣炉 44 台，其中 38t 以上电渣炉 38 台。具有 19.5 万吨生产能力，大型电渣炉台数、电渣钢生产能力均居世界首位。

➢东北特钢集团有限公司北满特钢 1979 年从德国莱堡尔德-海拉斯公司引进一台公称容量 10t 的双熔位、计算机控制、恒熔速、同轴导电的电渣炉，是我国引进电渣炉最早的厂家，为我国电渣冶金带来了先进的技术和工艺思想。

➢东北特钢集团有限公司大连特钢由奥地利因泰克公司引进的 100t 电渣炉是我国最大的全计算机控制，恒熔速、气密保护气氛电渣炉，该电渣炉集先进技术之大成，具有高精度重力称重系统，电极位置 *X-Y* 调整系统，可将功率因数补偿 0.9 的大功率供电系统，大电流同轴及滑动接触导电系统，自动加渣及合金加料系统，具有除氟功能的除尘系统，电极预热装置，电渣锭热屏蔽装置，即可抽锭重熔又可固定重熔的熔位及稳定的车架式结构等。尤其是采用气密型保护气氛，使重熔过程在惰性气体密封保护状态下进行。即可解决电渣重熔过程中电渣钢增氢问题，又可解决电渣钢中易氧化元素和熔渣氧化问题。生产的电渣钢具有金属纯净度高、组织致密、化学成分均匀、无偏析疏松、气体含量低等一系列优点。可生产直径1800mm、长度6000mm的各类钢种的电渣锭和电渣钢棒材。使大型含铝钛不锈钢、高温合金、顶级核电站用钢等长度在6000mm的多种直径的电渣钢锭和电渣钢棒等诸多大型高质量产品的生产，在国内处于领先和垄断地位。

➢东北特殊钢集团有限责任公司大连特钢一炼钢从瑞士SMS-CONCAST公司引进的380mm×490mm三机三流大方坯连铸机，采用Convex结晶器、整体浸入式水口浇铸技术、结晶器液面自动控制、共振型结晶器振动系统、自动开浇及塞棒自动控制系统、连续矫直、冶金模型支持的自动控制技术。可生产高质量的碳素结构钢、碳素工具钢、合金结构钢、合金工具钢、合金弹簧钢、轴承钢、不锈钢等，是目前国内最大断面的特殊钢连铸机，具有生产特殊钢品种多，自动化程度高的特点，生产工艺和装备具有国际领先水平。

➢东北特殊钢集团有限责任公司大连基地环保搬迁改造的模具宽扁钢，采用二平二立可逆式热连轧机，具备轧制厚度5~300mm宽度100~850mm规格模具钢的能力，宽度850mm是当今国内特殊钢企业模具钢行业热轧最宽的扁钢。

➢东北特殊钢集团有限责任公司抚顺特殊钢股份有限公司1996年从奥地利GFM公司引进WF5-40轧机机组，采用平—立—平—立—平5机架布置，多路闭环控制、全液压驱动、可逆式高精度无孔型连轧机组，机组与一架ϕ650mm三辊闭口轧机配套，形成一条高精度方扁钢生产线，使我国模具钢制造达到了一个新的里程碑。该WF5-40机组是世界上第五台，亚洲第一台。

➢东北特殊钢集团有限责任公司大连特钢引进的西门子-奥钢联（POMINI）大棒材生产线采用新型开放式“红圈轧机”，二辊可逆式，其特点是：（1）短应力线，低弹跳值，成品紧公差。（2）轧辊轴承座可浮动，用以补偿轧辊弯曲，避免辊径轴承边缘负载。（3）轧辊轴承的液压平衡装置确保简单的轧制条件，使成品通条都是紧公差。(4) H-V 轧机都是同类型可以互换。(5) 轧机设计采用机器人允许换孔型、快速换机架，时间短、速度快。(6) 安装了水、油、油气等配合快速更换机架自动装置，换辊换机架方便快捷。(7) 可快速同时更换轧机底座。可生产碳素结构钢、碳素工具钢、合金结构钢、合金工具钢、合金弹簧钢、轴承钢、不锈钢。生产能力 35 万吨/年，最大合金钢棒材断面 ϕ360mm。

➢东北特殊钢集团有限责任公司大连特钢从瑞士 SMS-CONCAST 公司引进的年产 50 万吨，ϕ800mm 二机二流大圆坯连铸机，配置了管式 Convex 结晶器、整体侵入式水口，液面自动控制、液压振动系统、自动开浇及塞棒自动控制系统、二级电磁搅拌和机械轻压技术、在线铸坯温度检验系统、连续矫直、动态凝固模拟模型支持的自动控制技术生产特钢品种多，自动化程度高，是目前国际同行业最大断面圆坯连铸机。

➢东北特殊钢集团有限责任公司大连特钢大型锻件生产线，配置了德国西马克梅尔公司 80/100MN 快锻机，可生产工模具钢、合金结构钢、高速工具钢、不锈钢等 ϕ400 ~ 1500mm，厚度 350 ~ 1000mm、宽度 600 ~ 1500mm 特殊钢大型模块以及轴、饼、筒类锻件。产品涉及电力行业超临界、超超临界火力发电机转子、汽轮发电机主轴、核电用钢、风力发电机主轴、大型航空飞机涡轮、大型船用柴油机曲轴及大型冷热轧机轧辊等。是目前国内唯一可加工 150t 以上特殊钢钢锭生产线。

首钢总公司

➢首钢总公司炼铁厂四高炉容积为 2100m^3，连续运行 13 年，截至 2005 年 3 月 1 日一代炉龄每立方米容积产铁 10000.80t。

➢首钢总公司第二炼钢厂钢水年处理能力 170 万吨的 LF 炉于 2006 年 3 月 3 日开工建设，2006 年 7 月 20 日一次热试成功，同月 27 日正式投入生产，历时不到 5 个月，在国内外同等设备的建设中工期最短，同时设计周期和设备制造周期也是最短。

➢首钢总公司耐火材料厂年产 18 万吨的 2 号白灰套筒窑，于 2005 年 10 月 14 日开工建设，2006 年 5 月 28 日产出第一炉产品，在国内白灰套筒窑建设中工期最短。

➢首钢股份有限公司第二炼钢厂 225t 整体浇注钢包综合包龄突破 600 次，创国内同行业最好水平。

➢首钢总公司秦皇岛首秦金属材料有限公司 1 号高炉 2006 年 5 月入炉焦比指标达到 278.87kg/t，创出行业最好水平。

➢首钢总公司秦皇岛首秦金属材料有限公司 1 号高炉 2006 年 5 月喷煤比指标达到 201.18kg/t，不仅是企业历史最好水平，也是行业最好水平。

➢首钢总公司秦皇岛首秦金属材料有限公司 1 号高炉，自 2004 年 6 月 6 日投产至 2006 年 6 月 6 日，两年来，风口使用完好，创行业中 1000 ~ 1999m^3 同类炉风口使用寿命最长的纪录。

➢首钢总公司秦皇岛首秦金属材料有限公司 1 号高炉，是在行业 1000 ~ 1999m^3 高炉中第一个使用全干法除尘的高炉。

➢首钢总公司秦皇岛首秦金属材料有限公司 1 号高炉 2006 年 5 月平均热风温度指标达到 1253℃，创行业中 1000 ~ 1999m^3 全烧高炉煤气风温最高纪录。

➢首钢总公司秦皇岛首秦金属材料有限公司 2 号高炉，自 2006 年 5 月 31 日投产，至 6 月 3 日，日产量即达到 4057.83t，利用系数达到 2.28，创新高炉达产最快的新纪录。

➢首钢总公司秦皇岛首秦金属材料有限公司 2 号高炉，自 2006 年 5 月 31 日投产，至 6 月 7 日，入炉焦比指标即达到 348.5kg/t，创新高炉焦比降低最快的新纪录。

➢首钢新钢有限责任公司运输部，2005 年机车台日运输量达到 4663t，创造了国内同行业年度指标最高水平。2006 年 5 月，达到了 4960t，创造了国内同行业月度指标最高水平。

➢首钢氧气厂在 35000m^3/h 制氧机的生产操作中，实行快速变负荷，变化速度达到每分钟 1000m^3，成为国内气氧调整速度最快的空分设备，不仅快速适应了生产需要，并且有效地降低了气体的放散，节约能源，降低消耗。

➢首钢工业设备修理厂自行设计、施工的江西新余钢铁有限公司 6 号高炉整体推移工程，采用推移法，推移总吨位达到 4013t，推移总用时6小时28分，创造了滑移法高炉整体推移施工中总吨位最大和总用时最少两项全国纪录。

➢ 2009年3月，首钢京唐钢铁公司2250mm热轧工程热轧钢卷双排式托盘运输系统正式投入自动化运行，双排式托盘运输系统是在双层式托盘运输系统基础上发展而来的，具有设备基础浅、设备重量轻、制造检修和维护方便、自动化控制方式更为灵活可靠、车间整洁美观、投资少、运行成本低等突出优点。也是世界首例采用双排式托盘运输系统运输热轧钢卷。

➢北京首钢股份有限公司第一线材厂，轧钢用加热炉为侧进侧出三段步进梁式加热炉，燃料为天然气，有效炉底强度为501kg/(m^2·h)，加热能力为120t/h。国内线材轧钢厂烧天然气、加热能力达到120t/h的尚无先例。

➢首钢总公司迁钢公司两座2650m^3高炉，2008年入炉焦比完成297.7kg/t，位居全国同级别高炉中最好水平。

➢首钢总公司迁钢公司X80管线钢热轧卷板，2007年12月20日率先通过中石油西安管材所的认证，并在2008年的实际生产中取得较好业绩。

➢首钢京唐钢铁联合有限责任公司集中采用了目前我国最大、世界上为数不多的大型装备。主要包括：2座5500m^3高炉，2台500m^2烧结机，4座7.63m大型焦炉，1条504m^2带式焙烧机球团生产线，2座300t脱磷转炉、3座300t脱碳转炉、1座双工位LF钢包精炼炉，2套RH钢水真空精炼装置，2台2150mm和1台1650mm双流板坯连铸机，2250mm、1580mm热连轧机组各1套，2230mm、1700mm、1550mm酸洗-冷轧联合机组各1套，2个30万吨级矿石专用泊位、2个10万~15万吨级散货泊位、5个1万~5万吨级成品泊位以及2台75000m^3制氧机组、2座150MW CCPP发电机组、2座300MW燃煤-燃气混烧供热发电机组、2座30MW干熄焦余热发电机组、2套36.5MW高炉煤气余压发电机组、$5\times10^4m^3/d$海水淡化及相应的公辅配套设施等高效率大型装备。其中，5500m^3高炉是我国目前最大的高炉，名列世界第五；7.63m特大型焦炉是亚洲最大的焦炉，排名世界前列；504m^2带式焙烧机、75000m^3制氧机组等都是国内外名列前茅的大型装备。

这些装备构成了高效率、低成本的生产运行系统，体现了钢铁工业的发展方向。

➢首钢京唐钢铁联合有限责任公司按照建设自主创新示范基地的要求，开发完成了一大批创新成果，采用了220余项国内外先进技术，其中自主创新和集成创新占到了2/3。如在5500m^3大型高炉上首次使用了首钢自行研发的、拥有自主知识产权的无料钟炉顶技术，打破了国外公司在大型高炉上的垄断。

在5500m^3大型高炉上首次使用自行设计的全干法除尘，成为世界炼铁技术上的一个亮点，净煤气含尘量降低到5mg/m^3以下，可达到十分理想的煤气净化效果，并有很好的节电、节水、提高煤气温度和节省投资等效益；在大型高炉—转炉界面之间首次采用自主集成的“一罐到底”技术，成为世界钢铁领域第一个采用铁水罐加盖保温技术的大型炼钢厂；在炼钢工序采用脱磷转炉与脱碳转炉联合炼钢工艺，打造出高效稳定的洁净钢生产平台，是目前国内第一个对铁水全量进行脱硫、脱磷、脱硅按“全三脱”冶炼模式设计的炼钢厂。

➢首钢京唐钢铁联合有限责任公司通过开发和应用各项先进技术，大力降低物料消耗，大大降低生产中各种污染物的产生和排放；各工序采用先进技术和大型化设备，减少各种污染物排放点数量，显著降低环境污染；通过对养成点采用先进高效除尘设备，对生产中产生的粉尘进行处理，最大限度地减少粉尘排放。吨钢粉尘排放量0.3kg，二氧化硫排放量0.25kg，各项环保指标全面达到《清洁生产标准 钢铁行业》中的一级标准，处于国际清洁生产先进水平。

同时，钢铁厂完全按照循环经济理念设计，以资源、能源高效利用和循环利用为核心，以“减量化、再利用、资源化”为原则，以低消耗、低排放、高效率为特征，具有钢铁生产、能源转换、城市固废消纳和为相关行业提供资源等功能，对生产中的余热、余压、余气、废水、含铁物质和固体废弃物循环利用，吨钢综合能耗（标煤）669kg，吨钢可比能耗（标煤）649kg，吨钢耗新水3.84m^3，含铁物料利用率100%，煤气、蒸汽利用率100%，水循环率97.5%，废水及固废综合利用率100%，实现废水、固废零排放，成为环境友好、服务社会、资源节约型示范工厂。

➢首钢总公司环保产业事业部钢渣干混砂浆技术，是利用转炉钢渣100%代替天然砂，制备干混砂浆的资源综合利用技术。根据多种工业固废的性能特点采用互补原理合理搭配，不仅可以提高砂浆的和易性，同时促进砂浆强度增长，实现干混砂浆低成本化。利用少量添加剂，一方面解决钢渣安定性，另一方面提高了砂浆的和易性，增加了砂浆的黏结强度和抗裂性。现已建立年产30万吨的国内首条钢渣干混砂浆生产线，主要用于砌筑、抹灰、地面，产品达到北京市地方标准《干拌砂浆应用技术规程》(DBJ/T 01-73—2003)要求。该技术生产的钢渣干混砂浆经济效益明显，生产成本低于同类干混砂浆，市场竞争优势明显。使用该技术后，可提高建筑工程质量，降低大气污染，积极消纳固废，发展绿色建材，符合产业政策，推进社会和谐。2006~2007年3月已陆续在奥运鸟巢工程、高法招待所、富盛大厦二期、机场配套厂房、新华社食堂改造、中央机关住宅小区、廊坊某军事基地等工程中使用。

➢首钢总公司环保产业事业部利用低温蒸馏工艺处理轧钢油泥技术，在钢铁生产的轧钢工序中会产生一种含油含水污泥，称为轧钢污泥。该污泥由于含有油，容易造成土地污染。为了解决轧钢污泥的环境污染问题，深度开发轧钢铁鳞资源，实现铁鳞的高附加值利用，首钢开发出利用低温蒸馏法处理含油铁鳞新技术。该技术的基本原理是在高于铁鳞废油沸点低于废油分解温度范围内，采用间接加热使铁鳞中废油在隔绝空气的条件下完成低温蒸馏过程，废油不被氧化、不分解、不碳化，保证废油品质。根据相似相溶原理采用冷凝后的废油直接喷淋吸收蒸馏出的废油蒸汽，实现废油的回收利用。

该技术采用全密闭生产工艺，生产过程中不产生粉尘污染、油污染、空气污染和水体污染，属于洁净生产工艺，彻底避免了传统焚烧法和萃取法处理铁鳞废油所产生的烟尘和污水等二次污染问题，实现了绿色生产，具有显著的环保效益和社会效益。该技术所得产物为废油、水和洁净铁鳞，洁净铁鳞的品位高达72%以上，优于精矿粉资源，实现了废油的再生利用和铁鳞资源高附加值利用，具有显著的经济效益。通过研究开发，已经获得国家发明专利和实用新型专利。2005年5月，首钢建成投产年处理轧钢油泥5万吨规模的生产线，每吨轧钢污泥可以增值700元，每年可为首钢增加经济效益3500万元以上。该技术已经获得国家发明专利和实用新型专利，并通过北京市科技成果鉴定，获首钢科学技术奖二等奖、中国冶金科学技术奖二等奖与中国专利优秀奖。

➢首钢总公司环保产业事业部含铁尘泥资源综合利用技术，项目建设的目的是为了彻底实现钢铁企业含铁尘泥资源化高效循环利用和无害化处理，充分体现钢铁工业“循环经济”与“清洁生产”的理念。项目针对含铁尘泥来源、产量、理化特性等，提出综合处理所有含铁尘泥的技术思路，即按照“资源高效循环利用、不影响钢铁主流生产、绿色环保”的原则，将钢铁生产的元素（铁、碳、钙等）尽可能回收循环利用，真正实现“变废为宝”和资源高效利用的目标。该项目在循环经济、工艺技术等方面将为我国钢铁工业含铁尘泥资源化利用树立典范，有利于实现钢铁工业废弃物的资源化利用，推进我国钢铁工业的可持续发展。因此，具有十分重要的现实意义和深远的历史意义。

工艺方案包括三条工艺路线，即“除尘灰泥造粒回用烧结工艺”、“OG泥、氧化铁皮冷固结造块回用转炉工艺”和“高钾钠盐灰脱钾钠工艺”。

除尘灰泥造粒回用烧结工艺：主要以高铁灰、高碳灰、高钙灰、OG泥、低钾钠泥为原料，OG泥、瓦斯泥和低钾钠泥消化后与其他除尘灰按照一定比例配合，经过充分搅拌均匀混合后进行造粒，造粒后的物料进入烧结配料系统，回用烧结，实现固废资源回收循环利用。OG泥、氧化铁皮冷固结造块回用转炉工艺：主要以OG泥和氧化铁皮为原料，通过间接干燥脱水处理后，按一定比例配加黏结剂进行混碾和成型。成型后的冷固结型块进入转炉炼钢工序，用作转炉造渣剂，实现固废资源短流程高效循环利用。高钾钠盐灰脱钾钠工艺：主要以高钾钠盐灰（套筒窑除尘灰和烧结电除尘二三电场灰）为原料，利用水洗法脱除高钾钠盐灰中的钾钠盐，脱钾钠盐后的低钾钠盐泥作为造粒回用烧结工艺生产线的原料，最终回用烧结；利用废热蒸发提取盐水中的钾钠盐，最终获得氯化钠和氯化钾产品，实现废热利用和废水“零排放”。

上述集中布置、分类处理除尘灰泥的工艺方案，优化了传统的冷固结造块进转炉工艺，集成了先进的多种灰泥混合造粒工艺，并自主开发了废热提盐工艺。该工艺方案可实现回收利用钢铁生产有利元素（铁、碳和钙等）和分离去除有害元素（碱金属）的双重目标，实现了含铁除尘灰泥全部资源化高效利用，在国内率先树立了钢铁企业含铁尘泥集中分类处理、高效回收和资源化利用的典范。

➢首钢京唐钢铁联合有限公司5500m^3高炉炉壳为目前国内设计并已经投产的最大高炉炉壳，炉壳高度为49.060m，炉缸最大内径为18.600m。沿高度方向共划分25个板带，炉壳板厚为60～110mm。

➢首钢京唐钢铁联合有限公司钢铁厂厂址陆域是由海底取砂吹填形成的，原厂址海水深1～3m，面积为25km^2。填土厚度为0.7～6m，平均厚度4m。曹妃甸吹填场地是目前国内最大的人工吹填陆地。

➢首钢京唐钢铁联合有限公司钢铁厂地下混凝土工程，采用优质混凝土矿物掺合料和新型防腐阻锈剂、防水复合，配以与之相适应的水泥和级配良好的粗细骨料，形成低水胶比、低缺陷、高密实、高耐久的混凝土材料。高性能混凝土以其较高的抗氯离子渗透性为特征，其优异的耐久性和性能价格比已受到国际上研究人士和工程界的普遍认同。

➢首钢长治钢铁有限公司的前身是故县铁厂（时称晋冀鲁豫边区军工处炼铁厂），1946年2月26日奠基，1948年1月10日投产，由晋冀鲁豫边区为满足解放战争对军火的需要而创建的一个大型炼铁厂，日产灰生铁20t，用以铸造炮弹。它是中国共产党自力更生建设的第一个钢铁企业。那时晋绥、晋察冀、山东、陕甘宁等几大解放区都没有工业规模意义上的铁厂，晋冀鲁豫边区故县铁厂因此成为我党独立办钢铁工业之开端，新中国钢铁事业从上党盆地这块素有煤铁之乡之称的土地上起步。故县铁厂被誉为新中国红色钢铁的摇篮。

➢首钢长治钢铁有限公司混铁炉是2005年6月投入运行，于2011年1月大修，安全运行5年半时间，实现了混铁炉长寿技术。主要采用了以下技术：

1. 砌筑工艺：炉衬修砌采用综合砌筑工艺，包括炉底、前后墙、人孔烧嘴端墙、兑铁口端墙、出铁嘴及炉顶的施工。

（1）炉底砌筑：第一层为65mm黏土砖及35mm隔热填料和10mm厚硅酸铝纤维毡；第二层为114mm高铝砖；第三层为230mm高铝刚玉砖；第四层为300mm高铝刚玉砖砌活底。前后墙及端墙与炉底找平层采用刚玉碳化硅浇注料浇注。

（2）前后墙工作层均为高铝刚玉砖配套砌筑，靠近炉壳部分永久层为114mm高铝砖，35mm填料捣实，65mm轻质高铝砖，10mm厚硅酸铝纤维毡。

（3）人孔端墙炉底找平层以上砌筑230+300mm高铝刚玉砖，永久层采用230mm高铝砖，35mm隔热填料，65mm轻质高铝砖，10mm厚硅酸铝纤维毡。端墙中线以下为逐步随炉壳退台，中线以上为逐步随炉壳增台。人孔以上采用400mm厚微膨胀浇注料浇注，保温层用114mm轻质高铝砖及10mm厚硅酸铝纤维毡。

（4）受铁口端墙底找平层以上，采用230mm同300mm高铝刚玉砖配砌，永久层采用230mm高铝砖，35mm隔热填料，65mm轻质高铝砖，10mm厚硅酸铝纤维毡。此端墙为直墙，不随炉壳增退台。

（5）出铁嘴底部和侧墙保温层采用10mm硅酸铝纤维毡，65mm轻质高铝砖，侧墙采用高铝刚玉砖砌筑，小拱用微膨胀浇注料浇注。靠近炉壳第一层工作层砌筑为死底230mm高铝刚玉砖，第二层为活底300mm高铝刚玉砖。

（6）炉顶采用400~450mm微膨胀浇注料浇注，保温层用114mm轻质高铝砖，10mm厚硅酸铝纤维毡砌筑。

2. 喷补和贴补工艺：混铁炉采用专用SiC喷补料和贴补工艺，根据侵蚀情况，对出铁嘴两侧及底部侵蚀严重部位的喷补维护和贴补，满足了混铁炉出铁口内衬的喷补维护要求，通过维护后，内衬喷补层表面光滑，耐铁水冲刷的性能和耐高温性能均达到使用要求。

通过采用先进的砌筑工艺和喷补技术，实现了混铁炉的安全运行，经过五年半的安全运行，混铁炉出铁量达到 890 万吨。

➢首钢冷轧薄板有限公司于 2004 年启动城市中水回用研究工作，并于 2007 年投入运行，系统产水能力 $320m^3/h$，是国内首家大规模使用城市中水的冷轧厂，采用了当时具有国内先进水平的超滤反渗透处理工艺处理城市中水，通过工厂循环冷却水回水作为原水换热热媒、通过回收反洗水而重复利用药剂等手段，最大限度降低了系统的能源介质耗量，系统水回收率达 68.4%。已经稳定运行达 5 年，产水水质完全能够满足对水质要求较高的冷轧工艺用水要求，达到冶金行业的领先水平。

➢秦皇岛首秦金属材料有限公司离线模拟钢轧操作仿真培训系统是通过研究首秦公司先进的钢轧生产设备和工艺，深入分析中厚板生产工艺控制要点和操作技法的基础上开发完成。该系统涵纳了炼钢到轧钢全流程各关键的岗位最佳操作法，具有涵盖范围广，系统性强的特点；并且，每个关键岗位的操作流程均包括操作和评分模块，其中评分模块中的标准答案具有“可配置”性，能够依据不同的需求进行配置和完善；此外，该系统将岗位要求的应知和应会的知识有机结合在一起，为员工技能培训提供了平台。该成果被首钢科技成果鉴定专家委员会评价为“国内领先，冶金行业首创”。

该项目于 2009 年向中国版权保护中心提交了软件著作权申请，已经审批通过，证书号：2010SR003192。该项目获得了首钢科学技术奖三等奖，证书号：2009-Ⅲ-19。获得北京市第二十五届企业管理现代化创新成果二等奖。获得首钢第十一届管理创新成果二等奖。

➢秦皇岛首秦金属材料有限公司水电钢由于使用环境特殊，对钢板探伤、心部冲击韧性及 Z 向性能提出了非常严格的要求，对于 100mm 以上特厚水电钢，国内中厚板生产企业均采用钢锭进行开坯轧制，成材率低，同时浇注钢锭时资源消耗大，首秦公司采用 400mm 连铸坯成功开发了 150mm 规格 07MnCrMoVR 特厚水电钢，钢板探伤合格，心部 −20℃ 冲击均达到 50J 以上，Z 向性能满足 Z35 要求，所生产 4 块钢板成功在马来西亚沫若水电站工程得到应用。首秦公司成为国内首家采用连铸坯生产 150mm 规格特厚水电站企业。

➢首钢迁安钢铁有限责任公司开发了 210t 转炉国产化副枪自动化炼钢技术，打破了国内副枪自动化炼钢技术长期依赖引进和转炉炼钢自动化核心技术主要由国外几大公司掌握的现状。该技术的成功应用使转炉冶炼周期缩短 16.8%，一次拉碳出钢率提高到 96.84%，终点碳、温度双命中率达到 90% 以上，应用效果达到了国际先进水平。该项目研发成功后，对我国转炉炼钢自动化技术的国产化起到了重大推广作用，国内先后有 9 家钢厂采用了此技术。

由首钢迁钢公司开发的转炉副枪自动化炼钢技术是我国第一套完全由国内自主设计研发、自主集成创新、国内制造的自动化炼钢国产化项目。该技术达到了世界先进水平。

➢首钢迁安钢铁有限责任公司从 2007 年 1 月 ~2010 年 2 月，迁钢板坯铸机连续 3 年共计 37 个月未有漏钢事故发生，累计连续未漏钢 52395 炉，1126 万吨钢水。

板坯漏钢是连铸生产环节中最重大的事故之一，导致其发生的主要原因包括铸坯黏结、结晶器卷渣、铸坯裂纹、结晶器锥度偏差大等因素。由于上述因素的出现再加上生产过程中操作因素的影响，在各个钢铁企业中，板坯铸机漏钢的事故均时常发生，要防止铸机连续不漏钢是一项非常具有难度的课题。据报道，世界先进钢铁企业每年漏钢的次数为 3 ~5 次。

➢首钢京唐公司西山焦化有限责任公司建设 4 ×70 孔 7.63m 特大型焦炉，年产焦炭 420 万吨。该焦炉目前是亚洲最大的，焦炉系统采用德国 Uhde 公司先进的单个炭化室压力控制、高向分段供空气及废气循环等先进技术，集成了国内外环保节能多项新技术，具有设备大型化、自动化程序高、环保节能、循环经济措施多等优点。技术装备综合实力达到目前世界一流水平。

➢首钢京唐公司西山焦化有限责任公司建有 2 ×260t/h 的干熄焦装置，该装置单台处理能力是目前世界上最大的，而且是首次设计、施工、生产运行。该装置与国内通用的处理能力为 140 ~160t/h 干熄焦装置相比，在基建和生产运行费用上降低 20% 以上。并吸取了国外大型干熄焦在实施过程中的经验教训，通过长时间大量的科研改进，技术装备进一步完善。2009 年 5 月，1 号干熄焦装置实现一次投产成功，并一直稳定运行，经生产实际测试完全达到设计生产能力，性能良好，2 号干熄焦装置 2010 年 1 月也顺利投入使用。

➢首钢京唐公司西山焦化有限责任公司四大机车集大型、高效、安全、环保、高自动化于一身。其中一键操作功能更是开创了国内先河。目前只有德国施维尔根焦化厂具备此项功能。一键操作国际同行业称之为 Shift mode，即四大机车在一个生产班组负责期间（8 小时内）只需按一次启动按钮即可自动连续运行完成所有生产过程。该功能大大提高了劳动生产率，解放了劳动力，减少了因操作失误造成的损失。代表了未来生产方式的发展方向。

武汉钢铁（集团）公司

➢武汉钢铁有限责任公司在国内第一家研制出变压器用 Q112C 硅钢。

➢武汉钢铁（集团）公司在 20 世纪 80 年代中期在国内首家研制出 60kg 级的低焊接裂纹敏感性钢。

➢武汉钢铁（集团）公司在国内第一个研制出压力容器用中温抗氢钢板，改变了中温抗氢钢板进口的局面。

➢武汉钢铁有限责任公司热轧带钢厂是国内第一家生产可用于搪瓷的高强度热轧钢板厂家。

➢武汉钢铁有限责任公司于 1989 年开始生产彩电用框架钢，是全国彩管用钢国产化最早的企业。

➢武汉钢铁有限责任公司是国内最早生产彩电用内磁屏蔽钢的生产厂家。

➢武汉钢铁（集团）公司第一家在国内开发出了大线能量焊接用高强度钢（屈服点 490MPa），该钢在 100kJ/cm 大线能量下焊接，HAZ 能保持较好的强韧性匹配，大大提高了焊接效率。该钢已成功应用于燕山石化 4 台 $10 \times 10^4 m^3$ 原油储罐的建造，顶替了进口，填补了国内大型原油储罐用钢的空白，为国家节省了大量的外汇。

➢武汉钢铁（集团）公司是国内第一家研制、开发中温抗氢钢板的，该系列钢 WHZ1、WHZ2 系我国首家研制开发的转炉连铸中温抗氢钢板，通过连铸热塑性及相变机理的研究，有效控制第二相质点的行为，提高了抗氢腐蚀性能。解决了长期以来进口的局面。

➢武汉钢铁（集团）公司是国内第一家开发研制 ERW 直缝焊焊接油井套管用钢 J55，性能稳定，制管合格率高。

➢武汉钢铁（集团）公司于 20 世纪 90 年代末研制成功高性能耐火耐候钢耐高温耐大气腐蚀建筑用钢 $WGJ510C_2$，冶炼成分和生产工艺独特，适用于高层建筑的结构框架，性能指标达到了国际领先水平。

➢武汉钢铁（集团）公司于 1986 年在国内第一家研制出高强度耐磨钢 NM360。经过十余年研发，武钢已开发出耐磨系列产品 NM150K、NM235K、NM360K、NM400K、NM1E0921。

➢武汉钢铁（集团）公司自从一米七热连轧机投产以来就致力于汽车大梁板用热轧板的开发，生产的汽车大梁板已完成系列化，以抗拉强度为指标划分了 360MPa、375MPa、390MPa、440MPa、510MPa、540MPa、590MPa 级等七个强度级别，年产量达到 18 万吨，占全国需求量的 30%，应用于国内近百家汽车制造厂。武钢生产的该系列钢板称得上是我国产量最大、应用最广泛、冷冲压成型性能最好的汽车大梁用热轧钢板。

➢武汉钢铁（集团）公司于 1990 年在 50 方硬岩实验区栽种刺槐、火棘等植物，首获成功，1995 年武钢在大冶铁矿矿山全面开展了矿山土地复垦造林工作，一举突破年复垦绿化 1000 方大关，截至目前已完成矿岩绿化造林 7300 方，复垦率达 62%。武钢矿山复垦造林独占鳌头，开发时间最早，发展速度最快，规模效益最好。

➢武汉钢铁有限责任公司第三炼钢厂成功应用计算机自动控制炼钢技术，研制开发出铁模型、静态、动态、模型系统快速调整及自动拉碳和快速出钢等技术，使转炉计算机炼钢终点 C-T 双命中率 2002 年 1 ~ 8 月平均达 93.48%（最高月份达到 96.96%）为全国第一。

➢武汉钢铁（集团）公司 1976 年从日本新日铁株式会社引进的生产线 CP1，设备功能上能满足热轧板喷丸酸洗及其常化退火的需要；工艺上既能满足 Hi-B 钢的高温常化退火，又能满足无取向高牌号一般温度的常化退火需要。是国内第一条连续酸洗、常化作业线。

➤武汉钢铁（集团）公司CT机组是从日本新日铁株式会社引进的生产线，其主要作用是消除取向硅钢退火后钢卷的轻微变形现象，使钢带平直，提高钢带的填充系数；去除氧化镁浮粉，并涂敷、烧结绝缘层，改善磁结构，提高多带表面耐电压等性能；降低磁滞伸缩，减小变压器噪声，并使铁损降低，磁感有所提高，是国内第一条进行取向硅钢拉伸平整退火的作业线。

➤武汉钢铁（集团）公司CA1机是1976年从日本新日铁株式会社引进的生产线，设备功能上即可满足取向硅钢中间退火的需要，将经过一次轧制的取向硅钢中间材进行部分脱碳，同时软化钢带，便于二次轧制；同时又可对无取向硅钢进行成品退火及涂层处理，完成结晶并使晶粒长大，最后形成完善的、均匀的再结晶晶粒，获得成品所要求的磁性，同时使成品获得必要的绝缘性能。是中国第一条既能生产取向硅钢、又能生产无取向硅钢的作业线。

➤武汉钢铁（集团）公司武钢硅钢片厂在1978年和1992年分两次从世界最先进硅钢生产厂新日铁引进23条作业线及国际先进水平的硅钢制造技术；前工序有铁水脱硫、转炉冶炼、真空处理、电磁搅拌、连续铸造和热连轧等；后工序有热轧钢卷常化酸洗、高精度森吉米尔冷轧机、脱碳退火、高温退火、绝缘涂层等，所有产品实施在线磁性、厚度连续检测、生产工序和检测手段十分先进、可靠，是国内第一条可生产取向硅钢及无取向高牌号硅钢的专业生产厂。

➤武汉钢铁（集团）公司第一炼钢厂从2002年开始，采用铁水脱硫，转炉冶炼，LF-VD精炼，方坯连铸工艺生产轴承钢，其化学成分、偏析达到国家标准。其中全氧达1×10^{-5}以下，这一工艺成功开创了国内大转炉冶炼轴承钢的先例，全国第一家。

➤武汉钢铁（集团）公司武汉钢铁有限责任公司第一炼钢厂自1998年“平改转”后，采用100t转炉配五机五流方坯连铸机生产连铸坯，在满足生产组织及工艺要求的同时方坯连铸机不断创出连浇新纪录，于2002年12月创造出五机五流方坯连铸机浇注392炉的全国最高纪录。

➤武汉钢铁（集团）公司武汉钢铁有限责任公司二炼钢厂是我

国第一家采用KR法全脱硫的生产厂家，年处理量达210万吨，搅拌头寿命平均达500次/年以上。

➢武汉钢铁（集团）公司武汉钢铁有限责任公司第二炼钢厂2号转炉以29942次最高炉龄，刷新了复吹炉龄世界纪录。这是武钢有史以来最长的转炉炉役，从1999年8月29日开始历时三年零三个月。共计1191天，始终保持良好的复吹效果；整个炉役冶炼品种283个，产钢241.7万吨。

➢武汉钢铁（集团）公司第二炼钢厂从日本引进的KR铁水脱硫装置建成以来，在国内第一个进行全脱硫最佳生产模式公关，采用KR搅拌式深脱硫，达到了铁水入转炉[S]≤0.001%的目标。

➢武汉钢铁（集团）公司二炼钢厂1996年全国第一家自行设计应用转炉CAS-OB技术。

➢武汉钢铁（集团）公司二炼钢厂全厂平均铸机典型拉速达标率>85%，最高达90%以上，为全国最高。

➢武汉钢铁（集团）公司二炼钢厂采用半钢冶炼工艺成功实现了超低磷[P]≤0.0030%，为冶炼纯净钢提供了基础，超低磷全国最低。

➢武汉钢铁（集团）公司二炼钢厂具备铁水全脱硫、钢水吹氩实施全底吹、1号RH、2号RH各具备精炼50万吨钢水的能力，硅钢实现连铸连浇工艺全国第一，生产品种达17大系列430多个品种。

➢武汉钢铁（集团）公司1985年3月二炼钢厂在全国第一家取消模铸实现全连铸，为我国连铸事业的发展写下了光辉的一页。1987年二炼钢厂连铸机被冶金部授予“特等机”。

➢武汉钢铁（集团）公司二炼钢厂实现全连铸以来，1996年5月4号机创8897单机不漏钢的纪录，2001年，全年四台连铸机再创了整体连续9个月成功浇注20568炉钢水不漏钢的成绩，创全国大型板坯连铸浇钢不漏钢的最好纪录。

➢武汉钢铁（集团）公司二炼钢厂实现全连铸以来，2000年9月26日4号机实现多炉多品种连浇146炉的全国纪录后，2001年10月2号机再创多炉多品种连浇200炉的全国最好纪录。

➢武汉钢铁（集团）公司二炼钢厂两座 RH 真空处理炉，通过引进消化 RH-KTB 工艺并开发了 WPB 工艺，为生产高牌号硅钢提供了保证，是全国第一家引进 RH-KTB 并开发 WPB 工艺的厂家。

➢武汉钢铁（集团）公司炼钢厂是世界第一采用联合软水密封循环冷却系统砖壁合一的薄内衬技术，即将冷却壁、炉底、风口小套、中套、直吹管、热风阀、倒流休风阀等设备的冷却，通过串联和并联组合在一个软水密封循环系统中，具有冷却水量少、投资少运行成本低等优点。

➢武汉钢铁（集团）公司炼铁厂是全国第一家使用无水炮泥厂家。

➢武汉钢铁（集团）公司炼铁厂为国内高炉炉前第一家开创裤衩式双砂口新工艺的生产厂家。

➢武汉钢铁（集团）公司 1970 年设计的 4 号高炉国内第一家采用全碳砖水冷炉底结构，炉底为两层主砌碳砖，厚 2300mm，其上两层主高铝砖厚 80mm，总厚度 3100mm，比原传统炉顶减薄了 2500mm，具有省料、省工和易于使砌筑、吊装机械化的优点，节省工期又达到安全长寿。

➢武汉钢铁（集团）公司 1975～1976 年，由武钢炼铁厂和武汉钢铁学院共同设计、国内第一个研制成功 GZH 型可逆式振动夯实机，具有结构简单紧凑、操作方便、故障少、效率高、能来回振捣的特点。

➢武汉钢铁（集团）公司武钢 4 号高炉是国内第一家采用高炉用微孔炭砖，预计可以达到十年以上长寿高炉目标。

➢武汉钢铁（集团）公司于 1999 年 12 月在国内第一家采用转炉(100t)→LF 电加热炉→VD 真空炉→连铸方坯（200×200mm）高线轧制工艺生产钢帘线用盘条，开发了独特的冶炼、精炼、夹杂物变形处理、连铸及高线轧制生产工艺技术，提高了产品质量。

➢武汉钢铁（集团）公司炉窑有限公司第二分公司 1999 年 8 月承接了武钢二炼钢厂 2 号转炉炉衬的大修工程。2 号转炉从 1999 年 8 月～2002 年 12 月炉龄达 29942 次，创同类型转炉炉龄的世界最新纪录，也创同类型转炉砌筑和热修补的国内外最新纪录。

➢武汉钢铁（集团）公司武汉钢铁股份有限公司硅钢检验室具备系统硅钢生产工艺模拟实验机组，拥有从酸洗、轧钢、热处理、涂层等全套工艺实验设备。能从事取向、无取向硅钢各种牌号的研究、实验能力，具备硅钢性能强大的检测能力，拥有多台高精尖检测设备，是国内最全面最权威的硅钢实验室。

➢武汉钢铁（集团）公司工业港混匀料场 QLG1500.40 型滚筒混匀取料机为中国第一台国内自行设计、制造的滚筒混匀取料机，跨距达 40m，为国内跨距最大的滚筒混匀取料机。

➢武汉钢铁（集团）公司 XLJ1200A 型链斗卸船机为我国内河港口最早使用的链斗卸船机，由我国自行设计、制造，设计年卸船能力 180 万吨。其主要技术参数为：生产能力 1200t/h，链斗机构运转速度 0.5m/s，升降速度 7m/min，横移速度 11m/min，该项目创国家“七五”科技成果奖。

➢武汉钢铁（集团）公司武钢科技绿化广场绿地面积 5.7 万平方米，与对面 1 号门 2.2 万平方米大草坪连成一体，形成近 8 万平方米的绿化大广场，其绿化面积为全国冶金行业厂区绿化广场最大。

➢武汉钢铁（集团）公司内磁屏蔽钢自 1998 年初开发，1999 年 9 月就实现批量生产，2001 年已开发成功硬态、软态、深冲系列内磁屏蔽钢，满足了国内几大彩管厂引进的“万国技术”要求，实物质量达国际先进水平。

➢武汉钢铁（集团）公司三维波纹拱型钢板是武钢建设环保工程有限公司于 1999 年与我国空军总后营房部设计局共同设计制造的生产流水线，2000 年三维波纹拱型钢板产品开始用于陆军战斗机机场，并于同年获得国家专利。该生产线国内仅此一条，世界上也只有少数几条。

➢武汉钢铁（集团）公司武钢氧气公司经过近十年的探索，并联合北京特金电真空技术有限公司，从氪、氙气体的不知名杂质的查找确认、净化材料与净化装置的研制等方面进行了大量的研究工作。通过开发研制的一种专用锆铝基多元合金吸气剂，这种吸气剂不吸收惰性气体，但可以有效地净除气体中的常规杂质（如 O_2、N_2、H_2、CO、CO_2 等），尤其是对难以净除的碳氟化合物杂质，净除效果非常明显。湖北省科技厅的鉴定意见认为：该净除方法属国际首创。

➢武汉钢铁（集团）公司将直读光谱法定氮应用于炉前分析，创造了炼钢工艺的过程控制中分析时间最短（3min）且与经典方法具有同等分析精度的纪录。1998 年起成功地应用于武钢精品冶炼工艺过程控制氮分析，在国内第一个实现了直读光谱法分析钢中氮的企业并逐渐得到推广。

➢武汉钢铁（集团）公司是国内唯一一家用普通四辊串列式五机架冷连轧机组轧制无取向硅钢，现在公司已形成了一套完善的用普通四辊串列式五机架冷连轧机组轧制无取向硅钢的技术。

➢武汉钢铁（集团）公司最先发明混合型万向接轴及其滑块润滑方式，该新型接轴已获两项国家专利。

➢武汉钢铁（集团）公司为国内第一家引进热轧板形控制，弯辊窜辊板形系统。

➢武钢集团鄂城钢铁集团有限责任公司在只有 2.17km^2 的厂区面积内，实现了年产 300 万吨钢的产能建设，创造了钢铁企业中吨钢占地最少之最。

➢武汉钢铁（集团）公司鄂城钢铁有限责任公司新建的 6m 55 孔 JN-60 型 2 座焦炉及配套设施于 2003 年 8 月开工，2004 年 10 月出焦，工期仅仅用了 14 个月。创造了大容积焦炉建设周期最短的全国新纪录。

➢武汉钢铁（集团）公司鄂城钢铁有限责任公司新建的 6m 55 孔 JN-60 型 2 座焦炉及配套设施年设计生产能力 110 万吨冶金焦，从投产出焦到达到设计能力用了不到三个月的时间，创造了大容积焦炉达产速度最快的全国新纪录。

➢武汉钢铁（集团）公司炼铁厂 7 号 3200m^3 高炉 2006 年 6 月 28 日投产，当年 7 月 2 日利用系数达到 2.0$t/(m^3 \cdot d)$，2007 年 11 月利用系数达到了 2.940$t/(m^3 \cdot d)$，创造了新纪录。

➢武汉钢铁（集团）公司武钢股份一炼钢 2 号 100t 转炉复吹经济炉，至 2007 年 12 月 20 日炉龄达到了 21162 次，刷新了“平改转”的历史纪录。

➢武汉钢铁（集团）公司炼铁厂5号高炉有效容积为$3200m^3$，大修改造后，于2007年12月23日开炉，12月26日即达产，达产当日产量为6484.6t，利用系数达2.026t/(m^3·d)，创同类型高炉改造达产日期最短纪录。

➢武汉钢铁（集团）公司（武汉钢铁公司）于1955年10月破土动工，1958年9月13日正式投产，是新中国成立后由国家投资建设的第一个特大型钢铁联合企业。

➢武汉钢铁（集团）公司（武汉钢铁公司）1700mm工程是我国第一条从国外引进的冷连轧机生产线，结束了汽车板全部依赖进口的历史。

➢武汉钢铁（集团）公司武钢股份公司炼铁厂5号高炉（有效容积$3200m^3$）自1991年10月投产，通过不断创新，控制合理的长寿技术，在无中修的情况下，共生产15年零8个月，于2007年5月停炉大修，创下全国高炉在无中修情况下一代炉龄最长的纪录。

➢武汉钢铁（集团）公司武汉股份公司炼铁厂7号高炉（有效容积$3200m^3$）2007年全年利用系数2.660t/(m^3·d)，为目前全国大型高炉年利用系数最好水平。

➢武汉钢铁（集团）公司武汉股份公司炼铁厂7号高炉（有效容积$3200m^3$）2007年11月全月利用系数2.940t/(m^3·d)，为目前全国大型高炉单月利用系数最好水平。

➢武汉钢铁（集团）公司武钢股份公司大型厂钢帘线产量2007年达到18.67万吨，为全国最高产量。

➢武汉钢铁（集团）公司武汉股份公司大型轧钢厂2006年高速线材生产线进行改造，投产三个月后月产量就达到设计能力，月产5.9万吨，在同类项目中达产速度最快。

➢武汉钢铁（集团）公司武汉股份公司大型轧钢厂2008年1～5月高速线材生产线“高附加值、高技术含量”产量比达99.84%，创国内同行业之首。

➢武汉钢铁（集团）公司武钢股份公司烧结厂一烧车间2007年度，点火煤气消耗为55.65MJ/t，在国内$400m^2$以上烧结机中最低。

➢武汉钢铁（集团）公司武钢股份公司烧结厂三烧车间2007年

电耗为37.08kW·h/t，在国内 $360m^2$ 烧结机中最低。

➢武汉钢铁（集团）公司武钢股份公司烧结厂三烧车间烧结矿综合合格率2007年为97.47%，在国内 $360m^2$ 烧结机中最高。

➢武汉钢铁（集团）公司武钢股份公司烧结厂三烧车间烧结矿碱度稳定率[$CaO/SiO_2 \leq \pm 0.05(0.08)$]2007年为95.70%，在国内 $360m^2$ 烧结机中最高。

➢武汉钢铁（集团）公司武钢股份公司烧结厂三烧车间2007年度烧结矿综合一级品率为96.00%，在国内 $360m^2$ 烧结机中最高。

➢武汉钢铁（集团）公司武钢股份公司一冷轧氮氢罩式炉改造走进技术消化之路，技术开发与设备制造实现了全国产化，投资额是进口炉台的55%，其能源消耗、产量、产品质量均达到和优于进口炉的指标，且规模最大、数量最多。

➢武汉钢铁（集团）公司武钢股份公司炼铁厂5号高炉大修改造工程是公司 $3200m^3$ 以上大型高炉的第一次大修改造，工程总投资9.5亿元，改造范围为高炉本体除框架外全部更换，INBA系统国产化改造，原料系统新增反矿及分级入炉工艺，热风炉除炉壳挖补其余全部更换，出铁系统全部更新。工程于2007年6月1日正式停炉，2007年12月23日送风投产，历时6个月零23天，2007年12月26日达到8000t的日产能力，创国内外同类工程工期最短的纪录。

➢武汉钢铁（集团）公司武钢股份公司一炼钢厂2006年3月自行设计出了转炉倒渣扬尘收尘装置，该装置投入使用后可使转炉渣道区域的扬尘浓度下降至 $30mg/m^3$（标态）以内，作业点的岗位粉尘浓度下降至 $10mg/m^3$（标态）以内，转炉倒渣扬尘收尘装置结构简单、收尘效果好、投资小，设备维护、操作、检修简单快捷，环保效益及经济效益明显，2007年国家专利局授予实用型国家专利。

➢武汉钢铁（集团）公司武钢股份公司一炼钢厂2006年6月自行设计出了转炉屋面扬尘收尘装置，2008年初该装置投入使用后可使转炉平台通风竖井的扬尘浓度下降至 $500mg/m^3$（标态）以内，作业点的岗位粉尘浓度下降至 $10mg/m^3$（标态）以内，该装置制作、安装材料等费用投资180万元，投资小、环保效益及经济效益明显，已申报国家专利。

➢武汉钢铁（集团）公司武钢股份公司一炼钢厂 2 号 100t 转炉第五炉役从 2005 年 6 月 7 日开炉至 2008 年 5 月 20 日停炉，复吹炉龄达 24708 炉，创国内同类转炉炉龄新纪录。

➢武汉钢铁（集团）公司武钢股份公司一炼钢厂 2007 年共生产帘线钢 WLX72A、WLX82A，208354.11t，为国内帘线钢产量最多。

➢武汉钢铁（集团）公司武钢股份公司一炼钢厂自行开发研究设计的方坯喷号机，完全实现了全自动喷号，并且对环境要求简单，容易操作，号样清晰，成本低廉，特别适应钢铁厂的方坯打号要求，属国内首创，已经优于并取代了国外同类设备。

➢武汉钢铁（集团）公司武钢股份公司一炼钢厂 3 号连铸机技改完成后，一次投产并且当班达产，创方坯连铸机投产达产之最。

➢武汉钢铁（集团）公司武钢股份公司一炼钢厂 2005 年 1 月 18 日在铁水罐上安装透气砖来改善扒渣效果。采取公关措施解决漏铁安全隐患和透气砖寿命低的关键问题后，铁水罐吹氮有效地改善了扒渣条件，缩短了扒渣时间，降低了扒渣铁损，有效控制了出钢回流。铁水罐安装透气砖技术在全国钢铁企业中属于首家采用，该项技术获得国家专利。

➢武汉钢铁（集团）公司武钢股份公司一炼钢厂 2001 年采用带气化室喷枪纯镁脱硫技术，实现了脱硫自动化，铁水脱硫喷吹效果较为显著，脱硫剂单耗低，脱硫喷吹时间短，扒渣铁损低，吨铁成本降低，该技术属于全国首家应用。

➢武汉钢铁（集团）公司质检中心通过多年研究和实验自主研发了红外碳硫分析用瓷坩埚预处理炉、红外碳硫分析仪助熔剂添加装置，将原来使用的钨助熔剂改进成燃烧效率更高的钨锡助熔剂。目前，实验室在技术上可以分析 6×10^{-6} 的生产样品，分析精度 $\leqslant0.22\times10^{-6}$（ISO 标准要求的分析精度为 0.667×10^{-6}）远远优于国际标准，达到了国际先进水平。

➢武汉钢铁（集团）公司武钢股份公司冷轧厂 1978 年从西德西马克引进全套工艺技术的电镀锡生产线，是国内最早建立的第一条宽带钢连续电镀锡生产线。

➢武汉钢铁（集团）公司武钢股份公司热镀锌生产线于 1978 年

建成投产，年设计能力 15 万吨，成品厚度为 0.25 ~ 2.5mm、宽度为 700 ~ 1530mm，是国内第一条宽带钢热镀锌生产线。

➢武汉钢铁（集团）公司武钢股份公司在国内最早开发和批量生产合金化镀锌产品，填补了国内冷轧热镀锌产品的空白。

昆明钢铁集团有限责任公司

➢昆明钢铁集团有限责任公司 2002 年建成的双机架紧凑式轧机是世界上第二套，中国第一套双机架紧凑式轧机。

➢昆明钢铁集团有限责任公司 2006 年建成投产的大红山铁矿选矿厂采用进口的美国 ϕ8.53 × 4.72m、产能 14500t/d 半自磨机，配套主电机的功率 5400kW，为我国铁矿山目前使用的规格最大、产能最大的大型半自磨机。

➢昆明钢铁集团有限责任公司大红山铁矿矿井为胶带斜井、斜坡道及盲竖井联合开拓，采矿工艺采用 20m 分段、20m 大间距的无底柱分段崩落法。

➢昆明钢铁集团有限责任公司大红山铁矿地下开采采用胶带斜井与斜坡道及盲竖井联合开拓，井下矿石外运至地面的采 2 号主胶带运输机，驱动系统采用 CST 可控软启动系统，运输量超过 400t/a（12121t/d）运输速度 4m/s，水平动距 1796m，提升高度 421.15m，是目前国内冶金矿山提升高度最大的胶带运输机。

➢昆明钢铁集团有限责任公司大红山铁矿生产的铁精矿采用管道输送到昆钢冶炼工厂，其铁精矿浆输送管线长度为 171km，为全国矿浆输送管线最长的管道。

➢昆明钢铁集团有限责任公司大红山铁矿生产的铁精矿管道输送，其矿浆输送压力达 24.44MPa，为国内矿浆输送压力最大。

➢昆明钢铁集团有限责任公司大红山铁矿矿浆输送由海拔 670m 输送至海拔 2182m，扬送高差为 1512m，是国内矿浆输送扬程最高的。

➢昆明钢铁控股有限公司煤焦化公司 2010 年 1 月采用利用焦炉烟道气余热的流化床式煤调湿装置成功运行投产，规模为 150t/h，标志中国炼焦煤水分调节技术又有新的突破性发展。流化床式的煤调湿技术属世界上第三代（最新一代）调湿工艺，在国外有日本新日铁室兰厂等投用，我国第一套煤调湿装置于 2007 年 10 月在济钢焦化厂投产，昆钢煤焦化煤调湿余热源和应用对象与济钢焦化厂不相同，济钢焦化厂煤调湿的余热源为采用高炉煤气掺混少量焦炉煤气（俗称混全煤气）燃烧产生的废气，济钢焦化厂在顶装焦炉上使用调湿技术，昆钢煤焦化是国内首家使用余热源为焦炉煤气燃烧产生的烟道废气的煤调湿技术，首家在捣固炉上使用。

➢昆明钢铁控股有限公司煤焦化公司于 2009 年 4 月投运了微波技术处理焦化生化出水的工业试验装置，设计污水处理能力 $5000m^3/d$，系统出水水质指标优于焦化企业执行的 GB 8978—1996 规定一级标准，焦化废水全部回用实现了零排放目标，此项技术属于废水处理的后处理技术，属昆钢自主研发设计，国内未见微波技术应用于处理焦化污水方面的相关报道，其成功将对焦化废水进一步降低 COD 等污染因子，具有很好的探索示范作用。

➢昆明钢铁控股有限公司大红山矿业公司针对难选、细粒高硅赤铁矿采用振动螺旋溜槽-摇床工艺流程进行选别代替传统浮选工艺，生产成本明显低于浮选且降低对环境的污染，选矿指标优于浮选，达到满意效果，400 万吨/年选厂精矿硅含量从技术攻关和改造前的 9.03% 降低到技术改造后的 6.78%，为昆钢炼铁炼钢可降低成本达到 75783 万元/年。解决了 400 万吨/年选厂增产与提质之间的主要矛盾，即保证 400 万吨/年选厂总精矿质量又满足了 400 万吨/年选厂增量的要求，开辟了铁矿企业针对难选、细粒高硅赤铁矿提质降杂在运用浮选工艺和焙烧磁选工艺上的另一条新途径。

➢昆明钢铁控股有限公司 400 万吨/年选矿厂降尾提量技改工程项目，从 2008 年 12 月 25 日投入生产至 2009 年 12 月 27 日已实际生产 52% 左右的烧结精矿 51.84 万吨，总尾矿品位从改造前的 16.48% 降低到 13.11% 减少尾矿排放 50 万吨以上的尾矿回收纪录，创造了直接经济效益 6000 万元以上。开创了铁矿企业传统尾矿再选回收的一条新途径。对我国矿业的可持续发展具有深远的意义。同时对于云南省铁矿企业的多元化发展，提高企业的经济效益，改善玉溪地区生态环境具有重要意义。

➢昆明钢铁控股公司大红山矿业公司以放矿理论研究为基础，在国内提出了高分段大间距（20m×20m、30m×20m）的采矿理论，打破了国内无底柱分段崩落法采矿结构参数的常规理念，在此基础上通过试验采场及生产实践验证，分段高度20m/30m，国内首创，无历史纪录。

无底柱分段崩落法开采理论与技术研究主要有两方面，一是凿岩爆破工艺与技术，二是放矿理论与技术。大红山铁矿的无底柱分段崩落法采用的是高分段和大间距结构，分段高达到20m，进路间距20m，部分组合分段高达到30m，进路间距20m，是目前国内结构参数最大的。回采标高按60m计算，分段高度从常规的10m/15m提高到20m/30m，至少可减少一个分段的采切工程量，最少可节约采切成本7500万元。

➢昆明钢铁控股公司东川矿业公司、大红山管道公司在海拔3300m的高山上建起了“中国铁矿尾矿第一干堆”。经过压滤后的尾矿水分在20%以下，循环水率由80%提高到90%以上，处理1t原矿可以节约新水0.6t，东川包子铺铁矿选矿厂每年处理原矿105万吨，可节约新水63万吨。

➢昆明钢铁控股有限公司于2009年6月16日，在板带厂双机架炉卷轧机上试制成功中国第一卷YT01纯铁/304不锈钢复合板带钢卷。

复合板是以低价碳钢为基板，高价不锈钢为覆层，通过科学的制造方法复合在一起的一种新型双金属高效节能材料。复合板充分利用了两种材料的双重优点，用新型不锈钢复合板替代不锈钢板，与高价不锈钢比不仅可以节约制造成本40%～60%；而且保持了不锈钢耐酸碱腐蚀、耐氧化、耐磨损等使用寿命长的优点，大大节约了贵金属资源，节能环保。

➢昆明钢铁控股有限公司云南大红山铁精矿管线全长171km，所处地形非常复杂，沿途出现3个大U型，4个小U型的地形，最大U型落差748m，对长距离管道输送工艺提出了非常高的要求。实现铁精矿浆体安全、高效、稳定输送属世界难题。云南大红山铁精矿管线是目前国内最长的铁精矿矿浆输送管线。

➢昆明钢铁控股有限公司投资建设的云南大红山铁精矿管道设有五个泵站，四个压力监测站，一个终点脱水站，矿浆扬送高差达1520m。云南大红山铁精矿管道矿浆扬送高差是全国第一。

➢昆明钢铁控股有限公司云南大红山铁精矿管道矿浆输送压力24.44MPa，云南大红山铁精矿管道矿浆输送压力值是全国第一，同时据相关数据对比，云南大红山铁精矿管道矿浆输送压力值，与秘鲁安塔密娜铜锌金矿并列世界第一。

➢昆明钢铁控股有限公司生活区供水改造工程中碳钢基层与内覆不锈钢层的复合管材，使用的碳钢/不锈钢复合管的规格和数量为：D529×6(5+1)，长度为2.7km，D426×5(4+1)，长度为2.65km，D325×5(4+1)，长度为1.4km。PE管是目前市政供水最为推崇的材料。昆钢采用的热轧复合管，碳钢与不锈钢之间达到了冶金结合，强度比单一碳钢管的强度还高，作为生活水主管材料，其强度和卫生、耐候、耐久性能远比PE管优越得多：其价格却比同样通径、耐压等级的PE管低。为改善生活用水质量、延长输水管寿命和节省工程投资开辟了一条新路。

➢昆明钢铁控股有限公司首创管道运输领域的管控一体化管理思想，开发管控一体化管理系统平台。昆钢复杂地形长距离管道安全、高效运输的管理控制一体化系统按照模块化思路，形成覆盖管道浆体输送管理各主要要素的集成化监控、管理平台。该平台包括文档管理、安全管理、设备管理、生产管理、质量管理、能源管理、生产过程监控、矿浆流量、管道顾问、管道巡查、系统管理、帮助等12个子系统。此系统最大特点就是高集成性，与同行业相比较，目前还没有任何一家能够将这样庞大、复杂的各个子系统集中到一个平台上。

➢昆明钢铁控股有限公司控股子公司云南钛业股份有限公司2012年1月18日生产出长8.05m、宽1.06m、厚0.216m的钛锭。

攀枝花钢铁（集团）公司

➢攀钢集团成都钢铁有限责任公司是目前国内品种规格最齐全的无缝钢管专业生产企业，可生产直径5～720mm，壁厚0.5～

120mm 各种碳素、合金、不锈耐热无缝钢管（管件）191 个品种、7746 个规格的产品。主要产品均可按国际标准组织生产。

➢攀钢集团成都钢铁有限责任公司生产的大口径高强度石油套管规格最大达到 ϕ339.7mm，最高钢级有 M65、N80、L80、P110、P110T 等，均满足 API SPEC 5CT 规范要求，为目前国内唯一生产大口径高强度石油套管厂家，该产品填补了国内空白。

➢攀钢集团成都钢铁有限责任公司在周期轧管机组线上生产 *D/S* 最小可达 2.97 的超厚无缝钢管（如 ϕ215mm × 72.5mm 规格空心车轴管坯），是国内热轧无缝钢管机组生产的特厚无缝钢管 *D/S* 值最小的厂家。

➢攀枝花钢铁（集团）公司具备年产钒渣 13.5 万吨，五氧化二钒 3550t，三氧化二钒 5350t，高钒铁 7200t，钒氮合金 300t 的生产能力，规模为国内第一，也是世界三大产钒企业之一。

➢攀枝花钢铁（集团）公司开发出钒氮合金生产技术，并具备 100t/a 钒氮合金的生产能力，该技术填补了国内空白，已申报了国家专利，并达到国际先进水平，使攀钢成为世界第二，中国第一家拥有此技术的企业。

➢攀枝花钢铁（集团）公司炼铁厂 4 号高炉（1350m^3），于 1989 年 9 月至 2003 年 4 月，炉龄达到 13 年零 4 个月（无中修），每立方米容积产铁 8371.43t。是目前国内高炉炉龄最长的高炉。

➢攀枝花钢铁（集团）公司高炉钒钛磁铁矿冶炼是高钛型炉渣冶炼（炉渣中 TiO_2 达到 22.00%），为国内外高炉炉渣 TiO_2 含量最高者。

➢攀枝花钢铁（集团）公司是我国最大、世界第三的钒制品生产企业。

➢攀枝花钢铁（集团）公司地处我国钒钛磁铁矿最为丰富的攀西地区，攀钢现已形成年产钛精矿 20 万吨的生产能力，是我国最大的钛原料生产基地。

➢攀枝花钢铁（集团）公司在“九五”期间自主开发了用煤气还原多钒酸铵生产三氧化二钒技术，国内首创，并申报了多项国家专利。

➢攀钢集团成都钢铁有限公司按国际标准生产石油套管、管线管分别于1990年和1991年在国内同行业中率先获得美国石油学会（API）认证及徽标使用权。

➢ 攀钢集团四川长城特殊钢有限责任公司控股子公司四川长城钢管有限公司2006年度生产Incone1600等高温合金管材700余吨，成为我国最大的高温合金无缝钢管生产企业。

➢攀钢集团钛业有限责任公司新建的钛渣电炉引进的是乌克兰台轧冶炼技术，设计为25MV·A的半封闭钛渣冶炼电炉，单台电炉年产量为6万吨酸熔渣或4万吨氯化渣，实现了粉料直接进入钛渣冶炼炉内，不需要还原和捣打假炉盖，冶炼工艺和除尘系统先进，冶炼环境好，污染小，能耗低，是国内最大最先进的钛渣冶炼电炉。

➢ 攀钢集团钛业有限责任公司是首家把用于电石炉和矿热炉上的组合式自焙电极应用于大型钛渣冶炼电炉上的钛渣冶炼企业。

➢攀钢集团成都钢铁有限责任公司2006年7月建成投产的508周期轧管机组生产钢管外径ϕ219～508mm，壁厚10～80mm，长度6～12m，是目前国内热轧无缝钢管壁厚最厚、管径最大的周期轧管机组。

➢攀钢集团钛业有限责任公司采用《微细粒级钛铁矿成套技术》、《低浓度、大体积量框将浓缩装备与技术》、《新型高效钛铁矿捕收剂》、《矿浆浓度自动控制与矿浆均匀分配系统》、《高效、耐磨螺旋选矿机的研制》、《钛精矿品位在线检测系统》六项技术成果，对微细粒级钛精矿进行回收，并形成了14万吨微细粒级钛精矿生产能力。

➢攀钢集团公司于2007年改变了采用电炉-模铸生产38CrMoAl高铝钢的生产工艺，率先采用转炉-连铸工艺，成功生产出合格的38CrMoAl高铝钢。

➢攀钢集团有限公司针对目前攀钢运行的烧结机烟气二氧化硫含量高、波动大，且含尘含三氧化硫和氯化氢等杂质高的特点，以及国内外投入以“抛弃法”为主的烟气脱硫在取得控制SO_2污染的环境效益的同时，往往伴随硫资源的严重浪费和固体废弃物的二次污染等问题，在国内率先开发实施了烧结烟气离子液法脱硫，形成了具有自主知识产权的烧结烟气脱硫工艺和装备技术，系统技术经济指标达到：产品气中 SO_2 浓度≥99%（干气），脱硫效率≥97%。

该工艺包括烧结烟气净化预处理、离子液法低温吸收脱出二氧化硫、高温解析生成99%（干气）以上高浓度二氧化硫、离子液脱盐净化和二氧化硫制98%浓硫酸工艺。

➢攀钢集团有限公司首次在国内采用万能轧制工艺成功开发出时速250km及以上60D40和60TY系列客运专线道岔钢轨，成功填补了国内在这两项高端钢轨产品空白，使60D40和60TY高速客运道岔钢轨成为攀钢独家生产的产品。

➢攀钢集团有限公司生产出了国内第一根100m长钢轨，成为国内第一家、世界第三家能按照国际上最严格的质量标准生产高强度、高平直度、高表面质量的100m长钢轨的生产企业，在攀钢轧制出100m长定尺钢轨前，我国生产的钢轨最长只有50m。

2008年8月1日，中国第一条高等级城际高速铁路——京津高速铁路开通运行，标志着攀钢生产的100m钢轨首次在国内经一条时速350km的铁路上成功运用。

➢攀钢集团有限公司利用自有装备和技术，于2009年成功地采用825轧机直接将3t锭型的钛锭一次轧制成板坯，相比锻制板坯工艺，降低了生产成本，提高了板坯的尺寸精度，同时提高了成材率。工艺水平居国内同行业第一。

➢攀钢集团有限公司为了有效开发利用钒钛磁铁矿资源，扩大产品种类，一期工程3000t的钛及钛合金生产线已于2009年建成投产。目前，该生产线是国内钢铁行业钛产能规模第一。

➢攀钢集团有限公司2009年6月建成了世界上首条无“三废”的氧化钒清洁生产工艺试生产线，成功开发出氧化钒清洁生产工艺成套技术，从源头解决了钠化焙烧工艺氨氮废水污染治理难度大、成本高、二次废弃物难以再利用的世界性难题，得到的五氧化二钒产品质量达到了GB 3283—1987的98以上牌号标准。

➢攀钢集团有限公司现已生产 V_2O_3、V_2O_5、钒铁、钒氮合金，同时还生产偏钒酸铵、偏钒酸钠、多钒酸铵、普通级钒铝合金、钒酸铁、氮化钒铁、$VOSO_4$ 等产品，品种为国内最齐全的钒制品生产厂，生产规模国内第一、世界第二。并实现“三优”，一是品种结构最优，产品不仅涉及钢铁领域还涉及化工和航空航天领域等；二是产品质量最优，如：V_2O_5 产品先后荣获冶金博览会金奖，与 FeV80 一起成为出口免检产品，产品远销欧美、日本等市场，V_2O_3 和 FeV50 产品也多次获奖；三是生产技术最先进，比如：转炉提钒、煤气还原制取 V_2O_3、V_2O_3 电铝热法冶炼钒铁、钒氮合金制备等技术的突破和产业化，达到了国际先进水平，其中钒氮合金打破了美国垄断地位，氧化钒生产过程国内独家实现废水零排放。

➢攀钢集团有限公司自主开发建设的攀钢 100kt/a 钒钛矿资源综合利用新工艺试验线项目，以攀西地区钒钛磁铁矿为主要原料，采用直接还原技术综合回收利用钒钛磁铁矿中的铁、钒、钛元素，将进一步提高和挖掘钒钛磁铁矿的经济价值。目前，按年处理 10 万吨钒钛磁铁矿规模设计的该工业性试验线已建设完毕，是迄今为止世界上针对钒钛磁铁矿开发，综合利用铁、钒、钛规模最大的工业性试验线。

➢攀钢集团有限公司从轧制工艺、模型、仪表等方面，围绕钛卷轧制要求完成了技术规程、操作要点的编写和研究工作，制定了切实可行的加热、轧制工艺方案，在 2009 年 12 月 24 日成功轧制了一个规格为 5.0mm × 1035mm 的钛卷，在 2010 年 1 月 30 日按计划开展了第二轮热轧钛卷轧制，总共轧制 3 卷，规格为 6.0mm × 1035mm 和 3.0mm × 1050mm，轧制的卷形整齐紧凑，板形良好。钛卷的成功轧制，标志着攀钢钛产业链延伸至高端钛金属的生产和加工，在开发钛材方面迈出了最为关键的一步。

➢攀钢集团有限公司在 $1200m^3$ 高炉 100% 使用 5.5m 捣固焦。为大型钢铁联合企业首家投产。5.5m 捣固焦炉主要参数（如 $K_{均}>0.9$）为全国最优。

（1）烧结矿的 TiO_2 含量最高：攀钢烧结使用的高钛型钒钛磁铁精矿的 TiO_2 含量最高，达到 12.1% ~13.5%，而承钢烧结用钒钛磁铁精矿 TiO_2 含量仅 7% ~8%。

（2）烧结矿中 TiO_2 含量最高：攀钢烧结矿中 TiO_2 含量达 7.5% 以上；承钢烧结矿中 TiO_2 含量在 3.9% 左右。

(3) 高钛型钒钛烧结矿的 RDI-3.15 含量最高：由于钒钛磁铁精矿烧结的特殊性，造成烧结熔点高，矿物组成复杂，从而影响烧结矿冶金性能。高钛型钒钛烧结矿在 450～550℃低温区下还原相变产生大量粉化，导致其 RDI-3.15 在国内最高，平均在 61.5% 以上，最高达 74.81%，比较国内普通矿 RDI-3.15 高 21.5～56.5 个百分点的水平（如：承钢 RDI-3.15 在 40% 左右，杭钢 RDI-3.15 在 15% 左右，水钢 RDI-3.15 在 22% 左右，玉钢 RDI-3.15 在 5% 左右，莱钢 RDI-3.15 在 35% 左右），高钛型钒钛烧结矿的 RDI-3.15 含量最高。

(4) 国内钒钛烧结矿中碱度指标最高：由于攀钢采用"高碱度烧结矿＋酸性钒钛球团矿"的高炉炉料结构强化冶炼，近年钒钛烧结矿碱度连续达到 2.4 倍以上，最高达到 2.58 倍，实现了超高碱度烧结，改善了钒钛烧结矿的质量。目前，在国内钒钛烧结矿中碱度指标高居榜首，而承钢钒钛烧结矿碱度也仅处在 2.0 倍左右。

包头钢铁（集团）有限责任公司

➢包头钢铁（集团）有限责任公司白云矿已探明稀土储量居世界第一。

➢包头钢铁（集团）有限责任公司白云矿轻稀土资源储量居世界第一。

➢包头钢铁（集团）有限责任公司稀土精矿生产线是世界上最大的稀土精矿生产线。

➢包头钢铁（集团）有限责任公司包钢稀土研究院是亚洲最大的综合性稀土研究开发机构。

➢包头钢铁（集团）有限责任公司是新中国在少数民族地区兴建最早、规模最大的工业企业。

➢包头钢铁（集团）有限责任公司稀土矿产品产量居全国第一。

➢包头钢铁（集团）有限责任公司是全国最大的稀土生产科研基地。

➢包钢薄板坯连铸连轧生产线投产 13 个月即达产，达产速度列世界第一。

➢包头钢铁（集团）有限责任公司中日合资的稀土抛光粉生产

线是国内产量最高的稀土抛光粉生产线。

➢包头钢铁（集团）有限责任公司无缝厂 ϕ400mm 机组是全国最大的自动轧管机组。

➢包头钢铁（集团）有限责任公司薄板坯连铸连轧生产线产量目前居全国同类生产线之最，是西北地区唯一一套 CSP 生产线。

➢包头钢铁（集团）有限责任公司是西北地区最大的冶金机械设备制造企业。

➢包头钢铁股份有限公司与 210t 大型转炉相匹配的连铸连轧厂 CSP 整条生产线 2001 年底开始试生产，2002 年底达产，创造了世界同类生产线达产速度第一的纪录。

➢包头钢铁股份有限公司连铸连轧厂 CSP 生产线，2005 年热轧带钢产量 2883468. 34t，创造了世界同类生产线年产之最。

➢包头钢铁（集团）有限责任公司新建 $30\times10^4m^3$ 高炉煤气柜于 2006 年 9 月 16 日破土动工，2007 年 12 月 16 日竣工，创造了国内同类型煤气柜施工速度最快、质量最好的佳绩。

➢包头钢铁（集团）有限责任公司 2008 年 1 ~ 11 月，利用高炉煤气余压发电吨铁发电量达 38. 9kW · h，提前实现高炉煤气余压发电吨铁发电量 35kW · h 的全国钢铁行业“十一五”目标，国内钢铁行业第一。

➢包头钢铁（集团）有限责任公司白云矿已探明稀土（REO）远景储量 1. 35 亿吨，工业储量 4350 万吨，居世界第一。

➢包头钢铁（集团）有限责任公司包钢稀土研究院所属子公司瑞鑫稀土股份有限公司金属钕（镨钕）年生产能力达到 8000t，国内钢铁行业第一。

➢包头钢铁（集团）有限责任公司设计产量 600t/d 的Ⅲ号麦尔兹窑，是国内投产的第一座日产 600t 的麦尔兹窑，国内钢铁行业第一。

➢包钢钢联股份有限公司炼钢厂设计产量 600t/d 的Ⅲ号麦尔兹窑于 2006 年 3 月 1 日破土动工，同年 9 月 30 日点火投产，其建设周期之短在麦窑历史上是首创。该麦尔兹窑也是国内第一座投产的日产量 600t 的麦窑。

➢包头钢铁（集团）有限责任公司炼钢厂5号连铸机采用油气润滑技术，该润滑技术突破了原有的应用领域，首次应用于扇段的辊子润滑，国内钢铁行业第一。

➢包头钢铁（集团）有限责任公司炼铁厂综合料场具备卸存储、混匀、配料等功能，2007年5月投入使用，年输入量达870万吨，是华北地区最大的钢铁粮仓，国内钢铁行业第一。

➢包头钢铁（集团）有限责任公司50万吨新高线工程于2007年3月30日开工，2007年12月8日竣工投产，创造了同类型轧机建设速度最快的纪录，国内钢铁行业第一。

➢包头钢铁（集团）有限责任公司2007年稀土矿产品产量69000t，占全国总产量的57.1%，居全国第一，国内钢铁行业第一。

➢包头钢铁（集团）有限责任公司CSP生产线2007年底热轧带卷产量达到290.01万吨，远远超过设计年产量198万吨，居国内同类生产线之最，国内钢铁行业第一。

➢包头钢铁（集团）有限责任公司白云矿已探明铌（Nb205）远景储量660万吨，居国内之首，国内钢铁行业第一。

➢包钢稀土（原稀土高科）于1997年9月24日上市，是我国稀土行业的第一个上市公司，被称为“中华稀土第一股”，国内钢铁行业第一。

➢包钢（集团）公司2005年9月16日4号高炉干法除尘工程破土动工，历时两年，6座高炉全部实现干法除尘，成为国内大型钢铁企业首家实现高炉全干法除尘的企业，国内钢铁行业第一。

➢包钢（集团）公司煤气—燃气联合循环发电工程1号机组从2007年6月设备到货开始安装到2008年5月19日孤网并网试验成功，历时354天。创造了日本三菱公司燃机在国内安装调试最快速度，国内钢铁行业第一。

➢包头钢铁（集团）有限责任公司薄板厂CSP生产线的年设计产量为198万吨，通过技术改造和对核心技术的消化吸收，年产量已达到290.01万吨。吨材能耗达25kg/t，CSP生产线一机二流连铸机可以连续浇铸35炉钢水，单次最高浇铸钢水量达7350t，创同类设备的“世界纪录”。

➢包钢钢联股份有限公司燃气厂从2004年开始着手研究和开发大型高炉煤气干法除尘技术。研究和探索新的工艺思路，于2006年4月建成和成功投运了第一套2200m³ 高炉干法除尘系统。经实践检验运行稳定可靠，并于2007年6月包钢6座高炉实现了全干法除尘工艺，彻底摆脱了湿式除尘系统，对节能、环保均产生了巨大的影响，年增效益逾3亿元。包钢干法除尘系统的建设成功，使得高炉煤气净化技术实现了质的飞跃，为同行业循环经济及可持续发展战略的实现，产生深远的重大的影响。

➢内蒙古包钢钢联股份有限公司焦化厂3号焦炉于1959年10月建成投产，是中国“一五”期间156项重点工程项目之一，是我国仅存的炭化室高4.3m、65孔ΠBP型焦炉。该焦炉自1959年投产以来，至1972年10月一直连续生产。其中经历了1961年全国煤炭供给紧张情况下，3号焦炉经历了焖炉12天（结焦时间长达300h）的磨炼，焖炉时由于采取了一系列严密炉体和特殊的加热措施，炉体各部位损害较少，为焦化厂积累了长时间焖炉的成功经验。在1972年10月~1973年12月期间停炉进行大修，仅翻修了斜道八层以上及机焦侧各3个斜道与蓄热室正面，焦炉的基础、煤塔、烟囱等其他部分仍保留1959年投产时的状态，设备大部分没有更新，大修至今斜道八层以上炉龄达到36年，其余部分炉龄达到50年。

截至2009年6月底，内蒙古包钢钢联股份有限公司焦化厂3号焦炉已生产49年262天，创出了我国现役同类型焦炉炉龄最高之纪录。

包钢3号焦炉的50年的工作历程，就是一块记录历史的丰碑，记录了包钢焦化人在焦炉维护及生产组织方面的成功经验及各种生产数据。大修投产后的3号焦炉又经历了1996年“5·3”地震和2002年的“12·23（电厂全面停电）”事故的影响。至今全炉立火道无一“白眼”，65孔炭化室能够完全正常作业。3号焦炉不仅是包钢的骄傲，也为中国炼焦行业寻求焦炉长寿之路做出了卓越贡献，是一座名副其实的“功勋炉”。

➢包头钢铁（集团）有限责任公司炼钢厂6、7号120t转炉于2005年1月5日设计，4月20日挖土动工，7号炉于12月19日投产，6号炉于12月30日投产。该工程工期只用了8个月，创造了同行业建设最快的纪录。

➢包钢钢联股份有限公司炼钢5号大方坯连铸机2006年1月21日破土动工，2006年11月27日热试投产。同期安装的“网络在滑环通信中的应用”系统，通过滑环实现网络通信控制大包回转台的动作和显示，该技术在冶金系统中的应用系国际首创（该技术已于2009年3月13日由内蒙古包钢钢联股份有限公司申请专利）。

➢包钢钢联股份有限公司炼钢5号大方坯连铸机安装的动态二冷配水与动态轻压下新一代连铸工艺与控制系统于2007年4月开始工业试验，2008年2月正式使用。该技术是国内最早应用在大方坯连铸机上的具有自主知识产权的先进技术（该技术已于2008年12月30日由内蒙古包钢钢联股份有限公司和北京科技大学共同申请专利）。

➢包钢钢联股份有限公司炼钢5号大方坯连铸机2007年4月5日安装调试了结晶器双伺服电动缸非正弦振动台，于2007年9月正式上线使用。该系统在大方坯连铸机上的应用尚属国内首创（该技术已于2008年6月2日由包钢申请专利）。

➢包钢钢联股份有限公司燃气厂于2007年先后对湿法TRT机组的主机系统、管路系统、自动控制系统及电气系统进行了相应的改造，使得TRT机组在干法工况下实现了长期稳定、高效的运行，发电效率提高60%，年增效益8000余万元，吨铁发电量达到了42kW·h，超过了国家“十一五”计划35kW·h/t的目标，在国内外同行业中达到了领先水平，收到了良好的社会效益和经济效益，开创了大型高炉干式TRT改造应用的先河。

➢内蒙古包钢钢联股份有限公司焦化厂截至2009年6月底，3号焦炉单孔出焦22100炉次、单孔产焦炭29.308万吨，创出了我国现役同类型焦炉单孔产焦量的最高纪录。

马鞍山钢铁集团公司

➢马鞍山钢铁集团公司成功开发SM400B、Q345T铁道用H型钢，2003 年 1 月经国家经贸委委托安徽省经贸委组织鉴定，认为此两项产品的研制成功，填补了国内空白。

➢马鞍山钢铁股份有限公司现已形成车轮、轮箍、轮件、环件、盘件、锻件六大系列，1400 多种规格，年产 18.5 万吨的生产体系，是目前亚洲生产规模最大的一家铁路车轮和轮箍专业生产制造企业。

➢马鞍山钢铁股份有限公司是目前国内唯一可生产 120km/h 以上速度等级铁路旅客列车车轮、铁路机车车轮的企业，近几年来，相继开发出最高时速 160km/h 的客车车轮和最高时速 200km/h 准高速客车车轮，2003 年试制的 270km/h 高速客车车轮创造了 321km/h 的试验速度。

天津钢管集团股份有限公司

➢天津钢管集团股份有限公司 ϕ720mm 斜轧扩管机组于 2008 年 4 月 23 日热试成功。该机组属于国内第一套，创斜轧扩管机组世界最大口径纪录。

➢天津钢管集团股份有限公司 2008 年 3 月，随着 3 号光管线顺利贯通，标志着由最初的 4 条管加工生产线增加到目前的 27 条，是目前世界上最大的管加工工厂。

➢天津钢管集团股份有限公司 ϕ460 PQF 三辊式连轧管机组于 2007 年 1 月 26 日热试成功，创世界连轧管机组口径之最大。

➢天津钢管集团股份有限公司截至 2006 年，ϕ250 MPM 连轧管机组 2006 年完成热轧量总计 107.56 万吨，创单条热轧机组生产世界纪录。

天津市冷轧薄板厂

➢天津市冷轧薄板厂于 1994 年与中科院力学所合作研发了用于宽辊面毛化的 YAG 激光毛化成套设备，并于当年用于生产，是我国第一个拥有用于生产的宽辊面激光毛化设备和第一个生产激光毛化冷轧薄板的企业。

天津市无缝钢管厂

➢天津市无缝钢管厂于1987年采用滚压法一次成型工艺代替了采用机加工方法制造锅炉用螺纹管工艺，并得到成功。

天津市冶金规划设计院

➢天津市冶金规划院1989年开始开发设计720mm四辊可逆冷轧机组，并于1991年制造完成顺利投产，该机组为国内相同类型与规格冷轧机组中第一套全部国内设计、国内制造的冷轧机组，为同类设备国产化起到了示范作用。

➢天津市冶金规划设计院开发设计的天津钢厂高速线材配套UV翻转冷床于1994年12月建成投产，该设备解决了天钢高速线材轧机150mm×150mm×16000mm原料平直度及无扭转变形要求，为当时专用最大（宽）的同类型装备，替代了进口设备。

➢天津市冶金规划设计院1998年设计开发、1999年试车成功的480mm四机架冷连轧机组是专用于轧制奥氏体不锈钢带机组，应用于中小企业解决了不锈钢冷轧带材轧制中的大量技术装备和工艺难题。

➢天津市冶金规划设计院于1998年开发设计了650mm、780mm不锈钢四辊可逆式冷轧机组，可生产宽度550mm×0.2mm、660mm×0.25mm的薄钢带，填补了国内空白。

➢天津市冶金规划设计院于2000年开发设计了800mm 12辊不锈钢可逆式冷轧机组。该设备采用了塔式多辊辊系及全液压伺服控制冷轧板厚及板型调控系统，为国产12辊轧机进行工业化生产的第一套多辊不锈钢机组。

➢天津市冶金规划设计院开发设计的800mm偏8辊不锈钢可逆式冷轧机组，可生产400系列不锈钢最薄到0.07mm，200~300系列最薄到0.09~0.1mm产品。该机组设备投资仅为同规格多辊轧机的2/3。

➢天津市冶金规划院于1991年就为辽河油田管子站研发了当时第一条高精度冷拔管生产线，实现了高精度冷拔管连续化生产。

邢台钢铁有限责任公司

➢邢台钢铁有限责任公司于2004年8月开始在线材生产制造、质量控制、库存管理、销售发运环节上应用条形码技术，于2005年5月全部上线运行，该管理方式使得产品从生产制造到销售发运在各个工序上都有完整的、可查询的纪录。

➢邢台钢铁有限责任公司投资2.4亿元，设计产量50万吨，产品规格 ϕ5.5～16mm，占地16344m^2，自行设计、自行建设的第四条高速线材生产线，建设工期仅用了268天，达产达效仅用了28天。其建设工期和达产期最短。

➢邢台钢铁有限责任公司在北京投资建设的钢筋焊接网生产线，焊网网片宽度可达3300mm，长度可达6000mm，焊接速度可达每分钟300排，年生产能力20万吨，其生产规模、装备水平、产品质量均为国内钢铁行业第一家。

通化钢铁集团有限责任公司

➢通化钢铁集团有限责任公司是国内第一家将智能型型钢自动打捆机器人成功地应用到型钢连轧生产线的企业。此机器人是与北京航空航天大学共同研制的，于2002年9月通过鉴定，打捆周期小于10s，有高效节能的液压系统和故障诊断功能。

➢通化钢铁集团有限责任公司炼铁厂高炉喷煤制粉系统为目前国内最先进的立式磨——次布袋收粉—主排风机的短流程工艺，集中制粉、直接喷吹。喷吹最远距离800m，为国内直接喷吹距离最远。喷煤量达到130kg/t，直接喷吹距离和远距离喷煤能力均创国内高炉喷煤纪录。

➢通化钢铁股份公司二炼钢厂20t氧气顶吹转炉采用自行设计的氧枪结构缩短了纯吹氧时间，采用高锰化渣剂和回吃转炉渣等手段进行综合化渣，缩短了冶炼时间，2003年11月转炉出钢间隔时间达到17.582min。

➢通化钢铁股份公司采用美国GE公司燃气轮机中的关键部件，建造了一套50MW的CCPP联合循环发电系统，利用高炉、焦炉、转炉煤气等低热值混合煤气做燃料，热电转换效能达到46%；自2003年10月20日投入运行以来，年发电量达到4.28亿度，年实现销售收入14657万元，成为国内首家采用低热值混合煤气联合循环发电的企业。

➢通化钢铁股份公司2000年实现有线电视网、电话网、计算机网“三网合一”统一管理，为国内同行业首创。

➢通化钢铁股份有限公司转炉实验室通过对光谱分析仪传输系统和分析流程进行改进，2006年1~5月，从接到炉中样到报出结果的平均化验周期仅为1分41秒，创国内转炉化验时间最短纪录。

➢通化钢铁股份有限公司FTSC薄板坯连铸机热负荷试车，首炉浇铸顺利通过，创下了达涅利FTSC技术热负荷试车一次成功的国内纪录。

➢通化钢铁股份有限公司热轧超薄带钢生产线在未采用半无头轧制技术的条件下，与外方专家合作，创造性地把在线变厚技术应用在单块轧制上，成功实现了0.8mm厚度规格的轧制。该技术是通钢UTSP生产线在国际轧制技术上的一个新突破。

➢通化钢铁股份有限公司UTSP工程于2004年4月28日开工建设，2005年12月5日全线联动热试车成功，建设期为19个月零7天，创下了国内同行业从开工到热试车成功建设时间最短的新纪录。

➢通化钢铁股份有限公司成功开发了4.3m焦炉与6m焦炉共用一套干熄焦技术、干熄焦装入和焦炉拦焦共用一套除尘技术，属国内首创。

➢通化钢铁股份有限公司120t顶底复吹转炉，第一炉役达到8775炉次，八块底吹透气砖均实现了与转炉炉龄同步。为国内转炉第一炉役最好水平。

➢通化钢铁股份有限公司自主开发“电器变频振动给料技术”替代日本进口设备及技术，在国内首次应用于干熄焦项目中。

➢通化钢铁股份有限公司10000Nm^3/h VPSA真空变压吸附制富氧装置，设计处理空气能力81000m^3/h（0℃，101.325kPa），装置公称产富氧能力10000m^3/h（0℃，101.325kPa），是国内冶金行业目前最大的空气分离制富氧供高炉的装置。

➢通化钢铁股份有限公司干熄焦项目中干熄焦循环风机、振动给料器、旋转密封阀、自动给脂装置等设备的国产化，使国产化设备投资额达到干熄焦设备总额的97%。

➢通钢集团磐石无缝钢管有限责任公司ϕ100mm热轧机组于2005年4月投资7335万元进行改造，采用了锥形穿孔机+AccuRoll轧管机组+12机架定径机，机组组合新颖，工艺流程短。2006年3月试轧，至2007年3月共生产成品管68992t，当年达到生产能力，吨管投资1063元，创造了吨管投资少、见效快纪录。

➢通钢集团吉林钢铁有限责任公司炼钢厂，高炉煤气气压波动在10~85kPa，转炉煤气压力在2.5~3.5kPa，在不建煤气柜的条件下，改善煤气外网工艺条件，掺混使用高、转炉煤气，该技术为国内首家使用。

西林钢铁集团有限公司

➢西林钢铁集团有限公司坐落在小兴安岭南麓的黑龙江省伊春市西林区，地理位置坐标为北纬47°27′，东经129°17′，海拔高度195m，西、南、北三面环山。在中国84家重点钢铁企业和地方骨干企业（全部钢铁企业）中地处祖国最北方，在行业中素有“中国钢铁北极村”之称。这里的气温温差最大，夏季最热温度高达32℃，冬季最低气温可达零下35℃，一年四季的温差高达67℃。西钢集团每年仅防寒一项就比其他钢铁企业多支出5000万元。现已形成280万吨钢生产能力，为发展黑龙江经济作出了巨大的贡献，被誉为小兴安岭上一颗璀璨的明珠！

南京钢铁集团有限公司

➢南京钢铁集团有限公司干式煤气柜外形为正六边形棱柱体，外接圆直径为58.074m，柜壁檐口高度为87.72m，柜底面积为2623m^2，容积为200000m^3，其正六边形形状为国内首家。

➢南京钢铁集团有限公司中厚卷板厂炉卷轧机，设计总轧制力为8000t，最大产品宽度3200mm，最大单位辊长轧制力为2.5t，是国内单位辊长轧制力最大的炉卷轧机。

➢南京钢铁集团有限公司中厚板卷厂地下卷取机卷曲宽度达2500mm，厚度达20mm，最大卷重达45t。是国内最宽的地下卷取机。

➢南京钢铁集团有限公司中厚板卷厂飞剪剪切力1785t，可以在1.5m/s速度下剪切50mm厚，3250mm宽的钢板，是国内最宽的旋转式转鼓飞剪。

➢南京钢铁集团有限公司中厚板卷厂的卷轧中厚板生产线全线采用了全程无氧化保护浇注、可调式宽板坯连铸、动态压下控制、计算机数字连铸预报控制、直接热装（DHR）、改进后的大咬入角卷轧、三种不同轧制模式、控制轧制及热机轧制、控制冷却及加速冷却、动态板形控制。

➢南京钢铁集团有限公司中厚板卷厂的卷轧中厚板生产线的两个并列冷床面积达5340m^2。是国内中厚板企业中最大的冷床。

➢南京钢铁集团有限公司中厚板卷厂的卷轧中厚板生产线采用：铁水预处理—120t转炉—3250mm中等厚度近终型连铸机—步进数字式加热炉—轧钢—精整—剪切，该生产线既可以生产(4.5～50)mm×(1600～3200)mm×(6000～24000)mm钢板，也可以生产(2.5～20)mm×(1600～2500)mm卷板，最大卷重可达45t。

➢南京钢铁集团有限公司铁水线高架桥，联1线1号桥长1083.44m，64孔；联2线1号桥长1090.26m，最小曲线半径为250m。是国内钢铁企业内最长的铁路高架桥。

➢南京钢铁集团有限公司3号$2\times10^4m^3$制氧机组，是国产制氧机组首次开发研制自动变负荷控制系统。该控制系统具有变负荷能力大、速度快、稳定性高的特点。变负荷操作范围达到70%～110%；30%负荷变化速度小于2h；在变负荷过程中，生产工况稳定，产品质量都在规定指标内。该系统在国际上处于领先水平。

➢南京钢铁集团有限公司信息自动化公司第一次提出No.1 to Everyone的实施方法论，并取得ERP建设的成功。南钢信息化建设把“一把手”、“全员”、“全过程”、“全方位”、“高度执行力”等管理理念高度凝练为No.1 to Everyone法则，成功指导了ERP工程建设，该法则得到国家工业与信息化部和钢铁工业协会的肯定，认为丰富了ERP实施方法论，在全国有推广价值。

➢南京钢铁集团有限公司第一家利用ERP系统，实现了品种的日成本精细化核算，为价格制订和接单毛利测算提供依据。

➢南京钢铁集团有限公司在用友全国65万家用户中，第一个也是目前唯一的一家，实现产销、采购等前端系统数据直接在NC中出财务报表，保证了数据的真实、及时、快速、准确。

➢南京钢铁集团有限公司电炉厂大方坯连铸机从2007年6月与SVAI（西门子奥钢联）签订合同、10月18日举行开工典礼，到2008年7月4日第一次成功热试车，历时12个月，其中建设周期仅9个月，项目建设的成功和周期是南钢工程建设史上成功的典范，也是VAI（奥钢联）同类连铸机的世界第一。

山东泰山钢铁集团有限公司

➢山东泰山钢铁集团有限公司与中国第一重型机械集团公司合作开发，采用国内自主设计制造首台1800炉卷轧机，炉卷采用工作辊窜辊弯辊技术，应用热轧工艺润滑技术，采用国内自主设计控制系统，最大轧制速度为13.2m/s，现在可以生产200、300、400系列不锈钢，产品规格为(2.0～12.0)mm×(1000～1600)mm产品厚度精度达到±0.15mm，为国内钢铁行业第一台国产化轧制不锈钢用1800炉卷轧机。

➢山东泰山钢铁集团有限公司与中冶连铸技术工程股份有限公司联合开发国产化不锈钢1600mm板坯连铸机，采用直弧连铸结构、多点弯曲及密排分布辊技术，配备动态配水、轻压下、电磁搅拌技术，可以生产200、300、400系列不锈钢板坯，板坯厚度160mm和200mm，生产板坯表面质量合格率达到100%，宽度精度+5～+10mm；400系列不锈钢等轴晶比例达到45%，为国内钢铁行业第一台单机单流国产化不锈钢1600mm板坯连铸机。

➢山东泰山钢铁集团有限公司GOR精炼炉完全采用底吹技术，O_2、CH_4、Ar、N_2分阶段供气，在冶炼不同阶段烟气中成分变化大。冶炼第一阶段主要供氧，烟气中含有较多CO，冶炼第二阶段主要供应 Ar、O_2，随冶炼时间的变化，烟气中成分变化复杂，各可燃气体的爆炸极限范围不同，极易引起净化除尘系统爆炸，成为 GOR 精炼炉都未采用干法除尘的主要原因。GOR 技术引进方乌克兰冶金学院对除尘系统设计简易，采用湿法除尘，除尘效果不好，对环境及水有污染。泰钢集团开发出不锈钢 GOR 精炼炉干法（LT 法）除尘净化技术成功应用于生产，运行安全、稳定。该工艺为世界首创。

华菱集团涟源钢铁集团有限公司

➢华菱集团涟源钢铁集团有限公司在国内第一家采用全部国产化的全连续平立交替 60 万吨棒材生产线。

➢华菱集团涟源钢铁集团有限公司从 2000 年 6 月 28 日吊装第一根厂房结构起，至 2001 年 2 月 28 日建成 60 万吨棒材生产线调试生产，其绝对建设工期只有 8 个月，为国内同类型生产线工期最短。

➢华菱集团涟源钢铁集团有限公司棒材二厂劳动用工 168 人，为国内同类型生产线劳动用工最少。

➢华菱集团涟源钢铁集团有限公司是国内第一个使用“紧凑式单罐无料钟炉顶”的企业。

➢华菱集团涟源钢铁集团有限公司转炉炼钢厂现有 90t 转炉 2 座、100t 转炉 1 座、方坯连铸机 2 台、10t 及 180t 行车 40 台，2006 年产钢 390 万吨，2006 年全年设备故障率 0.06%。为全国同行业同类型炼钢厂中最好水平。

➢华菱集团涟钢热轧薄板生产线建设工期为 19.5 个月，为同类工程工期最短。

➢华菱集团涟钢热轧薄板生产线采用目前世界上最先进的薄板坯连铸技术。加热炉长 291m，为世界同类生产线最长的加热炉。

➢华菱集团涟钢热轧薄板生产线热轧薄板产品规格为(0.8 ~ 12.7)mm × (900 ~ 1600)mm，其中 1.5mm 以下占 50%，2.0mm 以下占 70%，突出优势在于超薄。投产第一个月单流产量超过 3 万吨，连铸实现 12 连浇，创同类生产线投产最高纪录。

➢华菱集团衡阳钢管（集团）公司 ϕ108mm 三辊穿孔机和三辊轧管机分别于 1987 年 10 月建成投产。主要产品为：汽车半轴套管、液压支柱管、接箍料管、射孔枪管、高压锅炉管、高压化肥管、石油裂化管、军工弹体管、流体输送管和其他机械加工用高精度中厚壁无缝钢管，产品规格范围为：$\phi(45\sim127)\mathrm{mm}\times(8\sim26)\mathrm{mm}$。通过配套建设，形成以三辊穿孔—三辊轧管—三辊微张力减径的生产工艺路线，成为我国第一套三辊高精度热轧中厚壁无缝钢管生产线。

➢华菱集团衡阳钢管（集团）公司第一家也是唯一采用温式纤维栅除尘。纤维栅除尘效率高，达82%，其除尘效率目前在湿法除尘中是名列前茅的。其投资是同类型机组除尘系统的1/4，运行成本是同类型机组除尘系统的1/12。

➢华菱集团衡阳钢管有限公司炼钢生产线采用电炉—全精炼—全水平连铸新工艺，系世界首例。

➢华菱衡阳钢管有限公司开发的在线热处理生产线自去年5月投产以来生产顺利，已热处理钢管3万多吨。

（1）在线热处理生产线减少了淬火加热炉、较好地利用淬火间隙的水现场收集，解决了大口径钢管的冷却水量不足问题，同时还解决了较大冷却速度问题，这些极大地节约了设备投资，与离线相比节约了设备投资6000多万元。

（2）在线热处理集在线正火、在线快冷、在线淬火三种工艺的多种冷却方式于一体，冷速可控。

（3）利用了轧制后钢管的余热，节约了一次加热成本，节能效果明显，有利于促进节能减排，具有较好的社会效益。

（4）缩短了流程，加快了生产过程，同时将交货周期缩短5~7天，增强了公司的市场竞争能力。

该项目为独创技术，国内外无先例，具有较好的推广应用前景。

➢华菱衡阳钢管有限公司及其全资子公司衡阳华菱连轧管有限公司目前是世界上最大无缝钢管生产企业之一，中国第二大专业化无缝管生产企业，2011年钢管出口56.7765万吨，出口额6.761亿美元，在同行业中出口比例及出口量（值）均居全国首位。

➢华菱衡阳钢管有限公司于1990年开发水平连铸技术，至2011年已开发ϕ110mm、ϕ120mm、ϕ130mm、ϕ140mm、ϕ150mm、ϕ180mm规格176个钢种，共生产合格水平连铸圆管坯515万吨（年产量达到50万吨），全部轧制成无缝钢管广泛用于石油天然气、高压锅炉、机械加工等领域。形成了水平连铸技术的自有知识产权，获国家发明专利3项和实用新型专利7项。华菱衡钢“水平连续铸钢技术”生产时间最长、规格最多、钢种最多、产量最高、专利最多。

➢华菱衡阳钢管有限公司ϕ720机组是从德国SMS MEER公司引进的一套大口径周期轧管机组，该机组采用了锻、轧、挤相结合的变形方式，具有变形量大、轧制钢种范围广、品种规格适应性强等特点。国内早期投产的周期轧管机组主要以ϕ216、ϕ318、ϕ508等为代表的中小口径机组。目前，ϕ720周期轧管机是“世界最大口径周期轧管机”。

➢华菱衡阳钢管有限公司根据自身能源供应特点，自主研发了一套不同于国内钢铁企业的高炉煤气综合利用系统，通过建设高炉煤气加压站、高炉煤气与天然气混合站、输送管网、高炉煤气蒸汽锅炉、各轧钢加热炉改造成能够通过阀门切换交替使用两种华白数相差较大的燃料的两用燃烧系统、高炉煤气变压吸附提纯系统，不仅解决了高炉煤气的放散问题，还解决了依靠高炉煤气主要燃料的单高炉钢铁企业不因高炉休风影响生产的问题，为国内首创。

新余钢铁有限责任公司

➢新余钢铁有限责任公司1979年与北京钢铁学院、北京钢铁设计研究总院联合研究并实验成功的“贫锰矿用高炉二步法”，是国内外首例高锰低磷锰铁冶炼新工艺。该工艺可冶炼高牌号锰铁，金属回收率高，生产成本低。

➢新余钢铁有限责任公司1985年11月，国家科委的技术公关项目——高炉富氧鼓风冶炼硅锰合金，在新钢试炼成功，为国内外首创。该项新工艺解决了高炉内硅和锰同时还原困难，合金收得率低，炉缸堆积严重渣铁分离困难，煤气上升管堵塞、炉况难于顺行三大技术难关。工艺稳定可靠，锰元素回收率高，工序能耗低。

➢新余钢铁有限责任公司1962年8月，将两座55m^{3}高炉转炼锰铁，1966年10月，三号55m^{3}锰铁高炉建成投产，1995年三座高炉冶炼锰铁的核定生产能力为15万吨，建成投产至2001年，累计生产高炉锰铁420.54万吨，产量约占全国的45%左右，为全国和东南亚最大的锰铁生产基地。

➢新余钢铁集团有限公司420mm特厚板坯连铸机于2011年3月10日建成，2011年11月10日成功浇铸出420mm特厚板坯，板坯形状规整、表面质量良好，无鼓肚、裂纹等缺陷，断面低倍组织良好，成功轧制出350mm钢板，且钢板探伤合格，质量水平较高。这是世界上首台可以生产420mm厚度板坯的垂直弯曲型连铸机。

广东韶关钢铁集团有限公司

➢广东韶关钢铁集团有限公司90t Consteel电炉是世界第一家Consteel电炉采用加铁水工艺。经过技术攻关，2001年实现铁水热装率95%，铁水热装量30%，废钢预热温度600~700℃，冶炼周期40~50min，电炉冶炼电耗270~280kW·h/t，电极消耗1.6~1.7kg/t，钢水收得率97.0%，工序可比能耗（标准煤）210kg/t，均创国内冶金行业电炉炼钢技术的新纪录。

➢广东韶关钢铁集团有限公司750m^3高炉煤气干法布袋除尘技术创国内冶金行业大中型高炉煤气布袋除尘技术最新纪录。净煤气含尘量小于5mg/m^3。这是国内首次在大中型高炉煤气除尘采用这项技术。

➢广东韶关钢铁集团有限公司$10\times10^4m^3$ POC新型高炉煤气柜创冶金行业高炉煤气储存技术最新纪录。自1999年投产以来，气柜与管网并联，高炉煤气管网压力稳定，柜活塞上部CO浓度从未超过30mg/m(国标)，具有密封性能好，密封油消耗少，安全可靠等特点。

➢广东韶关钢铁集团有限公司150m^3气烧石灰竖窑采用自主开发的锥台式炉顶专利技术，改善了炉顶保温密封性能，为烟气余热回收利用创造了良好的条件，并且炉顶自重轻、施工方便快捷、施工后无需烘干养护、可持续使用15~20年。

➢广东韶关钢铁集团有限公司150m^3气烧石灰竖窑采用自主开发的烧嘴保护套专利技术，采用优质耐材并结合烧嘴外形与炉墙砖外形制作的保护套替代传统的圆筒状耐热钢烧嘴保护套，延长炉墙寿命50%以上。

➢广东韶关钢铁集团有限公司2200m^3高炉煤气全干式布袋除尘技术于2005年8月投入使用，除尘后净煤气含尘量≤5mg/m^3，且污染小、投资省、占地少、运行费用低，同时采用干法除尘后TRT透平发电机组发电量提高35%左右。与湿法除尘相比年节能效益2500万元左右。

➢广东韶关钢铁集团有限公司150m^3气烧石灰竖窑采用自主开发的烟气→旋风除尘器→陶瓷多管除尘器→锅炉引风机→排空烟气净化工艺技术，烟气温度300～650℃，粉尘入口浓度<1500mg/m^3，处理烟量约43500m^3/h，粉尘排放浓度<150mg/m^3，除尘效率>96%，该设备造价、运行、维修费用比同类型设备低。

➢广东韶关钢铁集团有限公司于2000年3月自主研制设计了高炉煤气石灰窑管式换热器，利用高温烟气对助燃空气和高炉煤气进行同步预热，采取了以氮气为介质的超声波吹灰器，定时定量自动吹扫清灰，大幅度地提高了煤气燃烧温度，石灰窑煅烧温度由1000～1050℃提高到1100～1200℃，石灰窑产量提高了12%，石灰活性度提高了20mL/10min，年回收余热相当于1300t（标准煤）的发热量。

➢广东韶关钢铁集团有限公司松山股份公司宽中厚板厂生产线与新建宽板坯连铸生产线构成直接热送热装流程生产工艺，加热炉距离连铸机仅有90m，同类生产线中距离最短。

➢广东韶关钢铁集团有限公司焙烧厂2005年6月研发用竖窑以低热值高炉煤气为燃料生产优质白云石技术，使竖窑利用系数达到1.0$t/(m^3 \cdot d)$；能耗低于4.5kg、活性度大于200mL/10min，创气烧竖窑生产轻烧白云石全国最新纪录。

➢广东韶关钢铁集团有限公司2005年8月自主开发“2200m^3高炉煤气全干式布袋除尘技术”，采用高速脉冲反吹布袋除尘，使净煤气含尘量小于5mg/m^3，为国内同行最低水平。

➢广东韶关钢铁集团有限公司焙烧厂气烧石灰竖窑烟气净化工艺技术，烟气粉尘入口浓度小于1500mg/m^3，经除尘后的排放浓度小于150mg/m^3，创造了国内同类的气烧窑烟气净化系统的造价、运行、维修费用最低。

➢广东韶关钢铁集团有限公司2005年9月改造“90t CONSTEEL超高功率电弧炉”采用炉壁集束射流氧供氧，实现热装铁水量85%、电耗0kW·h/t、电极消耗0kW·h/t、钢铁消耗1080～1100kg/t、冶炼周期40～50min/炉，创电弧炉铁水热装电炉炼钢全国最新纪录。

广州钢铁股份有限公司

➢广州钢铁股份有限公司连轧生产线是国内引进的第一条全无扭、控冷轧制的棒材连轧生产线。2002年产量达70万吨。

➢广州钢铁股份有限公司1999年引进德国巴登厂“四切分”轧制技术，生产ϕ10mm和ϕ12mm带肋钢筋，是国内最早引进“四切分”轧制技术的企业。

➢广州钢铁股份有限公司高线厂的蓄热换向式燃气高炉煤气步进梁加热炉是1999年8月开始研发，2001年2月26日成功投入运行，炉子各项技术指标优良。是国内第一座采用蓄热换向式回收技术、以低热值高炉煤气作为燃料的步进梁加热炉。

➢广州钢铁股份有限公司于1996年3月28日，将6000万社会公众股在上海证券交易所上市。成为中外合资钢铁企业首家在国内股票市场上市的企业。

广州珠江钢铁有限责任公司

➢广州珠江钢铁有限责任公司CSP生产线2000年9月10日轧出ZJ330B，0.97×1000mm，9.051t的热轧钢卷。为中国轧出最薄热轧钢卷的CSP生产线。

➢广州珠江钢铁有限责任公司CSP生产线1999年8月16日全线投产。是中国第一条（ZJ330B）CSP生产线。

中山中粤马口铁工业有限公司

➢中山中粤马口铁工业有限公司于1999年成功研究开发出镀铬薄钢板，填补了国内生产空白，是国内首创。

➢中山中粤马口铁工业有限公司于2005年正式投产的年产8万吨的电镀铬薄钢板生产线，是国内首条利用自主专利技术制造的生产线，生产的产品耐腐蚀性高、涂层结合力好，成本低。

福建省三钢（集团）有限责任公司

➢福建省三钢（集团）有限责任公司炼钢厂4号小方坯连铸机从2004年7月23日至9月10日，历时49天6小时4分钟，连续浇注150mm×150mm方坯3326炉，共生产101231t钢。创造了全国同类型连铸机连浇炉数之最。

➢福建省三钢（集团）有限责任公司2008年炼铁420m^3级的高炉入炉风温达到1182.565℃，在中国钢铁行业56家企业的200～499m^3级高炉中排名第一。国内钢铁行业第一。

➢福建省三钢（集团）有限责任公司2008年炼铁420m^3级的高炉高炉休风率为0.669%，在中国钢铁行业56家企业的200～499m^3级高炉中排名第一。国内钢铁行业第一。

➢福建省三钢（集团）有限责任公司高速线材轧机日历作业率2008年3月达到95.01%，其他月份的日历作业率稳定在94%以上。优于国内其他高速线材轧机日历作业率，国内钢铁行业第一。

➢福建省三钢（集团）有限责任公司国产摩根45°侧交轧机（3代，8″×2+6″×8轻型轧机）最高轧制速度已达到80m/s（轧制ϕ6.5mm及以下规格）。优于国内其他该机型的轧制速度，国内钢铁行业第一。

酒泉钢铁（集团）有限责任公司

➢酒泉钢铁（集团）有限责任公司不锈钢厂热轧分厂2007年11月8日轧制2卷钛卷，最薄成品厚度6mm，是国内首次热轧钛卷的轧制，同时填补了国内热轧炉卷轧机轧制品种的空白。国内钢铁行业第一。

➢酒泉钢铁（集团）有限责任公司不锈钢厂冷轧分厂2008年11月29日成功轧制首批冷轧钛卷，最薄厚度0.55mm，是国内首个冷轧钛卷的成功轧制，填补了中国不能在连续生产线上生产冷轧钛带卷的空白。国内钢铁行业第一。

河北文丰钢铁有限公司

➢河北文丰钢铁有限公司第二炼钢厂2号480m^{3}高炉2009年4月净焦比：0.292、煤比：0.217、综合焦比：0.466，核算净焦比指标创中国钢铁业最低纪录，净焦比记录的新低。对节能降耗生产技术的发展有积极的推动作用，同时会带来良好的经济效益和社会效益。国内钢铁行业第一。

宁夏钢铁集团有限公司

➢宁夏钢铁集团有限公司为国内最长的公路大桥江阴长江大桥生产的两根结构为6×36W+IWR-ϕ24mm的镀锌钢丝绳，单根长7000m，单根重16t创中国钢丝绳生产史上单根钢丝绳长度最长的纪录，获“中华第一长绳”美誉。

➢宁夏钢铁集团有限公司研制开发的油井提油用钢丝绳，为国内首创，填补了国内乃至国际上的一个空白，获“发明”和“实用新型”两项专利和国家重点新产品证书。该产品具有抗拉强度高、伸长小、耐腐蚀、中间无接缝，使用中无“活塞”效应，抽油率高等特点。

➢宁夏钢铁集团有限公司拥有国内最大卷筒直径的9/1200拉丝机。

➢宁夏钢铁集团有限公司是国内第一家研制生产密封钢丝绳的线材制品厂家，也是国内目前唯一能够生产密封钢丝绳的厂家。

➢宁夏钢铁集团有限公司所拥有的KYB36/630成绳机是目前国内最大的密封钢丝绳专用生产设备，其单根绳重可达40t。

➢宁夏钢铁集团有限公司自行公关研制成功的SK8/1650合绳机，是国内目前最大的钢丝绳生产设备，利用该机可生产ϕ60～114mm各种复杂结构和粗直径钢丝绳，使我国沉船打捞以及其他用途钢丝绳的生产，具备了技术装备条件。

➢宁夏钢铁集团有限公司所拥有的MKV48/500股绳机，是目前国内可生产结构最为复杂的钢丝绳生产装备，具备当今国际先进水平。该机最大特点是载轮最多，上股量大，机械刚度高，整机电子控制系统先进，利用该机可满足超长度、高强度、大直径和多丝复杂结构钢丝绳生产的需要。

江阴兴澄特种钢铁有限公司

➢江阴兴澄特种钢铁有限公司二分厂利用 *R*17m 半径的三机三流全弧型连铸机，采用了大容量中间包、自动调幅液压振动、结晶器电磁搅拌和末段电磁搅拌、自动气雾冷却、拉矫机多点矫直、超高音速喷流切割、保温等先进技术。自主创新、自主研制出直径 ϕ1000mm，重量达到 6. 123t/m 的连铸圆坯。首创世界超大规格断面高合金连铸圆坯，填补国际、国内市场空白。工艺路线为：100t KR →100t BOF→100t LF→100t RH→3 号 CCM→热坑缓冷→表面修磨→检验入库。

➢江阴兴澄特种钢铁有限公司二分厂炼钢自主创新、自主研制，突破各种瓶颈，攻克各种技术难题，首创世界最大规格断面连铸圆坯——直径 ϕ1000mm 连铸圆坯。

连铸设备为 *R*17m 半径的三机三流全弧型连铸机，采用了大容量中间包、自动调幅液压振动、结晶器电磁搅拌和末段电磁搅拌、自动气雾冷却、拉矫机多点矫直、超高音速喷流切割、保温等先进技术。100t KR→100t BOF→100t LF→100t RH→3 号 CCM→热坑缓冷→表面修磨→检验入库。

ϕ1000mm 圆坯是世界上迄今为止最大规格的圆坯，没有先例可循，没有现行技术支撑，二分厂炼钢自主创新、自主研制各种技术诀窍，通过各种技术手段的应用和分厂全体员工的努力，一次性成功开发 ϕ1000mm 圆坯，并且一次顺利拉浇 3 炉钢水。这是世界首创大规格的圆坯，在国内外尚属首次，它的诞生可以替代传统的模铸工艺，生产效率提高的同时也大大降低了生产成本。

➢江阴兴澄特种钢铁有限公司二分厂炼钢自主设计、自主研制、自主创新并成功实现了 ϕ1000 圆高合金连铸坯的开发，首创世界超大规格高合金连铸圆坯，填补国际、国内市场空白，是世界特殊钢大规格连铸圆坯的一面旗帜。

江阴华西钢铁有限公司

➤江阴华西钢铁有限公司运用投弹式自动检测技术，实现了转炉不倒炉自动投弹检测炉内钢水温度、碳含量和氧含量。检测结果显示在显示屏上，并通过计算机计算实现炼钢吹炼终点动态控制，解决了中小型转炉不能上副枪自动检测的技术难题。

中国中钢集团公司

➤中国中钢集团公司 ERP 一期项目于 2005 年 12 月成功上线，ERP 项目一期实施范围涵盖了集团总部和 8 个子公司，ERP 项目包括：财务管理、人力资源管理、客户关系管理和业务管理 4 大子系统，实现了物流、资金流、票据流、工作流、信息流五流合一。在钢铁流通业首家上线应用。

江苏沙钢集团有限公司

➤江苏沙钢集团有限公司高速线材生产线最高保证轧制速度 110m/s，2002 年单线年产量 74.5 万吨，为全国高线生产厂单线年产量最高。

➤江苏沙钢集团有限公司 2007 年总资产达 821 亿元，铁、钢、材的产能分别达 2230 万吨、2720 万吨、2390 万吨，是国内最大的民营钢铁企业。

➤江苏沙钢集团有限公司 2007 年热轧盘条被批准为“出口免验”产品，全年出口优质线材 38 万吨，是国内钢铁行业唯一优线出口免验企业，也是 2007 年优线出口量最大的企业。

➤江苏沙钢集团有限公司 2007 年向中东出口英标螺纹钢总量达 32 万吨，是国内螺纹钢出口量最大的。

➤江苏沙钢集团淮钢公司于 2005 年开工建设，2007 年投产了国内第一条转炉特钢大棒材生产线，该生产线以转炉冶炼的特钢大圆坯为原料，可生产 ϕ250mm 的齿轮钢、轴承钢、弹簧钢等圆钢及扁材，改善了淮钢的产品结构。

➤江苏沙钢集团有限公司宏发炼钢厂 2009 年 3 月 1 日对 3 号炉

停炉开始大修并更换烟道，到3月29日恢复生产，更换烟道2仅18天，创造了国内同类型炉座更换整体烟道的时间最短纪录。

➢江苏沙钢集团有限公司宏发炼钢厂3座180t转炉2009年5月生产总量633592t，创同行业最好水平。

➢江苏沙钢集团有限公司宏发焦化厂有64个ϕ20m、全高55m的煤仓及配煤系统，每个筒仓储煤约10000t，设计总储煤量约64万吨，为国内之最。

➢江苏沙钢集团目前拥有总资产1417亿元，年生产能力炼铁2900万吨、炼钢3500万吨、轧材3300万吨。2009年完成炼铁2214万吨、炼钢2639万吨、轧材2328万吨，实现销售收入1463亿元，利税73亿元。连续两年被全国工商联评为中国民营企业500家第一位。

➢江苏沙钢集团2009年电炉钢产量692.07万吨，居同行业第一，是目前中国最大的电炉钢生产企业。

➢江苏沙钢集团2009年中、高档线材产量648.51万吨，居同行业第一，是中国目前最大的线材生产企业。

➢江苏沙钢集团现有两条5m宽厚板轧机生产线，产能350万吨，是中国目前5m宽厚板产能最大的企业。

➢江苏沙钢集团有限公司高炉容积5800 m^3，居同行业第一，是目前中国容积最大的高炉。

➢江苏沙钢集团有限公司7.63m大型复热式焦炉为中国最大的焦炉之一，配套引进日本SPCO技术，主要设备采用全自动控制的140t/h干熄焦、CSQ稳态低水分熄焦系统备用及干熄焦配套的23000kW纯凝式发电机组，系统全部采用先进的DCS、PLC集中控制系统，焦炉四大车采用全自动走行、对位及联锁系统。是国内最先进最大的焦炉。

➢ 2006年6月，江苏沙钢集团有限公司收购江苏淮钢集团有限公司80%的股权，淮钢自2006年12月18日起正式更名为江苏沙钢集团淮钢特钢有限公司，江苏沙钢集团有限公司成为钢铁行业中民营企业兼并重组国有企业的第一家。

➢江苏沙钢集团有限公司3座180t转炉日产钢126炉，为国内同行业180t转炉日产钢炉数之最。

➢江苏沙钢集团本部江苏沙钢集团有限公司2009年钢产量1571万吨，是中国单一地区钢产量最大的钢铁企业。

➢江苏沙钢集团有限公司干熄焦装置采用了焦罐定点旋转接焦、旋转密封阀连续排焦、中央周边进风、环行烟道等最先进的干熄焦技术。其中高压锅炉、双斜道、提升卷扬系统地面化、微波料位计检测料位等设计在国内均属首次应用。干熄焦系统运行稳定，干熄率为95%以上，产汽率高达0.65。

➢江苏沙钢集团有限公司7.63m大型复式焦炉引进日本SPCO技术，主要设备采用全自动控制的140t/h干熄焦、CSQ稳态低水分熄焦系统备用及干熄焦配套的2300kW纯凝式发电机组，系统全部采用先进的DCS、PLC集中控制系统，焦炉四大车采用全自动走行、对位及联锁系统。

唐山建龙实业有限公司

➢唐山建龙实业有限公司2005年12月投产的50万吨900mm四机架六辊冷连轧带钢生产线是国内第一条机、电、液全部国产化冷连轧机组，并在成套设备开发与工艺研究上具有自主知识产权。

➢唐山建龙实业有限公司2005年12月投产的50万吨900mm四机架六辊冷连轧带钢生产线仅用159天就成功实现轧机达产，创造了国内冷连轧机组达产期最短纪录。

➢唐山建龙实业有限公司2004年由国家人事部批准，建立博士后科研工作站，在民营钢铁企业尚属首次。

➢唐山建龙实业有限公司2002年投资3亿元人民币与中国一重及北大麦克斯合作研发设计制造的800mm中宽带钢生产线正式投入生产，该项目最佳工艺设计、最短建设工期、最小占地面积、最短达产时间得到全国同行认可。

➢唐山建龙实业有限公司2001年投产的450m^{3}高炉选用了较大炉身角、较为矮胖的特有陆型设计，采用了送风能力大的轴流式风机，维持稳定且较高的富氧率，并与炉料结构优化及活跃炉缸中心，适宜抑制边缘气流的上下部调剂手段相结合，目前全国已有40多座同类型高炉建成投产。

杭州钢铁集团公司

➢杭州钢铁集团杭州股份有限公司炼铁厂 2 号高炉有效容积 750m^3，2006 年年发电总量为 4416.48 万度，单位炉容量发电量 58886.4kW·h/(m^3·a)，创国内 1000m^3 以下同类型高炉单位炉容发电量纪录。

➢杭州钢铁集团杭州股份有限公司炼铁厂 2 号高炉有效容积 750m^3，采用炉顶摄像技术，高炉软水闭路循环、干法除尘、TRT 发电系统，炉外采用双出口铁场，两个出铁场轮流出铁，有效地提高了工作效率，降低炉外出铁对操作的影响，使整个炉缸工作状况比较均匀，双出铁场在 1000m^3 以下同类型高炉属首创。

➢杭州钢铁集团杭州股份有限公司炼铁厂 3 号高炉有效容积 521 m^3，2006 年 3 号高炉年平均炉顶压力达到 163kPa，创国内 1000m^3 以下同类型高炉炉顶压力新纪录。

➢杭州钢铁集团杭州股份有限公司焦化厂现有 58Ⅱ型 42 孔焦炉和 JN43-80 型 42 孔焦炉各一座，以及配套的焦炉煤气净化系统，年产焦炭 55 万吨，通过加强管理与焦化废水系统技术改造，实现了处理后废水回用循环水，厂区排水系统改造后清浊分流，2006 年实现了工业废水零排放。

➢杭州钢铁集团杭州股份有限公司炼铁厂 3 号高炉有效容积 521m^3，采用炉顶摄像技术，高炉软水闭路循环，干法除尘，TRT 发电系统，2006 年高炉利用系数达到 3.986t/m^3，创 500m^3 级高炉利用系数新纪录。

➢杭州钢铁集团杭州股份有限公司炼铁厂 2 台 90m^2，2006 年烧结矿 MgO 年平均含量达到 3.36%，创造了全国烧结矿中 MgO 含量新纪录。

北京京诚之星科技开发有限公司

➢北京京诚之星科技开发有限公司运用自主知识产权研发设计的 1250mm/1450mm 系列八辊五机架全连续冷连轧机组是当今国内唯

一区别于传统的四、六辊冷连轧机组的新型连轧机组，其全部是国内自主完成研发设计、设备制造、安装调试的全过程，摆脱了大型冷连轧机依靠国外技术的尴尬局面。

➢北京京诚之星科技开发有限公司运用自主知识产权研发设计的1250mm/1450mm系列八辊五机架全连续冷连轧机组在同规格连轧机中，设备重量最轻，辅助设备最省，建设周期短，吨钢投资少，投资收回快。

➢北京京诚之星科技开发有限公司运用自主知识产权研发设计的1250mm/1450mm系列八辊五机架全连续冷连轧机组采用全连续无头轧制，在线不断带换辊，焊缝可通过轧机，带钢头尾损失少，成材率高。

中信重工机械股份有限公司

➢中信重工机械股份有限公司为江阴兴澄特种钢铁有限公司建成一条国内最大的日产4000t活性石灰成套项目于2009年3月顺利投产，其各项经济、技术指标均达到或超过世界先进水平，极大地提高了产能和产品质量。该成套项目的研制成功结束了我国活性石灰大型成套装备依赖进口的历史，为我国钢铁、氧化铝、金属镁、电石以及电厂、造纸等行业提供了先进的技术装备，极大地推动了行业节能降耗、资源综合利用、环境保护、自动化控制等技术的进步，为各行业的节能降排提供了技术支持，为矿山资源综合利用、延长矿山开采周期提供了技术保障。

➢中信重工机械股份有限公司为扬州诚德钢管有限公司研发的JGL－920十辊矫直机，是中信重工机械股份有限公司自主开发研制的大型高强度、高精度管材矫直设备，于2009年完成调试正式投入运行，是目前世界上矫直钢管直径最大、性能先进的矫直机，具有结构紧凑、设计合理、性能可靠、矫直强度和精度高，自动化控制程度高等特点，填补了国内外空白，综合性能指标达到了国际领先水平，解决了多年来我国大直径管材矫直机依赖进口，受制于人的局面，为我国热电、锅炉、石油、化工、造船、煤炭等行业，提供高质量的优质大直径钢管，满足国民经济发展的需要，对促进我国国民经济快速发展，推动我国冶金设备大型化、智能化发展，具有十分重要意义，在国内外市场应用前景广阔。

➢中信重工机械股份有限公司自主研发制造的 ϕ6.96m×52m 球团窑是目前国内最大的冶金球团窑设备，是链箅机-回转窑球团工艺中的关键设备，该设备用于宝钢集团湛江龙腾物流有限公司年产 500 万吨的链箅机-回转窑生产线，这条生产线是我国拥有完全自主知识产权自行研发的单线生产线能力最大的球团生产线，它的建成打破了国外企业长期以来对大型球团技术的垄断，对湛江市及宝钢、韶钢和湛江港的发展具有重要意义。该冶金球团窑具有技术参数合理、结构先进、运行安全可靠，生产效率高，节能效果显著，各项技术指标达到国际先进水平。由于氧化球团工艺的先进性，氧化球团生产线随着钢铁工业的发展会逐年增加，因此大型氧化球团回转窑有广阔的市场前景。公司在大兴冶金球团窑的开发和基础研究将进一步确立大型冶金球团窑装备在国际上的领先地位，满足国内市场需求，替代进口实现出口，进一步提高公司经济效益和出口创汇能力。

北京利尔高温材料股份有限公司

➢北京利尔高温材料股份有限公司的前身是成立于 2000 年 11 月 8 日的北京利尔耐火材料股份有限公司，位于北京市昌平区中关村科技园昌平园。公司成立之初注册资本 200 万元，经过 10 年的发展，目前公司注册资本 138500 万元。截至 2010 年 9 月 30 日，公司总资产 20.55 亿元，净资产 17.82 亿元，与成立之初相比，总资产增加 1025 倍。成立第一年销售收入不到 1500 万元，到 2009 年实现销售收入 5.45 亿元，成立以来年均销售收入增长大于 50%。成为国内耐火材料行业资产规模增长最快，销售收入增长最快，成长性最好的耐火材料企业。

➢北京利尔高温材料股份有限公司是国内钢铁工业用耐火材料整体承包经营模式的首创者，是目前国内最大的钢铁工业用耐火材料整体承包商之一，同时也是产品品种最全、整体承包范围最广的大型耐火材料制造商之一。2009 年，公司销售收入中，钢铁工业用耐火材料整体承包业务收入占总收入的68.43%，成为国内耐火材料企业中整体承包收入比例占总收入比例最高的企业。

重庆钢铁（集团）有限责任公司

➢重庆钢铁（集团）有限责任公司新区RH精炼炉装置采用全球第一套干式真空泵技术，通过采用干式真空泵技术，相对多级蒸汽喷射泵真空装置，吨钢耗水0.08t，耗电1kW·h，吨钢成本降低7元左右，节能效果十分显著。

➢重庆钢铁（集团）有限责任公司重钢五厂1990年进行了中板控轧控冷示范线建设，被国家命名为国内第一条控轧控冷示范生产线，1991年4月6日，该项目作为国家“七五”重点攻关项目通过冶金部鉴定。

➢重庆钢铁（集团）有限责任公司环保搬迁新厂址，从原料厂开始实现了无铁路轨道的中间运输过程，通过皮带机、管道、短程运输过跨轨道等将各个工序有效的连接起来，这是中国钢铁生产主流程工艺首次实现了无轨化。

➢重庆钢铁（集团）有限责任公司1700mm弧形连铸机于1964年6月24日投产试浇铸，并一次浇筑成功。这是亚洲地区第一台弧形连铸机，也是世界第一台弧形连铸机。

➢重庆钢铁（集团）有限责任公司1950年5月10日，利用1938年从汉阳钢铁厂搬迁的800mm轧机，在加工修补的旧轧辊上，用自炼的小钢锭，成功试制85磅/码重轨，这是新中国成立后轧制出的第一根钢轨，在此基础上于1952年4月10日成功试轧38kg/m重轨。新中国第一条铁路成渝铁路所需的505km重轨全部由重钢提供。

➢重庆钢铁（集团）有限责任公司10t平炉于1939年冬季设计完成并建设，炉体利用汉阳钢厂迁来的两座30t平炉钢架改装，“在式样与理论方面，可称相当优秀”该炉是我国自己设计建设的第一座平炉。

➢汉阳铁厂是旧中国唯一的钢轨制造企业。在汉阳铁厂早期，由于中国缺乏制造标准，各国工程师都依照别国钢轨式样来设计和修建铁路，以致铁路钢轨轨式各异。1911年7月汉阳铁厂以英国通行章程为蓝本，拟定了《八十五磅钢轨及附属品制造验收章程》。在这一标准中，对八十五磅钢轨及附属品的样板、制造法、化验、剪裁、整齐、长度、钻孔、标志、试验方法、试验器具、出钢号数及日期登记、试验费、剔退钢轨记号等进行了详细规定，并附有样板图纸和计算方法。1911 年 8 月，清廷准奏，由邮传部颁发。这是我国最早的钢轨标准。

➢重庆钢铁（集团）有限责任公司在国内最先采用高炉冶炼出来的铁水用铁罐车直接送至炼钢厂进入转炉，减少了中间环节的热损失，降低了消耗和运行成本。

湖南特种金属材料厂

➢湖南特种金属材料厂于 1995 年建成万吨产能电解金属锰粉生产线，但是仅次于南非，是亚洲最大的电解金属锰粉生产线。

➢湖南特种金属材料厂 2000 年 2 月通过 ISO9002 质量体系认证，是电解金属锰行业中最早通过 ISO9002 质量体系认证的企业。

郑州拓普轧制技术有限公司

➢郑州拓普轧制技术有限公司是一家依靠自主研发、制造具有国际领先水平的大型专利轧机成套设备和生产高品质精密带钢产品的高科技公司。

经过近 20 年的自主创新和产业发展，依托自主发明的、完全具有自主知识产权的 XGK 轧制技术，已经成熟，具备领先世界的七代轧制技术和相应的轧机成套设备制造能力，出口欧洲的 XGK-LD1400 20 辊带钢生产线成套轧钢装备，只是公司系列轧机设备中的一种。目前，公司已在世界上 62 个国家和地区申报专利 107 项，已获得专利授权 76 项。

郑州拓普大型成套轧钢装备出口罗马尼亚表明，只要坚持自主创新，中国人同样可以创造出领先世界水平的轧钢技术装备，有实力将大型成套轧钢装备成功出口到现代轧机的故乡——欧洲，进而占领世界轧机市场。

陕西省咸阳四环工业装备有限公司

➢陕西省咸阳四环工业装备有限公司于2005年5月开始研究、开发我国第一座炭化室高度为5.5m的大容积捣固焦炉，其配套焦炉机械设备是立足于国内成熟技术及借鉴国外先进技术，在继承的基础上力求创新。在机械装备方面，推焦和拦焦采用一次对位技术；推焦和熄焦采用定点结焦和定点熄焦技术，同时将顶装焦炉的炉门、炉框清扫装置及头尾焦和余煤回收装置应用到捣固焦炉机械中。装煤装置采用齿轮传动代替链传动，使装煤传动平稳，煤饼输送过程中不至于机械晃动使煤饼倒塌，在控制与电子技术方面利用图像测量技术原理装置了自动炉号识别，大车行走自动对位，定位精确度可达±1mm。装煤车与推焦车采用分体车设计，推焦与捣固煤饼可以实现并行作业，缩短了焦炉机械作业循环时间。

2006年12月8日国内第一座5.5m大型捣固焦炉在云南云维集团大为焦化公司顺利投产出焦，标志着我国捣固炼焦技术进入了新阶段，为国内焦化企业建设大型捣固焦炉起到示范作用。

河北钢铁集团邯钢舞钢公司

➢邯钢集团舞阳钢铁有限责任公司4200mm轧机于1978年9月建成投产，是中国钢铁行业最早建成的宽厚板轧机。

➢邯钢集团舞阳钢铁有限责任公司于1998年生产出规格18mm×4020mm×9500mm、牌号Q345D的中国第一宽度的钢板。

➢邯钢集团舞阳钢铁有限责任公司于2003年生产出规格为14.6mm×3100mm×12000mm和17.5mm×3100mm×12000mm，牌号X70的用于国家“西气东输”工程建设中制造大口径直缝埋弧焊管的宽厚板。

➢邯钢集团舞阳钢铁有限责任公司于2001年生产出厚度为650mm，牌号S355J2G3的出口于欧洲的中国第一厚度钢板。

➢邯钢集团舞阳钢铁有限责任公司于1994年12月生产出重达33t、尺寸95mm×3700mm×118000mm，牌号16Mn，用于清江隔河岩水电站的中国第一块最大单重的钢板。

➢邯钢集团舞阳钢铁有限责任公司2005年出口厚钢板11万吨，创汇7800万美元，其中厚度100mm以上钢板96800t，全部销往欧美发达国家和地区，位居我国厚钢板出口之首。

➢邯钢集团舞阳钢铁有限责任公司生产的379个品种中，至2006年已有184个品种替代了进口或采用了外国标准生产，位居中国宽厚钢板国产化替代进口能力企业之首。

➢邯钢集团舞阳钢铁有限责任公司2001年至2006年已累计生产厚350mm以上的钢板20115t。并于2001年开发了厚达650mm的钢板，创中国企业生产钢板厚度规格纪录。

➢邯钢集团舞阳钢铁有限责任公司从1996年开始为三峡工程供应钢板，至2006年累计供货13万吨，占同类产品总用量的80%，其中24扇永久船闸门制作用钢板总量达4万吨全部由舞钢生产供应，创中国宽厚板单项工程供应量纪录。

河北钢铁集团唐钢公司

➢唐钢热轧薄板生产线自投产以来，生产水平不断提高，2003年3月产板材1.91万吨，4月1日日产达到1888t，创国际同类生产线试车期间月产、日产最高纪录。

➢唐山钢铁公司12月1日，试生产10个月的超薄热带生产线，浇铸钢坯4870t，打破了135mm中薄板坯日产4600t的国内纪录；轧制带卷4753t，超日产设计能力1039t，打破了由美国北极星BHP公司创造的4726t的世界薄板带卷日产纪录。

➢唐山钢铁集团公司2004年8月与北京钢铁研究总院合作开发、设计完成国内第一条采用感应加热方式的高强度打包带生产线，具有调质处理和冷轧结晶强化功能，摒弃了国内传统的生产模式和工艺方法。

➢唐山钢铁集团公司于1998年2月在棒材轧机上成功的应用了三线切分轧制技术，并采取了多项技术解决了堆钢等事故，三线切分轧制棒材为国内钢铁行业第一家。

➢唐山钢铁集团有限责任公司冷轧生产线工程年设计能力60万吨，整条生产线的设备配置达到世界一流水平，该工程于2003年3

月开工，历时16个月，创造了同类机组工程最短的世界纪录。

➢2002年2月开始的唐钢1260m^3高炉扩容至2000m^3的大修扩容工程，采用整体推移技术，仅停产45天，整体推移重量4500t，推移距离46m，推移高度32m，时间最短、推移重量最重、推移距离最长、推移高度最高。

➢唐钢集团宣化钢铁集团有限责任公司焦化厂于2005年6月自主开发了用散沥青直接配入炼焦煤中生产焦炭技术，该技术将作为黏结剂的沥青直接以炼焦煤的形式配入配合煤中，提高了弱黏结性的炼焦煤的配量，改善了配煤质量，提高了焦炭质量，扩展了炼焦煤源。该技术不需预处理，不需增加生产设备。

➢唐钢集团宣化钢铁集团有限责任公司焦化厂于2003年12月在4.3m焦炉上采用拦焦车一次对位技术，该技术与拦焦车二次对位技术相比提高了工作效率和焦炉的生产能力，减轻了工人的劳动强度。

➢唐钢集团宣化钢铁集团有限责任公司炼钢厂2005年10月投产的2台8机8流小方坯连铸机，流间距1200mm，铸机半径8000mm，中间包长10110mm，宽2350mm，高1295mm，可生产断面尺寸：150mm×150mm、165mm×225mm、165mm×285mm的铸坯，年生产能力130万吨，中间包公称容量140t，该机在同一中间包内8流拉钢，在钢铁行业内第一。

➢唐钢集团宣化钢铁集团有限责任公司焦化厂于2003年12月在国内最先在4.3m焦炉上采用改进80-4型炉门，提高了炉门的严密性，减少了焦炉对环境的污染，延长了炉门及护炉铁件的使用寿命。

➢唐钢集团宣化钢铁集团有限责任公司焦化厂于1994年12月开发出脱酸塔后酸汽生产黄血盐钠新工艺，有效地控制了高浓度H_2S、CO_2等组分存在下的副反应，解决了系统水，热平衡以及去除杂质等高技术关键，成功生产出合格的黄血盐钠，该工艺流程短、投资少、见效快，环保效益显著。

➢唐钢集团宣化钢铁集团有限责任公司焦化厂于1995年自行设计开发了新型焦油管式炉辐射炉管变径技术，通过采用变径炉管，改进炉体高径比，控制适当炉膛温度，合理分配一、二段热负荷比例等技术措施，解决了传统煤焦油管式炉存在的炉管阻力大、易结焦、热负荷分配不合理等技术关键问题，实现了有效热负荷与生产能力相匹配，延长了炉管使用寿命，提高了管式炉运行的安全性。

➢唐山钢铁集团公司2009年10月投资3.26亿元建设了城市中水与工业废水深度处理及综合利用工程，城市中水处理能力3000m^3/h，工业废水处理能力3000m^3/h，创国内钢铁业工业废水和城市中水综合处理最大规模，率先在行业内实现工业用水全部采用城市中水。

➢唐山钢铁集团公司炼铁厂南区2800m^3高炉煤气干法布袋除尘工程2007年建成并投入使用，2800m^3高炉采用干法布袋除尘，高炉煤气经煤气导出管引出，进入重力除尘器，煤气中80%～90%的烟尘在重力除尘器沉降，随后进入干法布袋除尘器进一步净化处理，净化后送至高炉煤气余压透平发电系统（TRT），利用煤气余压进行发电，布袋除尘器由15个ϕ6000干式布袋除尘器筒组成，采用氮气脉冲反吹，风量550000m^3/h，过滤面积20070m^2，该工程于2007年建成，创当时我国高炉煤气干法除尘工程最大规模。

➢唐山钢铁集团公司2007年建成炼铁厂南区地下料仓，料仓包括汽车卸料系统和火车卸料系统。汽车卸料系统采用自卸方式卸入地下受料槽，共设20个地下受料槽，均可卸50t自卸汽车；火车卸料系统包括2个受料槽，原燃料受料槽和焦炭受料槽，原燃料受料槽采用双停车线，停车线长度约150m，设置20个地下受料槽，可同时接卸20辆车皮，焦炭受料槽停车线长度约290m，设置20个地下受料槽，可同时接卸20辆车皮，创当时我国地下料仓最大规模。工程建设完成后，有效地减少了料场造成的二次扬尘，同时改善了工作现场及周边环境。

➢河北钢铁集团唐钢公司炼铁厂北区10号75t锅炉及4号2.5万汽轮发电机组的建设是唐钢2010年节能减排的重点项目之一，此工程自2010年1月20日开工建设，至4月28日竣工投产，历时100天，其中发电机组安装调试仅25天，创造了全国同类型设备建设工期最短纪录，而且一次试运行成功。

➢河北钢铁集团唐钢公司运输部拥有铁路线路120多公里、三百组道岔，经过近三年的综合治理，铁路技术状态发生历史性的变化，彻底改写冶金企业铁路技术状态都不好的历史，成为唐钢优美环境中的一道道靓丽风景线，成为国内钢铁冶金运输行业的排头兵。

（1）铁路线路技术状态达到《冶金铁路检修规程》中冶金特一级标准。

（2）120km铁路路肩见棱、道床整齐、道碴洁净、见线排水良好，百里铁路无杂草、无积水、无污染、无垃圾、无翻浆，一尘不染。

➢河北钢铁集团唐钢公司炼铁厂南区3200m^3高炉及配套的烧结、动力、供辅等设施于2006年8月1日开工建设，2007年9月8日顺利投产，建设工期400天，创造了全国同类型高炉建设速度最短纪录，投产以来运行良好。

➢河北钢铁集团唐钢公司高炉煤气全干式除尘是国家重点推广的钢铁行业节能减排技术之一。2007年9月投产的唐钢炼铁厂南区3200m^3高炉采用了此项技术，是最早采用此技术的大型高炉，投产以来运行良好。

➢河北钢铁集团唐山钢铁集团有限责任公司自主研发并首先命名的一种新型冷轧产品——氧化退火板。它与一般退火板不同，其产品除要求一定的机械性能外，还要求表面有附着性好的致密氧化层，从而提高退火板的表面耐腐蚀性、后涂装性和加工性能。

唐钢创造性利用连续退火生产线率先开发与生产氧化退火板卷，填补了国内空白，标志着唐钢创新性科研成果达到了国际先进水平。

➢河北钢铁集团唐山钢铁集团有限责任公司第一钢轧厂超薄热带生产线（1810生产线）是公司在“九五”期间，实施调整产品结构、淘汰落后工艺装备、完成“三步走”规划兴建的现代化钢铁企业，于2001年2月28日正式破土动工，2003年1月29日建成投产。

该生产线分别从意大利、美国、日本等国家引进了先进技术和关键设备，是世界上第一条将Danieli的FTSC薄板坯连铸技术、Bricmont的辊底式加热炉技术与日本三菱的PC轧机、石川岛的地下卷取机等先进技术组合在一起，可实现半无头和铁素体轧制的先进的薄板坯连铸连轧生产线。它采用 90/70mm 铸坯和平均每分钟 5.46m 的高拉速设计、优化的中间包及浸入式水口设计、长漏斗结晶器、结晶器漏钢预报和动态软压下以及辊底式加热炉、三点除鳞、动态 PC 轧机和目前国际最先进的 GCT 控制系统，代表着当今国际热轧薄板生产领域的最先进水平。

➢河北钢铁集团唐钢公司炼铁厂南区 $3200m^3$ 高炉原料系统设计采用了室内封闭式原料仓库，这是目前全国最早在大型高炉系统采用的工艺，该仓库彻底解决了露天原料场扬尘污染环境、物料损失的问题，可以储存原料 25 万 ~ 30 万吨，满足高炉 1 个月的使用量，还具有一次配料功能，投产以来运行良好。

➢河北钢铁集团唐钢公司共两条棒材生产线，一棒材于 1994 年 3 月破土动工，1996 年 6 月热负荷试车，年设计能力 60 万吨，现年产量达到 100 万吨。二棒材于 2002 年筹备，2003 年元月热负荷试车，年设计能力 60 万吨，现年产量达到 110 万吨。主要产品轧制工艺采用 12 螺四切分轧制，14、16 螺三切分轧制，18、20、22 螺双切分轧制，25、28、32 螺单线轧制。

两条生产线加热炉均为步进梁式，采用蓄热燃烧技术，二棒全直供，一棒直供率达到 70% 以上。为了降低工序能耗，制定了详细严格的管理考核规定和标准，对各种动力介质实时进行监测，加强转炉煤气回收和蒸汽回收力度，对煤气、氧气、氮气、压缩空气、电、水等动力介质的使用都做了详细的规定。取得了很好的效果。

河北钢铁集团承钢公司

➢承德钢铁集团有限公司是最早使用井下矿山无底柱爆破，并获国家专利。

➢承德钢铁集团有限公司是最早使用钒钛型超高碱度钒钛烧结矿制造方法的企业。

➢承德钢铁集团公司 1987 年在国内第一家实验成功氧气转炉提钒生产工艺，取得专利并应用于生产；1997 年第一家实验顶底复吹提钒工艺成功并应用；2000 年第一家实验侧复吹成功并应用于生产。

➢承德钢铁集团公司1968年在国内第一家成功应用转炉提钒—氧气转炉炼钢双联生产工艺，并获专利。

➢承德钢铁集团公司1995年3月在国内第一家实验成功测渣护炉技术，氧气转炉提钒生产工艺，获得专利并应用于生产；该工艺经优化后，转炉炉龄在原基础上提高13倍以上。

➢承德钢铁集团公司1971年在国内第一家实验成功钒渣直接合金化炼钢生产工艺并应用于电炉炼钢生产。

➢承德钢铁集团公司1958年国内第一家应用钒钛磁铁矿高炉冶炼技术。

➢承德钢厂1号转炉历时400天，炼钢17461炉，刷新世界含钒钛铁水冶炼炉龄纪录。

➢承德新新钒钛股份有限公司于2005年3月研制开发了直径ϕ50mm的螺纹钢筋，并投入市场，是国内第一家生产大直径钢筋的企业。

➢承德新新钒钛股份有限公司是最先采用微波加热方式生产淡化钒的企业。

➢承德新新钒钛股份有限公司于2004年1月研制开发了强度500MPa螺纹钢筋，并投入市场。

➢承德钢铁集团有限公司新新钒钛股份有限公司12m^2 TCS圆形氧化球团竖炉，焙烧带面积和燃烧室均为圆形，燃烧温度均匀，干燥床面积大，且有筛分作用。炉内冷却能力、氧化气氛强。单位有效面积利用系数高，成品率高，抗压强度高，氧化亚铁含量低。是国内最大的圆形竖炉。

➢承德钢铁集团有限公司新新钒钛股份有限公司采用“顶、底、侧”复吹提钒炼钢工艺，该工艺具有供气强度大、气流易调节等特点，产出的矾渣品位高、TFe含量低，半钢余钒低、余碳高，该工艺对炼钢技术和资源的综合利用有很大促进作用。

➢承德钢铁集团有限公司燕山气体有限公司2001年9月在国内第一家试验成功多机组联合产氩工艺，并取得国家专利应用于生产。已产生效益1200多万元。

➢承德钢铁集团有限公司“惰性气体保护顶渣精炼方法”适用

于中小型转炉，可解决冶炼周期短、出钢温度高、钢水中夹杂含量高，以及 LF 精炼处理周期长、精炼成本高，炉机匹配困难等难题，并有效降低精炼过程温降、减少热损失、提高钢水纯净度。该项技术已于 2005 年获得专利。

➢承德钢铁集团有限公司炼钢厂 2 号四机四流连铸机于 2005 年 12 月 25 日 1 点 10 分中间包开浇至 12 月 28 日 16 点 20 分中间包停浇，历时 87 小时 10 分钟，拉钢 220 炉，创连铸中间包单包连续浇注时间最长。

➢承德钢铁集团有限公司板坯连铸机双浇高效化工艺改造是将一机一流板坯连铸机改为可同时浇铸两流板坯的连铸机，双流铸坯组合宽度可根据用户的不同要求进行调整，并且连铸机的质量均有明显提高，提高了连铸机的生产能力，减少了改造资金。该技术为国内首创。

➢承德钢铁集团有限公司冷却烧结机总面积为 $275m^2$，为国内最大的机上冷却烧结机。

➢承德钢铁集团有限公司冷却烧结机二次混合机采用瑞典液压马达作为二次混合（长 $3.5m \times 18m$）的主要动力，具有传动平稳、连续、噪声小、省油省电的优势。

➢承德钢铁集团有限公司冷却烧结机冷却段热废气经过余热锅炉产生蒸汽，用于提高混合料温度，节约大量能源，属于环保型烧结机。

➢河北钢铁股份有限公司承德分公司是目前国内第二大钒产品生产基地。2006 年公司在滦河厂区新建一钒铁生产车间，该钒铁生产车间内拥有年产 4000t 的 50 钒铁与年产 4000t 的 80 钒铁生产线各一条，产能合计达 8000t/a；2009 年又在此钒铁车间内建成了一条年产 4000t 的 80 钒铁生产线。该钒铁车间产能合计已达到了 12000t/a，且 50 钒铁与 80 钒铁生产系统已同期达到国内领先水平。

就国内目前钒生产情况来看，12000t/a 钒铁车间是中国乃至世界钒铁产能最大的钒铁生产车间。

➢河北钢铁股份有限公司承德分公司为实现世界一流钒钛生产企业的目标，于 2008 ~ 2009 年建成了一座年处理钒渣 20 万吨的生产线，该生产线设计采用了 ϕ4.5m×100m 钒渣焙烧回转窑两条，此窑单窑处理钒渣能力 25t/h，生产能力是目前国内最大同类设备单窑处理能力的 4.24 倍；环境散热面积是其 2.89 倍，降低散热损失约 30%；尾气温度与当期其他厂家最大回转窑相比约降低 50～80℃（280～350℃）。（中国目前钒渣焙烧回转窑直径为 $\phi \leq$3.2m，长度 ≤60m；国际上钒渣焙烧回转窑直径一般 $\phi \leq$4m，长度≤80m）此窑在生产过程中其热工及炉况稳定，且投资、能耗、维修等费用都相对较低。ϕ4.5m×100m 钒渣焙烧回转窑已经国内权威机构查新，是目前国内及世界上最大的钒渣焙烧回转窑。

河北省宣化钢铁集团有限责任公司

➢河北省宣化钢铁集团有限责任公司连轧中型材生产线于 2010 年开发生产了矿用 U 型钢，共开发 25U、29U、36U 三个规格。矿用 U 型钢主要用于矿井巷道、矿井巷道二次支护，以及穿山隧道的支撑支护等用途。宣钢采用全连轧工艺生产矿用 U 型钢，从孔型设计、轧辊导卫加工、生产组织到产品质量检验，产品完全满足相关技术标准，广泛应用于矿山行业。宣钢成为国内唯一一家采用全连轧工艺生产矿用 U 型钢的企业。

➢河北省宣化钢铁集团有限责任公司高线厂成功将噪声治理技术应用于高线斯太尔摩风冷线上。在保证现有设备功能完全满足工艺要求的基础上，加装隔离静音设施，实现了噪声的达标排放。噪声治理技术应用后，风冷线区域设备周围噪声由治理前的 108.1dB 降低至 83.2dB，较国家要求低 1.8dB。宣钢既成功解决了噪声对职工的危害，又美化了现场环境，成为国内首家高线风冷风机噪声达标排放的单位。

➢河北钢铁集团宣钢公司炼钢厂在全国首家采用双中包的 12 机 12 流连铸机。

➢河北钢铁集团宣钢公司炼钢厂在全国首家实现国产化干法除尘技术在大型转炉炼钢工艺上的应用，到目前为止实现连续 12073 炉无泄爆。

➢河北钢铁集团宣钢公司炼钢厂 150t 转炉在全国首家实现高架

式铁水折罐工艺在大型转炉上的应用。

河北钢铁集团滦县司家营铁矿有限公司

➢河北钢铁集团滦县司家营铁矿有限公司司家营铁矿是目前国内最大的冶金矿山之一，矿山建设之初就把资源的综合利用作为重要指导思想。为此，项目建设打破了冶金矿山通过尾矿库排尾的传统模式，结合曹妃甸工业区建设需求，在国内首次采用采场剥岩土填海造地。该项目实施后，一是可以减少占用耕地，不征排土场，只征用转载场和临时堆场，减少征占矿区周边基本农田 4152 亩，减少征地费用 3.32 亿元；二是大量废石填海造地，可减轻矿山开采对当地的环境污染；三是可减少村庄搬迁，节省了大量的拆迁费用；四是废石填海造地方案的出台，也缓解了填海料不足的矛盾，为大曹妃甸港建设规划奠定了基础，具有显著的社会效益和经济效益。

➢河北钢铁集团滦县司家营铁矿有限公司尾矿库易址采煤塌陷坑，采用高浓度输送系统输送至尾矿库，可以避免对矿区周边的污染，避免动迁两个村庄；筑坝采用煤矸石为原料，可将唐山市古冶区内煤矿历年堆积形成的两座矸石山约 $2\times10^6m^3$ 从市区搬走，节省煤矸石占地 200 亩，对降低市区污染和综合利用煤矸石都有好处；另外，在充填采煤塌陷坑后进行覆土造田，也会对采煤塌陷坑生态环境保护带来积极的影响。

➢河北钢铁集团滦县司家营铁矿有限公司氧化矿浮选使用的循环水处理使用了阴离子型聚丙烯酰胺絮凝剂，不仅保证了浮选效果，而且实现了司家营铁矿选矿工业废水的零排放。该项技术经“教育部科技查新工作站北京科技大学科技查新站”查新，对于司家营地区铁氧化矿矿物组成来讲，属于首次应用。

➢河北钢铁集团滦县司家营铁矿有限公司传统的赤铁矿石正浮选生产工艺，是在粗选作业矿浆重量百分浓度为 22% ~38% 进行的，反浮选生产工艺粗选矿浆浓度一般控制在 32% 左右，精选和扫选作业矿浆浓度介于 20% ~30%，属于一种在较低矿浆浓度下的生产工艺，此工艺不仅浪费大量的浮选药剂、水、电能及为矿浆加温的热能，选别技术指标较低，而且限制了浮选设备生产能力的发挥，造成基建、设备投资大，是一种高能耗、低效益的生产工艺。

赤铁矿石高浓度反浮选工艺，旨在解决现有传统的赤铁矿石反浮选生产工艺存在的上述问题，而提供一种能够实现优质、节能、减排、增效的高浓度反浮选的工艺，其可在传统的反浮选生产流程上完成，不需对工艺流程和反浮选设备等进行改动。司家营铁矿技术人员在实验室实验的基础上，在生产现场进行了长时间的工业试验，并在粗选作业矿浆浓度为41%～51%的高浓度下成功应用于生产，填补了国内同行业的空白，具有重要的社会效益和巨大的经济效益。此项发明型专利已由国家知识产权局受理。

➢河北钢铁集团滦县司家营铁矿有限公司，目前矿山选矿厂球磨机给矿端入料管与入料衬套的动密封形式为塑料成型填料密封，这种密封装置密封效果不佳，现场矿浆泄漏严重，增加了入料管和入料衬套的磨损，缩短了入料管的使用期限，还造成给矿端甩矿问题，影响了生产的顺利进行。同时这种密封装置的使用寿命短、更换频繁，停机更换也影响了生产设备作业率。该实用新型适用于矿山球磨机磁性矿浆转送接口的密封，可以利用密封环套筒的环状永磁体吸取外溢矿浆中磁性矿物，用以补偿密封装置与入料管之间的间隙，形成磁性液体“O”形密封环，以达到密封效果。该实用新型在使用中效果明显，可以减轻入料管的磨损、延长入料管使用寿命、有效地解决了给矿端甩矿问题，且拆卸较为方便，可以有效地替代原有的密封装置。该项发明已由国家专利局受理专利申请。

➢河北钢铁集团滦县司家营铁矿有限公司研制的“大型矿用汽车液压系统散热器”有效代替了德国原装进口配件，解决了采购周期长，价格高，影响车辆正常维护和运转等问题。

大型矿用汽车是矿山、钢铁、港口等生产中广泛使用的运输车辆，目前这些大型矿用汽车液压系统没有专门的散热系统，其液压系统依靠管路循环散热。在正常情况下，液压油正常工作的温度范围是65～80℃之间，车辆运转一年后，液压油泵的泵芯及各类阀体发生磨损，导致内部卸压，造成液压油温高，尤其是到春、夏季节，最高油温可达110℃，平均油温达95℃。高油温会加速液压系统各部位密封件老化，造成液压油泄漏；液压油管老化加速，会造成行车过程中油管爆裂，高温高压液压油喷出，引发火灾及行车安全。该项发明已由国家专利局受理专利申请。

➢河北钢铁集团滦县司家营铁矿有限公司研制的“大型矿用汽车电气系统冷却气滤清器”解决了目前大型矿用汽车电气散热系统没有专门除尘装置，空气直接与电器元件接触散热，电器元件在使用中堆积了大量尘土，容易导致短路烧毁电器元件。特别是在铁矿山使用的大型运输车辆，灰尘中含有大量铁等导电物质，更容易发生短路烧毁设备事故，如果遇到雨、雪和大雾天气车辆将无法运行。而且电器元件一旦短路烧毁，易引发火灾并威胁行车安全。

目前，解决因积尘引发短路的方法只有清洗和更换原件，但是器件表面粘的尘土不但很难清洗干净，而且清洗一次需要一天时间，如遇雨、雪、大雾天气，只能停车烘干。由于此类车型的电器元件都是原装进口配件，采购周期长，价格高，因而一旦损坏恢复较困难，影响车辆的正常运转。“大型矿用汽车电气系统冷却气滤清器”可以有效解决上述问题，该项发明已由国家专利局受理专利申请。

➢河北钢铁集团沙河中关铁矿有限公司的中关铁矿帷幕注浆堵水工程形成了目前中国矿山行业最长的单排环形全封闭注浆帷幕。帷幕全长3397m，具体相关参数：

（1）帷幕厚度：帷幕厚度不小于10.0m。

（2）帷幕防渗性能：帷幕体单位透水率$q \leqslant 2L_u$。

（3）帷幕顶板：帷幕顶板为+100.0m标高。

（4）注浆孔孔深：必须穿透石灰岩含水层及矿体进入矿体底板闪长岩10.0m。

（5）注浆孔排数与相邻孔间距：注浆孔为单排，相邻孔间距为12.0m。

➢河北宣化工程机械股份有限公司采用高驱动技术、模块化拆装、道路自适应机构的国内最大马力（430马力）的高驱动履带推土机。

酒泉钢铁（集团）有限责任公司

➢酒泉钢铁（集团）有限责任公司二高线双蓄热烧嘴式步进梁

式加热炉，采用三段四点控制方式。该加热炉能够保证12m长品种钢钢坯的加热质量，满足高线轧机的工艺和生产节奏的需要，在国内首次解决了高温蓄热燃烧系统与步进梁式加热炉型有机结合的问题，有效地解决了蓄热式加热炉均热段上下加热的温度控制问题。为在步进梁式加热炉上应用高温蓄热技术提供经验。在国内首次与世界先进水平的高速线材轧机匹配的常规加热炉改造为燃用纯高炉煤气的蓄热烧嘴式加热炉。

➢酒泉钢铁（集团）有限责任公司高炉钢质冷却柱形式结构与目前流行的铜质冷却柱相比，钢质冷却柱系无缝管材焊接而成，可增强冷却柱抵抗机械磨损能力，在炉身上部固体炉料部位有效抵御下降炉料磨损，有利于形成合理操作炉型，改善高炉指标。钢质冷却柱冷却水道设计根据冷却柱长度有所不同，长尺寸冷却柱为螺旋式出水道设计，短尺寸冷却柱为直板式出水道设计，可供高炉不同部位灵活选择使用。完全可以替代外购的铜质冷却柱且使用成本更低。

➢酒泉钢铁（集团）有限责任公司不锈钢板坯加热串联式炉型结构是两座炉子串联使用，共同完成不锈钢的低温和高温加热任务。不锈钢板坯加热的串联式炉型结构使板坯在低温和高温两个阶段的加热分别在两个炉子中进行，并通过在预热炉和加热炉中设置多段供热的炉型结构和烧嘴布置，在有效提高加热能力的前提下，使板坯出炉温度沿长度和厚度方向的断面温差得到了有效的控制，达到了控制板坯低温缓慢加热和高温快速加热的目的。

串联式炉型结构可在原有加热炉生产能力不足，且企业高热值煤气匮乏和低热值煤气富裕的情况下，加热不锈钢而采用的一种最合理的炉型结构，具有温度调整灵活、控制准确和加热质量高的优点；板坯出炉时沿长度、厚度方向的断面温差能得到有效的控制，能充分保证板坯的加热质量；预热炉可与常规加热炉并行布置，工艺布置紧凑，厂房占地面积小，物料流向合理。

➢酒泉钢铁（集团）有限责任公司宏晟电热有限责任公司目前使用的2号高炉余压发电机组，是1989年为利用1号高炉煤气余压建设的第一台余压发电机组，当时国内钢铁行业普遍使用的高炉煤气余压发电设备均为进口设备，国产高炉余压发电设备在国内没有运行业绩，宏晟电热有限责任公司对进口和国产余压发电设备对比分析后，认为国产设备性价比较高，故采用陕西鼓风机生产的TP192-2 透平机组，并得到成功应用，为其他钢铁企业应用国产透平机组提供先例。

➢酒泉钢铁（集团）有限责任公司宏晟电热有限责任公司目前使用的 1 号轴流鼓风机，是 1999 年配套 1 号高炉扩容改造，建设的第一台轴流风机，当时国内钢铁行业普遍使用的 80 以上的轴流风机全为进口设备，国产 80 以上的轴流风机在国内没有运行业绩，但宏晟电热有限责任公司对进口和国产轴流风机对比分析后，认为国产设备性价比较高，故采用陕西鼓风机生产的 AV80-16 的风机，并成功应用国产轴流风机，为其他钢铁企业应用国产轴流风机提供了先例。

➢酒泉钢铁（集团）有限责任公司脱磷转炉配置的喷粉系统是国内首家采用氧枪喷粉进行脱磷工艺的，其压力及喷吹流量可以根据铁水状况灵活调整，也可通过枪位高低的调整加速高碱度炉渣的快速形成，提高继续脱磷的速度，有利于处理含磷量较高的铁水。

➢酒泉钢铁（集团）有限责任公司为提高冶炼 304 钢种低镍生铁的用量，针对不锈钢炼钢具体工艺配置和生产情况，天风不锈钢有限公司采用电炉熔化低镍生铁，国内首家采用脱磷转炉进行含镍铬铁水的脱磷处理，从而提高低镍生铁的用量，进一步降低冶炼成本。

➢酒泉钢铁（集团）有限责任公司 300 系列不锈钢由于其钢水要求的铬、镍等合金元素含量高，以脱磷铁水直接入 AOD 进行生产存在合金加入量过大、AOD 过程温度不足、渣量大等问题，造成以脱磷铁水直接入 AOD 的工艺无法生产，天风不锈钢有限公司以脱磷铁水直接入 AOD 转炉生产 400 系列钢水为平台，开发了 AOD 炉氧枪吹氧二次燃烧技术，同时对铁水脱磷工艺进行优化，提高脱磷铁水入 AOD 炉的温度和碳含量，解决了 AOD 冶炼过程温度不足的问题，成功开发了脱磷铁水直接入 AOD 炉生产 300 系列不锈钢的工艺。此工艺在国内不锈钢生产工艺中属首创。

➢酒泉钢铁（集团）有限责任公司2006年底，宝钛公司提出委托酒钢加工热轧钛卷，天风不锈钢有限公司采用炉卷轧机为宝钛生产热轧钛卷。2007年11月8日成功生产出5卷热轧钛卷，从2007年至今，酒钢炉卷轧机已经成功生产3475t热轧钛卷，目前月量约250t，热轧钛卷厚度规格3.0～6.0mm、宽度规格1000～1400mm，卷重4～9t，主要生产配号TA1、TA2、TA10、GR2和GR4，通过酒钢和宝钛的共同努力，不但实现在炉卷轧机连续生产线轧制钛卷，而且实现了在酒钢冷轧生产冷轧钛卷，最终达到大幅度提高生产效率和产品质量，降低生产成本，结束宝钛集团单片轧制钛带的历史，将极大地提高我国在钛金属生产领域的技术创新能力和水平，填补了中国不能在连续生产线上生产冷轧钛带卷的空白，改写中国长期进口冷轧钛带卷的历史。

➢酒泉钢铁（集团）有限责任公司天风不锈钢有限公司炉卷轧机于2003年投产，起初主要以生产碳钢为主，从2006年开始，随着酒天风不锈钢有限公司炼钢和冷轧的相继投产，炉卷轧机在2009年底开始全不锈钢生产，主要生产奥氏体不锈钢、铁素体不锈钢、马氏体不锈钢和双相不锈钢，平均轧制厚度3.7mm，平均轧制宽度1290mm，平均钢卷重量20.5t，钢卷单位重量15.9kg/mm，酒钢炉卷经过3年的努力，在2011年实现了月产10万吨、年产不锈钢104.4万吨的佳绩，与当初设计水平相比翻了一番，创造了国内相同炉卷轧机产量之最。

➢酒泉钢铁（集团）有限责任公司镜铁山矿1984年7月，六项指标处于行业最好水平，分别为：（1）成品矿产量2370120吨/年(1979年)；（2）全员劳动生产率（总量）696吨/(人·年)(1978年)；(3）采矿T4G效率82968吨/(台·年)(1979年)；（4）深孔凿岩台车效率27648米/(台·年)(1978年)；（5）贫化率9.90%(1979年)；(6）成品矿成本8.577元/吨（1978年）。

2000年，酒钢镜铁山矿贫化率9.71%，指标处于行业之最。

2001年，酒钢镜铁山矿（1）贫化率8.57%；（2）采矿工班效率74.99吨/(工·班)；(3）掘进工班效率5.26m^3/(工·班)；三项指标处于行业之最。

2002 年，酒钢镜铁山矿（1）贫化率 7.91%；（2）掘采比 27.09 米/万吨；（3）采矿工班效率 120.15 吨/(工·班)；（4）掘进工班效率 4.22m^3/(工·班)；（5）全员劳动生产率 2414 吨/(人·年)，五项指标处于行业之最。

2003 年，酒钢镜铁山矿（1）贫化率 7.82%；（2）采矿工班效率 65.48 吨/(工·班)，两项指标处于行业之最。

2010 年，酒钢镜铁山矿采矿凿岩机效率 57794.95 米/(台·年)(累计)，指标处于行业之最。

2011 年，酒钢镜铁山矿（1）电机车效率 95.87 万吨/(台·年)(累计)；（2）电力单耗 7.39kW·h/t，两项指标处于行业之最。

➢酒泉钢铁（集团）有限责任公司矿山采掘设备：2 台电动铲运机 ST-5C、斗容 3.8m^3，台效 35 万吨/(台·年)，制造厂家 ATLAS，投用日期 1987 年 9 月 1 日；4 台全液压台车 SimbaH252，台效 65000 米/(台·年)，制造厂家 ATLAS，投用日期 1989 年 9 月 28 日，此两种设备为当时国内冶金矿山第一次使用。

UR9 油螺杆空压机，排气量为 566m^3/min，电机功率 2800kW，制造厂家 ATLAS，投用日期 1970 年 5 月 10 日，投用时全国只有 6 台，其中 4 台在镜铁山矿，其余两台在上海非矿山企业使用。

1 台无油螺杆式空压机 ZR900VSD，排气量为 120m^3/min，制造厂家 ATLAS，投用日期 2002 年 12 月 20 日，当时此型变频空压机全世界只有三台，中国只有此一台。

➢酒泉钢铁（集团）有限责任公司宏兴钢铁股份有限公司镜铁山矿，黑沟矿区采用露天法开采，其中 1 号采区溜井，直径 6m，井深 362.34m。2 号采区溜井，直径 6m，上口标高 3934m 水平，下口标高 3400m 水平，井深 534m。主溜井，直径 6m，上口标高 3400m 水平，下口标高 2830m 水平，井深 570m。酒钢镜铁山矿黑沟矿区 2 号采区溜井、主溜井均为国内矿山高海拔、高深溜井之一。

➢酒泉钢铁（集团）有限责任公司宏兴钢铁股份有限公司选烧厂选矿工序始建于 1958 年，1972 年 7 月正式投产，主要处理距厂 78km 的镜铁山矿。该矿石属于国内典型的复杂、氧化、难选贫红铁矿，含铁品位仅约 32%。投产初期，下山矿中约 45% 的粉矿

(−10mm)，由于没有找到适宜的选矿方法而堆存，最多堆存量达到约500万吨；生产采用块矿（10～75mm）焙烧-弱磁选的生产流程。因粉矿未处理，导致选矿的生产能力不能充分发挥且原矿成本较高。

1976年在广东大宝山铁矿进行了用Shp-1000型强选机选别桦树沟粉矿的探索试验及单机工业试验。之后，酒钢与长沙矿冶研究院合作研制了Shp-3200型双盘湿式大型强磁选机，并于1980～1981年完成工业试验，取得了较好的结果通过工业考核试验。酒钢很快就将这一科研成果转化为生产力，1982年酒钢选矿厂建成了我国最大的强磁精选生产车间：4台Shp-3200型强磁选机年处理能力达120万吨，采用一粗一扫流程，取得精矿品位47%～48%，回收率65%～70%的生产指标。开创国内仿琼式3200强磁机大规模应用之先河。

➢酒泉钢铁（集团）有限责任公司宏兴钢铁股份有限公司炼轧厂中板ADCO快冷设备为全套引进法国控制系统，是国内唯一一台汽雾式冷却系统。采用高速风将水雾化冷却，冷却能力大，并均匀(与目标差值+10℃)。模块化设计，可实现在线冷却计算，连续监控，实现全自动冷却控制。在保证钢板冷却的同时还可以实现淬火的功能。钢板冷却均匀。可控制钢板的平坦度，保证钢板各处金相组织和性能均匀一致，用快冷设备可以取代常规的热处理设备来生产特殊性能的钢板。

其主要参数如下：冷却方式：气雾式；冷却范围：800～550℃，组件数：8（4上；4下），淬火温度可达到200℃，每个组件喷嘴数为4个，喷嘴宽度为3100mm，冷却段长度16m，最大水流量6000m^3/h。

中冶天工建设有限公司

➢中冶天工建设有限公司承建的天津钢管公司ϕ460mm轧管环形加热炉工程，从土建到安装，再到筑炉的整个施工过程中，对多项施工技术进行了创新，形成了一整套先进的、成熟的、环形加热炉施工技术。工程2006年5月10日开工，2006年11月25日建成，在短短的时间里，建成我国国内最大直径的环形加热炉。

➢中冶天工建设有限公司承建的武钢集团氧气公司新建两台

$60000m^3$ 制氧机工程（七氧），工艺先进，施工过程中采用多项新技术，加快了施工进度，提高了施工质量，取得了良好的经济效益。使用了世界上第一套被誉为“黄金气体”回收的稀有气体回收设备。

➢中冶天工建设有限公司承建的江苏沙钢集团华盛炼铁节能减排改造高炉工程，炉容 $5800m^3$，为目前世界高炉系统炉容最大。

中冶赛迪工程技术股份有限公司

➢中冶赛迪工程技术股份有限公司设计和技术总成的 $5000m^3$ 级特大型高炉炉顶煤气余压透平发电装置（简称 TRT）首次应用于宝山钢铁股份有限公司宝钢分公司一号大修工程，于 2009 年 3 月 30 日顺利建成并网发电，该装置的机电设备全部国产化，机组发电机额定功率 30000kW，干式除尘运行工况下透平发电 25000kW，是国内首套 $5000m^3$ 级高炉煤气余压透平发电机组。

➢中冶赛迪工程技术股份有限公司自主研发的第一套特大型高炉煤气布袋除尘技术应用在宝山钢铁股份有限公司宝钢分公司一号高炉（$5000m^3$）大修工程中，于 2009 年 3 月 4 日顺利建成投产。该装置的设备全部国产化，其工艺流程和设备技术以及系统软件，完全由中冶赛迪工程技术股份有限公司自主设计、自主集成。该装置具有多项技术优势，煤气净化能力达 $72 \times 10^4 m^3/h$，是国内首套 $5000m^3$ 级高炉煤气布袋除尘装置。

➢中冶赛迪工程技术股份有限公司开发的管排精确定位装置，它的行走机构采用伺服电机驱动，它的能量吸收机构采用气液缓冲器，该种缓冲器能量吸收效果好，体积小巧，由气液缓冲器就可以组成完全独立的能量吸收系统，不需要其他外部系统的配合，从而使得能量吸收装置结构精巧，操作简便。能量吸收装置又和液压缸共同作用来实现管排能量的吸收和钢管的推出定位，控制简单，定位精度高，并成功应用在安徽天大石油管建管等工程中替代进口技术，是国内首套自主开发的管排精确定位装置。

➢中冶赛迪工程技术股份有限公司研发的中间坯气雾冷却装置，是用于中板轧制中中间坯冷却的专利技术和装置，首次在南京钢铁联合公司2800mm中板轧机上率先得到采用。该中板轧机中间坯气雾冷却装置能克服中间坯空冷待温时间太长，对轧机产量影响的缺点；同时也可避免采用喷水冷却（IC）技术，轧件厚度方向温度梯度大，造成产品性能不均的缺陷。中间坯气雾冷却装置采用二级计算机控制，是目前最具有推广价值的中间坯冷却技术。

本装置和技术的开发和使用在中板控制轧制领域具有开创性的效果，属国内首创。

➢中冶赛迪工程技术股份有限公司承担的巴西GUSA公司50t转炉设备成套供货项目采用了中冶赛迪自主研发的具有自主知识产权的CISDI-SACS转炉，于2008年11月签订合同。此前一重曾与西门子奥钢联合作，将转炉出口到美国、巴西、德国、奥地利、中国台湾等国家和地区，巴西GUSA公司50t转炉是迄今为止中国出口的第一座自主开发，具有完全自主知识产权的下悬挂新型转炉。

➢中冶赛迪工程技术股份有限公司承担设计的上海宝山钢铁公司3号高炉自1994年9月20日建成投产至2009年3月底已经生产了14年7个月，累计产量已经达到5165.8877万吨，单位炉容产铁量达到11875.6t/m^3，已经超过国内其他高炉。从目前宝钢3号高炉的生产情况来看，虽然高炉进入了炉龄末期，但是设备状态仍然正常，生产指标仍然良好，可以再生产3年或更长时间。国内单位产铁量仅次于宝钢3号高炉的为宝钢2号高炉，单位炉容产铁量达到每立方米1.16万吨，也由中冶赛迪工程技术股份有限公司设计。

宝钢3号高炉是国内一代炉役期内单炉总产量和单位容积产铁量最大的高炉。

➢中冶赛迪工程技术股份有限公司总承包建成南钢中型厂合金钢大棒材生产线技改项目轧钢工程包括加热炉——成品打捆收集的全部设施。主要轧线设备有ϕ850mm开坯机、600t热剪、中精轧短应力机组、中轧后飞剪、倍尺飞剪、横移编组台架（方圆材兼容）、热锯、步进式冷床。其中该生产线采用的开坯机是中冶赛迪自主研发的二辊可逆式新型BDCD系列开坯机，采用自主集成电气传动和自动化系统，可根据轧制规程表的设定实现全自动轧钢。这条生产线年设计能力为80万吨。近年来国内新建的淮钢特钢大棒、江阴大棒等生产线均引进了 DANIELI 的轧机设备。南钢中型厂合金钢大棒材项目全线生产设备完全国产化，是目前国内第一条全国产化的高水平合金钢大棒生产线。

中冶集团武汉勘察研究院有限公司

➢中冶集团武汉勘察研究院有限公司（原冶金工业部武汉勘察研究总院）于 1995 年首次使用自己开发的数字测绘技术完成了宝钢二期工程厂区的 1∶500 大比例尺现状图测量任务，制作了宝钢二期工程厂区的数字现状图，这是我国冶金企业最早的数字化现状图，该数字测量工程于 1996 年获得全国优秀工程勘察金质奖。

➢中冶集团武汉勘察研究院有限公司（原冶金工业部武汉勘察研究总院）于 1990 年开始与宝钢设计管理处根据宝钢现代化建设及生产管理的需要，联合开发了宝钢总图状态计算机管路系统，取代了原打算从日本引进该系统的计划，为国家节省数千万元的投资，该系统是我国钢铁企业最早的总图管理系统，投入后彻底取代了传统的手工管理模式，该系统于 1992 年通过了冶金部科技成果鉴定，1993 年获冶金部科技进步奖。

➢中冶集团武汉勘察研究院有限公司（原冶金工业部武汉勘察研究总院）于 2003 年开始与宝钢工程技术有限公司及宝山钢铁股份有限公司，根据我国东部沿海深厚软土地区地质特点及大型钢铁企业建设的需要，联合开发了“力效法确定软土地区大型工程桩基持力层和桩基优化技术”并将该技术首次应用于宝钢五冷轧建设工程。该技术 2008 年通过中冶集团的科技成果鉴定，鉴定意见为该成果达到国际领先水平。

中冶南方工程技术有限公司

➢中冶南方工程技术有限公司与宝钢分公司能环部、杭氧公司三方共同合作，自主设计、自主制造、自主集成的空分设备，是国内首套正式运营的最大型国产空分设备，它集中了当代空分行业中最先进、最成熟的技术成果，开创了我国国产大型空分设备的先河，打破了国外企业在该等级空分制造的垄断，工程项目于 2007 年 6 月开工，2008年9月25日投产，比原计划提前一个月实现项目建设目标。

➢中冶南方工程技术有限公司承担设备成套供货和调试的宝钢五冷轧4号连续退火机组，于2008年4月29日热负荷试车成功，投产仅4个月后，机组产量、成材率、吨钢能耗以及盈利水平四项指标均达到目标要求，成为宝钢五冷轧项目中第一条实现“四达”的机组。是当今世界最先进的全国产化冷轧硅钢机组。

➢中冶南方工程技术有限公司总承包建设的涟钢2200m^{3}高炉项目，于2002年6月1日破土动工，2003年12月4日点火开炉，投产40天就全面达到设计指标。高炉建设采用了中冶南方工程技术有限公司自行开发的高炉薄壁内衬等专利技术，引进了PW公司串罐式无料钟设备及环缝洗涤塔，配备了TRT余压透平发电装置，该座高炉是国内第一座总承包形式承建的，具有当代先进水平，创造了同类型高炉占地最少、投资最省、工期最短的纪录。

➢中冶南方工程技术有限公司总承包建设印度国家钢铁公司（SAIL）比莱钢铁厂（BSP）二次精炼项目，包括3座165t LF炉、3座165t吹氩站、1座165t RH真空处理装置，以及相应配套设施的设计、供货和安装。该项目是印度BSP公司由300万吨扩大到700万吨扩建计划的重要组成部分，这也是国内企业在印度市场获得的供货范围最大的二次精炼总承包项目。

➢中冶南方工程技术有限公司2009年12月正式启动总承包建设的印度JSPL 300万吨转炉项目，该项目包括2座180t转炉、2座180t LF炉、1座180t VD炉，一、二次除尘及相应的配套设施的设计和主要设备供货。这是中冶南方工程技术有限公司在印度市场零的突破，也是中国公司在印度承接的最大转炉项目。

➢中冶南方工程技术有限公司设计的沙钢5800m^{3}高炉是目前世界上占地最紧凑、产能最大的高炉，中冶南方承担设计，工程采用了新型炉底炉缸结构形式和优化的炉型、联合全软水密闭循环冷却系统、紧凑式的供上料系统、新型并罐无钟、三铁口出铁模式、全新环保渣处理系统等一系列节能、降耗、环保和节省占地措施，工艺、技术、装备和主要技术经济指标代表了当今国际最先进水平，形成了一系列技术亮点。

➢中冶南方工程技术有限公司承建的武钢三硅钢工程，包括七条连续退火涂层机组和三条连续热拉伸平整机组，是我国唯一能生产高端硅钢片的生产基地，为我国生产高品质、高效能机电产品做出特殊贡献。工程于 2009 年 5 月全部建成投产，建设仅仅用时 19 个月，其建设规模之大、周期之短以及影响深远，在全国硅钢工程建设领域屈指可数。

➢中冶南方工程技术有限公司承建的马钢冷轧带钢后加工工程，具有工程量大、投资大、技术含量高、专业交叉复杂、建设周期短等特点，是中冶南方首次以总承包方式承接的完整的大型冷轧硅钢工程，项目于2006 年4 月开工，2008 年2 月建成投产。2009 年马钢冷轧带钢后加工工程获得全国优秀工程总承包“金钥匙”奖，这是冶金行业唯一获此殊荣的项目，中冶南方也由此成为冶金行业唯一拥有两枚“金钥匙”的企业。

➢中冶南方工程技术有限公司总负责，联合鞍钢、中国一重，通过自主研制、开发和集成建设并成功投入运行的鞍钢 1780mm 大型宽带钢冷轧生产线。是我国钢铁冶金领域重大成套设备国产化、高技术设备、核心技术等方面的一次战略性、具有历史意义的跨越，依托该项目形成的技术成果“鞍钢 1780mm 大型宽带钢冷轧生产线工艺装备技术国内自主集成与创新”2007 年获得国家科技进步一等奖。

该项目通过自主研发和创新，在国内首次实现了大型宽带钢冷轧生产线工艺、装备技术集成，并在集成的过程中成功地研发了一系列冷轧的核心技术。工艺技术、装备及产品技术经济指标达到了国际先进水平，成功轧制出超设计能力（0. 3mm）的 0. 18mm 极薄冷轧带钢产品，开发除轿车外板、硅钢原板、高档次镀锌原板、家电板基板工艺中低牌号硅钢等高附加值产品。通过自主集成，项目建设比国外技术总负责的同类项目节约投资逾 1/3，通过自主集成，打破了冷轧领域由国外垄断的格局，其模式已成功应用于鞍钢及国内其他一些冷轧项目中。鞍钢项目的成功表明，我国已经掌握并突破了冷轧成套设备制造和工艺生产控制两大核心技术，具备了冷轧成套设备制造和相关工艺技术总成能力，并具有极强的国际市场竞争力。

➢中冶南方工程技术有限公司技术总负责的首钢冷轧薄板生产线工程是国内、国际现代化水平最高的冷轧汽车板生产线，是北京市仅次于奥运工程之后的第二大重点工程，被誉为首钢调整产品结构，增强其在国际、国内竞争力的“生命工程”。工程建设历时3年，于2008年6月建成投产，创下了中冶南方乃至中冶集团工程建设史上新的辉煌。

中冶京诚工程技术有限公司

➢中冶京诚工程技术有限公司承担河北钢铁集团邯钢公司老区320m^3高炉全干式煤气布袋除尘系统总承包项目，采用了中冶京诚自主研发的大型除尘器筒体专利技术，在国内大型高炉上首次采用顶进顶出气流方式，除尘效果好，滤袋寿命长，投产后含尘量稳定在2mg/m^3（标态）以下。

莱芜钢铁集团有限公司

➢莱芜钢铁集团有限公司2002年在750m^3高炉上成功应用“高炉煤气干法除尘技术”；2004年在2座120t转炉成功应用“转炉煤气干法除尘技术”；2005年在5号、6号焦炉成功应用“干熄焦技术”。在钢铁行业莱钢是最早将这三项技术全部应用于生产实践中的，通过“三干”技术的实践，取得了明显的节水效果，有效地解决了莱钢缺水问题。

➢莱芜钢铁集团有限公司2008年建成并投产2条100万吨高炉水渣微粉生产线，是目前国内最大的矿渣微粉生产线。利用高炉水渣生产微粉可替代水泥用于建筑行业，一方面可以消纳大量水渣，提高附加值，减少水泥生产需要的石灰石资源；一方面与普通水泥生产相比，微粉生产线能耗低，节约大量能源。

➢莱芜钢铁集团有限公司2008年应用了莱钢与北京科技大学联合研发的转底炉直接还原脱锌技术，通过系统集成创新在莱钢建设年处理31万吨，产出20万吨金属化球团的国内最大转底炉脱锌生产线，解决了莱钢含锌粉尘综合利用问题，改善烧结、炼铁原料状况，提高铁前系统技术经济指标和产品质量，延长高炉使用寿命。该工程技术具有广阔的市场前景和推广价值。

➢莱芜钢铁股份有限公司有大型、中型、小型三条H型钢生产线，拥有先进的专业制造设备和优良的生产技术，可生产H100mm×100mm～H900mm×300mm规格的H型钢和其他产品，其中H900mm×300mm规格的H型钢为莱钢独家生产，自1998年莱钢H型钢投产至今，大、中、小三条生产线已经成功开发、生产了国标、欧标、日标、美标、韩标H型钢共计152个规格，形成了系列化、多样化生产，目前为国内H型钢规格范围最大、生产规格最全的企业。

➢莱芜钢铁股份有限公司以长寿、低耗经济炉型为研发目标，针对转炉过程冶炼特点和铁水质量状况，自主开发了不同原料条件下的转炉标准化操作模型，该模型对控制转炉喷溅，抑制过程“反干”效果明显。实施低氧化性炉渣溅渣护炉技术，转炉终点采用高拉补吹法，保证终点碳温符合要求；加强全过程化渣研究，坚持前期低温泡沫渣、中后期低氧化渣，终渣做粘的原则，减少炉气及炉渣对炉衬的冲刷。采用低温出钢技术，在钢包永久层加硬质隔热板，以降低钢包温降；钢包、中间包包盖材料采用高质耐火纤维模块，减少钢水辐射散热；自主研究合金保温措施，将入炉合金温度控制在300℃以上。通过以上研究，转炉炉龄达到37271炉，并实现了全炉役不补炉，吨钢耐材消耗仅0.2kg/t。

➢莱芜钢铁股份有限公司以环保、节能、节约原材料、轻量化、低成本、高性能研发为目标，自主开发了具有国内自主知识产权延伸率最高的2000Pa级高强韧钢产品。采用普通碳硅锰与微量元素相结合成分控制，配合以低温相变为目的的新型热处理工艺，得到以纳米细条状马氏体、贝氏体、残余奥氏体、析出相为主要成分的高韧性钢。抗拉强度1900～2300Pa，延伸率15%～30%，冲击韧性40J以上，耐磨性能良好。广泛应用于耐磨、防弹、工程机械、舰船、高速列车、模具、汽车部件等领域，以提高器件性能、减轻重量、节约资源。

➢莱芜钢铁集团有限公司粉末冶金有限公司自主研发并掌握了国家“863”计划项目——《轿车用高性能水雾化钢铁粉末规模化生产技术》、《年产4万吨水雾化钢铁粉末生产技术研究》和国家火炬计划项目《高性能钢铁粉末》等系列拥有自主知识产权的新技术，成为目前国内规模最大且唯一具有还原制粉和雾化制粉两条生产线的钢铁粉末生产基地，年产量达到6万吨，对推动企业循环经济的发展，提高铁素资源利用具有重要意义。

➢莱芜钢铁集团有限公司为实现连铸生产优质、高效、低耗的目标，通过采用连铸机中间包水口快速更换专利技术，改进中间包工作层干式料材质，推行连铸机恒中间包钢水液位、恒中间包钢水温度、恒连铸机拉速的“三恒”控制技术，在不间断浇注、提高包底耐冲刷性、提高稳流器使用寿命、增强工作层抗热震稳定性和抗渣性以及稳定生产工艺六个方面取得明显进步，连铸机中间包单包连拉时间最高纪录达100h，连拉炉数计257炉。减少了中间包热换次数及热换风险，降低了中间包耐材及钢铁料消耗，提高了操作安全系数，降低了工人劳动强度，具有较高的经济及社会效益。

➢莱芜钢铁集团有限公司根据F型钢米重大、8个方向均不对称、边腿倾斜7°的特点，攻克了极度非对称F型钢热轧高精度的技术难题，成功生产了世界第一支热轧F型钢，填补了中低速磁悬浮轨道热轧F型钢国内外空白，并申请国内发明专利和企业技术秘密12项，同时在20多个国家申请了发明专利，替代了生产效率低、能耗高完全依靠焊接和机械加工生产的产品。

➢莱芜钢铁集团有限公司以20CrMnTi齿轮钢为主导，形成了Cr-Mn-Ti系列（主要包括16CrMnTiH ~ 30CrMnTiH及其子钢号20CrMnTiH1 ~ 20CrMnTiH6）、Cr-Mo系列（主要包括15CrMoH ~ 42CrMoH、SCM415H ~ SCM822H）、Cr-Ni-Mo系列（主要包括20CrNiMoH、SAE8620H、SAE8627H、SNCM220H）、Mn-Cr系列（主要包括16MnCr5 ~ 28MnCr5）、CR-Mo-No系列（主要包括20CRMnNoH、4140H）及Cr系列齿轮钢。主要质量指标含量氧含量$\leq 2\times10^{-5}$、淬透性带$\leq$5HRC。是国内品种最全的齿轮钢生产

企业。

➢莱芜钢铁集团有限公司自2003年生产齿轮钢26.9万吨首次产销量保持全国第一以来，连续6年持续保持全国齿轮钢产销第一的水平，2004年、2005年、2006年、2007年、2008年生产齿轮钢钢材分别为31.6万吨、38.6万吨、32.8万吨、30.6万吨、30.3万吨，是国内齿轮钢最大的生产厂家。

山东冶金设计院股份有限公司

➢山东冶金设计院股份有限公司2007年与印度电钢公司签订了印度电钢220万吨钢综合钢厂项目的总承包合同，包括原料厂、烧结、球团、炼铁、炼钢、连铸、轧钢、铸管、焦化、制氧、发电、石灰石窑、白云石窑、公辅设施。山东冶金设计院股份有限公司提供该项目设计、设备供货、施工管理、技术服务、人员培训、开工指导等。该项目设计已经完成，设备发货已经过半，工程施工已于2009年开工。到目前为止，这是中国钢铁行业工程设计类公司在国际市场承揽的纯商业性的最大的总承包项目。

日照钢铁控股集团有限公司

➢日照钢铁控股集团有限公司2011年通过技术攻关，优化二级机控制模型、开发极薄规格花纹板专用豆形、减少支撑辊掉肉专用支撑辊辊型等一系列工艺和设备的优化，成功轧制厚度1.67mm花纹板，且各项性能指标符合相关国家标准，用户反映效果良好，经济效益和社会效益均显著。

目前薄规格花纹板厚度基本在1.8mm及以上规格，日钢生产的1.67mm花纹板厚度国内最薄，且批量供应市场。

➢日照钢铁控股集团有限公司2011年全年在高炉综合入炉品位53.12%，渣比482kg/t，渣中Al_2O_3达19.22%的前提下，全年平均煤比实现188.5kg/t，综合焦比仅506kg/t，实现了低成本经济炼铁。日照钢铁依托港口优势，全进口矿冶炼，针对不同的铁矿资源，通过合理配矿，优化烧结工艺，创新炉料结构，通过探索装料制度，细化和完善多环布料技术；通过研究高铝炉渣的性能，攻克高铝矿冶炼的技术难题，通过高风温、高压、低硅冶炼和经济冶炼强度冶炼等技术措施，高炉消化了低品质矿冶炼的不利影响，突破了高铝渣大渣量下的高煤比，创造了日钢成套的低品质矿烧结、球团、炼铁技术，实现了经济炼铁，取得了较好的经济效益。

山东钢铁集团有限公司

➢山东钢铁集团有限公司莱钢公司于2007年11月9日，在型钢厂成功热轧生产了中低速磁悬浮列车轨排用F型钢。中低速磁悬浮列车磁轨F型钢项目是被国家科技部、建设部列为“国家重大科技支撑计划项目”中低速磁悬浮列车技术的重要组成部分。该项目经过F异型钢设计和外形尺寸优化、F钢中试基地模拟轧制之后开发成功。为国内首创，达到国际领先水平。形成具有自主知识产权的、高技术含量的、我国自主创新的中低速磁悬浮列车轨排技术。对于我国国民经济的发展有着重大意义。

➢山东钢铁集团有限公司莱钢公司在国际上首次研究成功开发了“烧结烟气有机胺脱硫及副产硫酸工艺技术”。于2009年4月4号265m^{2}烧结烟气有机胺脱硫系统建成投运，烟气中的SO_2浓度由脱硫前1500mg/m^{3}降到脱硫后100mg/m^{3}以下，脱硫效率最高可达99.5%，取得了明显的减排效果。脱硫副产物为98%的工业浓硫酸，完全回用于焦化工序。本项目利用环冷热风加热富胺液解吸SO_2，替代蒸汽加热，实现了废热的综合利用，节能效果明显，降低了运行成本。

该技术于2010年3月通过国家科学技术委员会科技成果鉴定，鉴定意见认为：该项目属国内外首创，整体技术水平达到国际先进水平。符合节能减排、循环经济、低碳社会发展要求。为钢铁企业烧结脱硫提供了新的选择，具有广阔的推广和应用前景。

➢山东钢铁集团有限公司利用转底炉生产珠镍铁，工艺简单，耗电量大幅降低，吨镍铁耗电量2000kW · h/t左右，还原剂配用量降低，镍的回收率可提高至95%，一个品位镍生产成本将降至8000元左右。国内外红土镍矿生产镍铁合金主要采用矿热炉、电炉、电解等工艺（其中矿热炉、电炉等吨镍铁耗电量均在6500kW · h/t以上），一个品位镍生产成本也在9000元以上。此珠镍铁技术在国际上尚未有开发和应用的报道，属国际领先技术，是国内转底炉领域之最。

➢山东钢铁集团有限公司烧结烟气脱硫是国家“十一五”期间减排工作的重点，莱钢在该方面做了大量研究和实践探索，在国际上首次研究成功开发了“烧结烟气有机胺脱硫及副产硫酸工艺技术”。2009年4月莱钢4号265m^2烧结烟气有机胺脱硫系统建成投运，烟气中的SO_2浓度由脱硫前1500mg/m^3降到脱硫后100mg/m^3以下，脱硫效率最高可达99.5%，取得了明显的减排效果。脱硫副产物为98%的工业浓硫酸，完全回用于焦化工序。本项目利用环冷热风加热富胺液解吸SO_2，替代蒸汽加热，实现了废热的综合利用，节能效果明显，降低了运行成本。

该技术于2010年3月通过国家科学技术委员会科技成果鉴定，鉴定意见认为：该项目属国内外首创，整体技术水平达到国际先进水平。符合节能减排、循环经济、低碳社会发展要求。为钢铁企业烧结脱硫提供了新的选择，具有广阔的推广和应用前景。

2002～2013年钢铁行业指标排序第一名

2002~2013 NIAN GANGTIE HANGYE ZHIBIAO PAIXU DIYIMING

钢铁企业部分

宝山钢铁集团有限公司

➢宝钢集团宝山钢铁股份有限公司 2002 年主营业收入完成 3387661 万元，在中国钢铁行业指标排序中排列第一。

➢宝钢集团宝山钢铁股份有限公司 2002 年利润总额完成 594175 万元，在中国钢铁行业指标排序中排列第一。

➢宝钢集团宝山钢铁股份有限公司 2002 年钢产量 11581931 万吨，在中国钢铁行业指标排序中排列第一。

➢宝钢集团上海第一钢铁有限公司 2002 年流动资产周转率 4.2142 次，在中国钢铁行业指标排序中排列第一。

➢宝钢集团宝山钢铁股份有限公司 2002 年全员劳动生产率 91.0899 万元/(人·年)，在中国钢铁行业指标排序中排列第一。

➢宝钢集团宝山钢铁股份有限公司 2002 年喷吹煤粉 202.9kg/t，在中国钢铁行业指标排序中排列第一。

➢宝钢集团宝山钢铁股份有限公司 2002 年入炉焦比 283kg/t，在中国钢铁行业指标排序中排列第一。

➢宝钢集团宝山钢铁股份有限公司 2002 年工业经济效益综合指数 7.4233，在中国钢铁行业指标排序中排列第一。

➢宝钢集团宝山钢铁股份有限公司 2003 年钢产量 11547348t，在中国钢铁行业指标排序中排列第一。

➢宝钢集团宝山钢铁股份有限公司 2003 年主营业收入 4415846 万元，在中国钢铁行业指标排序中排列第一。

➢宝钢集团宝山钢铁股份有限公司 2003 年利润总额 995200 万元，在中国钢铁行业指标排序中排列第一。

➢宝钢集团上海第一钢铁有限公司 2003 年流动资产周转率

4.6704次，在中国钢铁行业指标排序中排列第一。

➢宝钢集团宝山钢铁股份有限公司2003年成本费用利润率29.4501%，在中国钢铁行业指标排序中排列第一。

➢宝钢集团宝山钢铁股份有限公司2003年全员劳动生产率150.5000万元/(人·年)，在中国钢铁行业指标排序中排列第一。

➢宝钢集团宝山钢铁股份有限公司2003年销售利润率22.5370%，在中国钢铁行业指标排序中排列第一。

➢常州宝钢钢管有限公司2003年吨钢综合能耗0.2928吨标准煤，在中国钢铁行业指标排序中排列第一。

➢宝钢集团上海五钢有限公司2003年吨钢综合能耗0.4330吨标准煤，在中国钢铁行业特钢企业指标排序中排列第一。

➢宝钢集团宝山钢铁股份有限公司2003年喷吹煤粉192.6kg/t，在中国钢铁行业指标排序中排列第一。

➢宝钢集团宝山钢铁股份有限公司2003年入炉焦比287kg/t，在中国钢铁行业指标排序中排列第一。

➢宝钢集团宝山钢铁股份有限公司2003年工业经济效益综合指数11.5153，在中国钢铁行业指标排序中排列第一。

➢宝钢集团宝山钢铁股份有限公司2004年钢产量1186.9700万吨，在中国钢铁行业指标排序中排列第一。

➢宝钢集团宝山钢铁股份有限公司2004年钢材产量1087.1100万吨，在中国钢铁行业指标排序中排列第一。

➢宝钢集团宝山钢铁股份有限公司2004年利润总额13610600万元，在中国钢铁行业指标排序中排列第一。

➢宝钢集团宝山钢铁股份有限公司2004年成本费用利润率31.0663%，在中国钢铁行业指标排序中排列第一。

➢宝钢集团宝山钢铁股份有限公司2004年全员劳动生产率182.2328万元/(人·年)，在中国钢铁行业指标排序中排列第一。

➢宝钢集团宝山钢铁股份有限公司2004年工业经济效益综合指数13.6302，在中国钢铁行业指标排序中排列第一。

➢宝钢集团宝山钢铁股份有限公司2004年销售利润率23.6402%，在中国钢铁行业指标排序中排列第一。

➢江苏常宝钢管有限公司 2004 年吨钢综合能耗（标煤）0.2876t，在中国钢铁行业指标排序中排列第一。

➢宝钢集团上海浦东钢铁有限公司 2004 年吨钢可比能耗（标煤）0.2970t，在中国钢铁行业指标排序中排列第一。

➢宝钢集团宝山钢铁股份有限公司 2004 年喷吹煤粉 191.7kg/t，在中国钢铁行业指标排序中排列第一。

➢宝钢集团宝山钢铁股份有限公司 2004 年入炉焦比 191.7kg/t，在中国钢铁行业指标排序中排列第一。

➢宝钢集团上海第一钢铁有限公司 2004 年环保投入额 360000 万元，在中国钢铁行业指标排序中排列第一。

➢宝钢集团上海第一钢铁有限公司 2004 年环保投入额占营业收入比率 26.4273%，在中国钢铁行业指标排序中排列第一。

➢宝钢集团宝山钢铁股份有限公司 2005 年钢材产量 1729.05 万吨，在中国钢铁行业指标排序中排列第一。

➢宝钢集团宝山钢铁股份有限公司 2005 年主营业收入 9854590 万元，在中国钢铁行业指标排序中排列第一。

➢宝钢集团宝山钢铁股份有限公司 2005 年利润总额 1826215 万元，在中国钢铁行业指标排序中排列第一。

➢宝钢集团宝山钢铁股份有限公司 2005 年全部资产总额 12089723 万元，在中国钢铁行业指标排序中排列第一。

➢宝钢集团宝山钢铁股份有限公司 2005 年成本费用利润率 22.4826%，在中国钢铁行业指标排序中排列第一。

➢宝钢集团宝山钢铁股份有限公司 2005 年全员劳动生产率 137.6628 万元/(人·年)，在中国钢铁行业指标排序中排列第一。

➢宝钢集团宝山钢铁股份有限公司 2005 年工业经济效益综合指数 10.5647，在中国钢铁行业指标排序中排列第一。

➢宝钢集团宝山钢铁股份有限公司 2005 年销售利润率 19.5316%，在中国钢铁行业指标排序中排列第一。

➢宝钢集团宝山钢铁股份有限公司 2005 年喷吹煤粉 190.41kg/t，在中国钢铁行业指标排序中排列第一。

➢宝钢集团宝山钢铁股份有限公司 2005 年入炉焦比 288098kg/t，

在中国钢铁行业指标排序中排列第一。

➢宝钢集团有限公司 2006 年钢材产量 2343.3550 万吨，在中国钢铁行业指标排序中排列第一。

➢宝钢集团有限公司 2006 年营业收入 10914331 万元，在中国钢铁行业指标排序中排列第一。

➢宝钢集团有限公司 2006 年主营业收入 18068121 万元，在中国钢铁行业指标排序中排列第一。

➢宝钢集团有限公司 2006 年利润总额 2257662 万元，在中国钢铁行业指标排序中排列第一。

➢宝钢集团有限公司 2006 年全部资产总额 23617782 万元，在中国钢铁行业指标排序中排列第一。

➢宝钢集团宝山钢铁股份有限公司 2006 年全员劳动生产率 119.5745%，在中国钢铁行业指标排序中排列第一。

➢江苏常宝钢管有限公司 2006 年产品销售率 115.0743%，在中国钢铁行业指标排序中排列第一。

➢江苏常宝钢管有限公司 2006 年净资产收益率 62.6279%，在中国钢铁行业指标排序中排列第一。

➢江苏常宝钢管有限公司 2006 年万元工业增加值能耗（标煤）0.8032t，在中国钢铁行业指标排序中排列第一。

➢宝钢集团宝山钢铁股份有限公司 2006 年喷吹煤粉 193.23kg/t，在中国钢铁行业指标排序中排列第一。

➢宝钢集团宝山钢铁股份有限公司 2006 年入炉焦比 288.84kg/t，在中国钢铁行业指标排序中排列第一。

➢宝钢集团有限公司 2007 年钢产量 28577936t，在中国钢铁行业 300 万吨钢以上企业集团、钢铁企业指标排序中排列第一。

➢宝钢集团有限公司 2007 年钢材产量 27801859t，在中国钢铁行业 300 万吨钢以上企业集团、钢铁企业指标排序中排列第一。

➢宝钢集团有限公司 2007 年生铁产量 24309517t，在中国钢铁行业 300 万吨钢以上企业集团、钢铁企业指标排序中排列第一。

➢宝钢集团宝山钢铁股份有限公司 2007 年工业经济效益综合指数 10.1614，在中国钢铁行业 300 万吨钢以上企业、钢铁企业指标排序中排列第一。

➢宝钢集团有限公司2007年利润总额3564686万元，在中国钢铁行业300万吨钢以上企业集团、钢铁企业指标排序中排列第一。

➢宝钢集团宝山钢铁股份有限公司2007年喷吹煤粉190.05kg/t，在中国钢铁行业300万吨钢以上企业指标排序中排列第一。

➢宝钢集团宝山钢铁股份有限公司2007年入炉焦比296.30kg/t，在中国钢铁行业300万吨钢以上企业、钢铁企业指标排序中排列第一。

➢宝钢集团有限公司2007年全部资产总额35640366万元，在中国钢铁行业300万吨钢以上企业集团、钢铁企业指标排序中排列第一。

➢宝钢集团宝山钢铁股份有限公司2007年全员劳动生产率143.4262万元/(人·年)，在中国钢铁行业300万吨钢以上钢铁企业、钢铁企业指标排序中排列第一。

➢宝钢集团有限公司2007年营业收入22771594万元，在中国钢铁行业300万吨以上企业集团、钢铁企业指标排序中排列第一。

➢宝钢集团新疆八钢公司2007年资本保值增值率183.1264%，在中国钢铁行业300万吨钢以上企业指标排序中排列第一。

➢宝钢集团有限公司2007年资产负债率36.3196%，在中国钢铁行业300万吨钢以上企业集团指标排序中排列第一。

➢宝钢集团有限公司2008年钢产量35442996t，在中国钢铁行业在300万吨钢以上企业集团、钢铁企业指标排序中排列第一。

➢宝钢集团有限公司2008年钢材产量35066533t，在中国钢铁行业300万吨钢以上企业集团、钢铁企业指标排序中排列第一。

➢宝钢集团有限公司2008年全部资产总额35249723万元，在中国钢铁行业300万吨钢以上企业集团、钢铁企业指标排序中排列第一。

➢宝钢集团有限公司2008年资产负债率37.7485%，在中国钢铁行业300万吨钢以上企业集团、300万吨钢以上企业、钢铁企业指标排序中排列第一。

➢宝钢集团宝山钢铁股份有限公司2008年工业经济效益综合指

数 8.5715，在中国钢铁行业 300 万吨钢以上企业集团、300 万吨钢以上企业、钢铁企业指标排序中排列第一。

➢宝钢集团有限公司 2008 年利润总额 2381287 万元，在中国钢铁行业 300 万吨钢以上企业集团、钢铁企业 2008 年指标排序中排列第一。

➢宝钢集团有限公司 2008 年营业收入 24683881 万元，在中国钢铁行业 300 万吨以上企业集团、钢铁企业指标排序中排列第一。

➢宝钢集团宝山钢铁股份有限公司 2008 年全员劳动生产率 123.4747 万元/(人·年)，在中国钢铁行业 300 万吨钢以上企业集团、300 万吨钢以上企业、钢铁企业指标排序中排列第一。

➢宝钢集团有限公司 2009 年钢材产量 37156468t，在中国钢铁行业 300 万吨钢以上企业集团、钢铁企业指标排序中排列第一。

➢宝钢集团有限公司 2009 年营业收入 19388647 万元，在中国钢铁行业 300 万吨钢以上企业集团、钢铁企业指标排序中排列第一。

➢宝钢集团有限公司 2009 年全部资产总额 40199615 万元，在中国钢铁行业 300 万吨钢以上企业集团、钢铁企业指标排序中排列第一。

➢宝钢集团有限公司 2009 年利润总额 1491334 万元，在中国钢铁行业 300 万吨钢以上企业集团、钢铁企业指标排序中排列第一。

➢宝钢集团有限公司 2009 年资产负债率 39.5590%，在中国钢铁行业 300 万吨钢以上企业集团、300 万吨钢以上企业指标排序中排列第一。

➢宝山钢铁股份有限公司 2009 年全员劳动生产率 91.3177 万元/(人·年)，在中国钢铁行业 300 万吨钢以上企业、钢铁企业年指标排序中排列第一。

➢宝山钢铁股份有限公司 2009 年喷吹煤粉 186.02kg/t，在中国钢铁行业 300 万吨钢以上企业、钢铁企业指标排序中排列第一。

➢宝山钢铁股份有限公司 2009 年入炉焦比 284.21kg/t，在中国钢铁行业 300 万吨钢以上企业、钢铁企业指标排序中排列第一。

➢宝钢集团有限公司 2010 年营业收入 27298409 万元，在中国钢铁行业300万吨钢以上企业集团、钢铁企业指标排序中排列第一。

➢宝钢集团有限公司2010年利润总额2423021万元，在中国钢铁行业300万吨钢以上企业集团、钢铁企业指标排序中排列第一。

➢宝钢集团有限公司2010年全部资产总额43213018万元，在中国钢铁行业300万吨钢以上企业集团、钢铁企业指标排序中排列第一。

➢宝钢集团有限公司2010年资产负债率39.7925%，在中国钢铁行业300万吨钢以上企业集团、300万吨钢以上企业指标排序中排列第一。

➢宝钢集团有限公司2010年成本费用利润率9.5852%，在中国钢铁行业300万吨钢以上企业集团指标排序中排列第一。

➢宝钢集团新疆八钢公司2009年三年利润平均增长率50.8863%，在中国钢铁行业300万吨钢以上企业指标排序中排列第一。

➢宝钢集团有限公司2010年销售利润率9.0306%，在中国钢铁行业300万吨钢以上企业集团、300万吨钢以上企业指标排序中排列第一。

➢宝山钢铁股份有限公司2010年销售利润率9.0007%，在中国钢铁行业钢铁企业指标排序中排列第一。

➢宝山钢铁股份有限公司2010年成本费用利润率9.7372%，在中国钢铁行业300万吨钢以上企业指标排序中排列第一。

➢宝山钢铁股份有限公司2010年全员劳动生产率115.9564万元/(人·年)，在中国钢铁行业300万吨钢以上企业指标排序中排列第一。

➢宝山钢铁股份有限公司2010年入炉焦比292.7600kg/t，在中国钢铁行业300万吨钢以上企业、钢铁企业指标排序中排列第一。

➢宝山钢铁股份有限公司2009年工业经济效益综合指数6.5295，在中国钢铁行业300万吨钢以上企业、钢铁企业指标排序中排列第一。

➢宝山钢铁股份有限公司2010年工业经济效益综合指数8.3401，在中国钢铁行业300万吨钢以上企业指标排序中排列第一。

➢宝钢集团有限公司2011年营业收入31624500万元，在中国钢铁行业钢铁企业和300万吨钢以上企业集团指标排序中排列第一。

➢宝钢集团有限公司2011年利润总额1815104万元，在中国钢铁行业钢铁企业和300万吨钢以上企业集团指标排序中排列第一。

➢宝钢集团有限公司2011年全部资产总额47381978万元，在中国钢铁行业钢铁企业和300万吨钢以上企业集团指标排序中排列第一。

➢宝钢集团有限公司2011年资产负债率42.7971%，在中国钢铁行业钢铁企业、300万吨钢以上企业和300万吨钢以上企业集团指标排序中排列第一。

➢宝钢集团八钢公司2011年产品销售率101.6847%，在中国钢铁行业300万吨钢以上企业指标排序中排列第一。

➢宝山钢铁股份有限公司2011年入炉焦比301.13kg/t，在中国钢铁行业300万吨钢以上企业和300万吨以上企业集团指标排序中排列第一。

➢宝钢集团有限公司2012年钢产量43832450t，在中国钢铁行业钢铁企业和300万吨以上企业集团指标排序中排列第一。

➢宝钢集团有限公司2012年钢材产量42295065t，在中国钢铁行业钢铁企业和300万吨以上企业集团指标排序中排列第一。

➢宝钢集团有限公司2012年生铁产量41348685t，在中国钢铁行业钢铁企业和300万吨以上企业集团指标排序中排列第一。

➢宝钢集团有限公司2012年营业收入28822553万元，在中国钢铁行业钢铁企业和300万吨以上企业集团指标排序中排列第一。

➢宝钢集团有限公司2012年利润总额1041542万元，在中国钢铁行业300万吨以上企业集团指标排序中排列第一。

➢宝山钢铁股份有限公司2012年利润总额1293387万元，在中国钢铁行业钢铁企业指标排序中排列第一。

➢宝钢集团有限公司2012年全部资产总额49843762万元，在中国钢铁行业钢铁企业和300万吨以上企业集团指标排序中排列第一。

➢宝钢集团有限公司2012年资产负债率44.4001%，在中国钢铁行业300万吨以上企业集团指标排序中排列第一。

➢宝山钢铁股份有限公司2012年资产负债率37.2902%，在中国钢铁行业钢铁企业和300万吨钢以上企业指标排序中排列第一。

➢宝山钢铁股份有限公司2012年成本费用利润率10.2973%，在中国钢铁行业钢铁企业和300万吨钢以上企业指标排序中排列第一。

➢宝山钢铁股份有限公司2012年入炉焦比290.32kg/t，在中国钢铁行业钢铁企业、300万吨钢以上企业和300万吨以上企业集团指标排序中排列第一。

➢宝山钢铁股份有限公司2012年销售利润率9.9932%，在中国钢铁行业钢铁企业和300万吨钢以上企业指标排序中排列第一。

➢宝钢集团广东韶关钢铁有限公司2012年电炉炼钢工序能耗（标煤）24.7254kg/t，在中国钢铁行业钢铁企业、300万吨钢以上企业和300万吨以上企业集团指标排序第一。

➢宝钢集团广东韶关钢铁有限公司2012年电炉炼钢工序能耗（标煤）24.7254kg/t，在中国钢铁行业钢铁企业、300万吨钢以上企业和300万吨以上企业集团指标排序中排列第一。

鞍山钢铁集团公司

➢鞍山钢铁集团公司2002年全部资产总额6840023万元，在中国钢铁行业指标排序中排列第一。

➢鞍山钢铁集团公司2003年全部资产总额6741127万元，在中国钢铁行业指标排序中排列第一。

➢鞍山钢铁集团公司2004年生铁产量1156.9700万吨，在中国钢铁行业指标排序中排列第一。

➢鞍山钢铁集团公司2004年营业收入6272637万元，在中国钢铁行业指标排序中排列第一。

➢鞍山钢铁集团公司2004年主营业收入5911150万元，在中国钢铁行业指标排序中排列第一。

➢鞍山钢铁集团公司2004年全部资产总额7142473万元，在中国钢铁行业指标排序中排列第一。

➢鞍本集团公司2005年钢产量1840.8800万吨，在中国钢铁行业指标排序中排列第一。

➢鞍本集团公司2005年生铁产量1904.23万吨，在中国钢铁行业指标排序中排列第一。

➢鞍本集团公司2005年营业收入10914331万元，在中国钢铁行业指标排序中排列第一。

➢鞍本集团公司2006年钢产量2255.7700万吨，在中国钢铁行业指标排序中排列第一。

➢鞍本集团公司2006年生铁产量2254.3700万吨，在中国钢铁行业指标排序中排列第一。

攀枝花钢铁（集团）公司

➢攀枝花钢铁（集团）公司2004年全部从业人员平均人数105127人，在中国钢铁行业指标排序中排列第一。

➢攀枝花钢铁（集团）公司2008年环保投入额占营业收入比率3.3124%，在中国钢铁行业300万吨钢以上企业集团、300万吨钢以上企业指标排序中排列第一。

➢攀钢集团有限公司2012年转炉炼钢工序能耗（标煤）-48.8741kg/t，在中国钢铁行业钢铁企业指标排序中排列第一。

➢攀钢集团江油长城特殊钢有限公司2012年资本保值增值率653.1789%，在中国钢铁行业钢铁企业指标排序中排列第一。

包头钢铁（集团）有限责任公司

➢包头钢铁（集团）有限责任公司2006年环保投入额占营业收入比率4.3057%，在中国钢铁行业指标排序中排列第一。

➢包头钢铁（集团）有限责任公司2007年环保投入额占营业收入比率4.2172%，在中国钢铁行业300万吨钢以上企业集团、300万吨钢以上企业指标排序中排列第一。

➢包头钢铁（集团）有限责任公司2011年成本费用利润率16.7286%，在中国钢铁行业钢铁企业、300万吨钢以上企业和300

万吨钢以上企业集团指标排序中排列第一。

➢包头钢铁（集团）有限责任公司 2011 年销售利润率 14.7475%，在中国钢铁行业钢铁企业、300 万吨钢以上企业和 300 万吨钢以上企业集团指标排序中排列第一。

本溪钢铁（集团）有限责任公司

➢本溪钢铁（集团）有限责任公司 2007 年水资源回收利用率 98.05%，在中国钢铁行业 300 万吨钢以上企业指标排序中排列第一。

➢本溪钢铁（集团）有限责任公司 2008 年水资源回收利用率 98.24%，在中国钢铁行业 300 万吨钢以上企业集团、300 万吨钢以上企业指标排序中排列第一。

➢本溪钢铁（集团）有限责任公司 2009 年研究与发展经费占营业收入比重 4.4750，在中国钢铁行业 300 万吨钢以上企业指标排序中排列第一。

➢本溪钢铁（集团）有限责任公司 2009 年研究与发展经费占营业收入比重 4.47，在中国钢铁行业钢铁企业指标排序中排列第一。

➢本溪钢铁（集团）有限责任公司 2010 年出口创汇率 16.6500%，在中国钢铁行业 300 万吨钢以上企业指标排序中排列第一。

➢本溪钢铁（集团）有限责任公司 2010 年研究与发展经费占营业收入比重 4.9509，在中国钢铁行业 300 万吨钢以上企业、钢铁企业指标排序中排列第一。

➢本钢集团有限公司 2011 年出口创汇率 16.6274%，在中国钢铁行业钢铁企业、300 万吨钢以上企业和 300 万吨钢以上企业集团指标排序中排列第一。

➢本钢集团有限公司 2012 年出口创汇率 23.5254%，在中国钢铁行业 300 万吨钢以上企业指标排序中排列第一。

北台钢铁（集团）有限责任公司

➢北台钢铁（集团）有限责任公司 2008 年出口创汇率

44.9449%，在中国钢铁行业300万吨以上企业集团、300万吨以上企业指标排序中排列第一。

➢北台钢铁（集团）有限责任公司2009年流动资产周转率6.8307%，在中国钢铁行业300万吨钢以上企业集团、300万吨钢以上企业指标排序中排列第一。

北满特殊钢集团有限责任公司

➢北满特殊钢集团有限责任公司2003年产品销售率122.1089%，在中国钢铁行业指标排序中排列第一。

➢东北特殊钢集团有限责任公司2005年产品销售率107.9270%，在中国钢铁行业指标排序中排列第一。

➢东北特殊钢集团有限责任公司2011年资本保值增值率212.3572%，在中国钢铁行业钢铁企业指标排序中排列第一。

抚顺新抚钢有限责任公司

➢抚顺新抚钢有限责任公司2004年来年钢工序耗电14.30kWh/t，在中国钢铁行业指标排序中排列第一。

➢抚顺新抚钢有限责任公司2006年三年利润平均增长率1364339%，在中国钢铁行业指标排序中排列第一。

➢抚顺新抚钢有限责任公司2007年三年利润平均增长率523.5343%，在中国钢铁行业钢铁企业指标排序中排列第一。

➢抚顺新钢铁有限责任公司2008年三年营业收入平均增长率150.4843%，在中国钢铁行业钢铁企业指标排序中排列第一。

➢抚顺新钢铁有限责任公司2009年总资产贡献率27.2309%，在中国钢铁行业300万吨钢以上企业指标排序中排列第一。

➢抚顺新钢铁有限责任公司2009年净资产收益率34.2484%，在中国钢铁行业300万吨钢以上企业指标排序中排列第一。

➢抚顺新钢铁有限责任公司2011年总资产贡献率28.9635%，在中国钢铁行业300万吨钢以上企业和300万吨钢以上企业集团指标排序中排列第一。

➢抚顺新钢铁有限责任公司2012年总资产贡献率17.4254%，

在中国钢铁行业300万吨钢以上企业和300万吨以上企业集团指标排序中排列第一。

➢抚顺新钢铁有限责任公司2012年高炉利用系数3.7800t/(d·m^3)，在中国钢铁行业300万吨钢以上企业和300万吨以上企业集团指标排序中排列第一。

凌源钢铁集团有限责任公司

➢凌源钢铁集团有限责任公司2007年资产负债率33.2296%，在中国钢铁行业钢铁企业指标排序中排列第一。

➢凌源钢铁集团有限责任公司2011年吨钢耗新水1.6972kg，在中国钢铁行业300万吨钢以上企业和300万吨钢以上企业集团指标排序中排列第一。

➢凌源钢铁集团有限责任公司2012年环保投入额占营业收入比率4.2215%，在中国钢铁行业钢铁企业、300万吨钢以上企业和300万吨以上企业集团指标排序中排列第一。

西林钢铁集团

➢西林钢铁集团2003年转炉钢铁料消耗1058kg/t，在中国钢铁行业指标排序中排列第一。

➢西林钢铁集团2004年资本保值增值率297.8578%，在中国钢铁行业指标排序中排列第一。

➢西林钢铁集团2007年转炉钢铁料消耗1056.36kg/t，在中国钢铁行业钢铁企业指标排序中排列第一。

➢西林钢铁集团2012年轧钢综合成材率100.38%，在中国钢铁行业300万吨钢以上企业和300万吨以上企业集团指标排序中排列第一。

五矿营口中板有限责任公司

➢五矿营口中板有限责任公司2002年万元销售额能耗（标煤）0.4359t，在中国钢铁行业指标排序中排列第一。

➢五矿营口中板有限责任公司2003年资本保值增值率

424.1245%，在中国钢铁行业指标排序中排列第一。

➢五矿营口中板有限责任公司 2006 年人均产钢 1463.84t，在中国钢铁行业指标排序中排列第一。

➢五矿营口中板有限责任公司 2007 年人均产钢 1456.53t，在中国钢铁行业钢铁企业 2007 年指标排序中排列第一。

➢五矿营口中板有限责任公司 2008 年人均产钢 1153.40t，在中国钢铁行业钢铁企业 2008 年指标排序中排列第一。

➢五矿营口中板有限责任公司 2009 年人均产钢 891.28t，在中国钢铁行业钢铁企业 2009 年指标排序中排列第一。

四平现代钢铁有限公司

➢四平现代钢铁有限公司 2010 年高炉利用系数 4.05t/(d·m^3)，在中国钢铁行业钢铁企业指标排序中排列第一。

➢四平现代钢铁有限公司 2012 年轧钢综合成材率 100.50%，在中国钢铁行业钢铁企业指标排序中排列第一。

河北钢铁集团有限公司

➢河北钢铁集团有限公司 2008 年生铁产量 30366242t，在中国钢铁行业 300 万吨钢以上企业集团指标排序中排列第一。

➢河北钢铁集团舞钢公司 2008 年吨钢可比能耗（标煤）254.0000kg/t，在中国钢铁行业 300 万吨钢以上企业指标排序中排列第一。

➢河北钢铁集团舞钢公司 2008 年万元工业增加值能耗（标煤）1788.8593kg，在中国钢铁行业 3000 万吨钢以上企业指标排序中排列第一。

➢河北钢铁集团唐钢公司 2008 年转炉炉衬寿命 28175 炉，在中国钢铁行业 300 万吨钢以上企业指标排序中排列第一。

➢河北钢铁集团有限公司 2009 年钢产量 40239445t，在中国钢铁行业 300 万吨钢以上企业集团、钢铁企业指标排序中排列第一。

➢河北钢铁集团有限公司 2009 年生铁产量 38060073t，在中国钢铁行业 300 万吨钢以上企业集团、钢铁企业指标排序中排列第一。

➢河北钢铁集团舞钢公司 2009 年成本费用利润率 15.5449%，在中国钢铁行业钢铁企业指标排序中排列第一。

➢河北钢铁集团邯钢公司 2009 年炼铁工序能耗（标煤）356.2800kg/t，在中国钢铁行业 300 万吨钢以上企业、钢铁企业指标排序中排列第一。

➢河北钢铁集团有限公司 2010 年钢产量 52859965t，在中国钢铁行业 300 万吨钢以上企业集团、钢铁企业指标排序中排列第一。

➢河北钢铁集团有限公司 2010 年钢材产量 50196487t，在中国钢铁行业 300 万吨钢以上企业集团、钢铁企业指标排序中排列第一。

➢河北钢铁集团有限公司 2010 年生铁产量 50052614t，在中国钢铁行业 300 万吨钢以上企业集团、钢铁企业指标排序中排列第一。

➢河北钢铁集团舞钢公司 2010 年吨钢可比能耗（标煤）156.00kg，在中国钢铁行业钢铁企业指标排序中排列第一。

➢河北钢铁集团邯钢公司 2010 年炼铁工序能耗（标煤）215.6088kg/t，在中国钢铁行业 300 万吨钢以上企业、钢铁企业指标排序中排列第一。

➢河北钢铁集团有限公司 2011 年钢产量 44363529t，在中国钢铁行业钢铁企业和 300 万吨钢以上企业集团指标排序中排列第一。

➢河北钢铁集团有限公司 2011 年钢材产量 43366632t，在中国钢铁行业钢铁企业和 300 万吨钢以上企业集团指标排序中排列第一。

➢河北钢铁集团有限公司 2011 年生铁产量 41944068t，在中国钢铁行业钢铁企业和 300 万吨钢以上企业集团指标排序中排列第一。

➢河北钢铁集团舞钢公司 2011 年吨钢可比能耗（标煤）153.00kg，在中国钢铁行业钢铁企业指标排序中排列第一。

河北钢铁集团承钢公司

➢河北钢铁集团承钢公司 2008 年产品销售率 102.4958%，在中国钢铁行业 300 万吨钢以上企业指标排序中排列第一。

唐山钢铁集团有限责任公司

➢唐山钢铁集团有限责任公司 2012 年转炉炼钢工序能耗（标

煤）21.7995kg/t，在中国钢铁行业300万吨钢以上企业指标排序中排列第一。

河北敬业企业集团

➢河北敬业企业集团2007年流动资产周转率7.0362次，在中国钢铁行业钢铁企业指标排序中排列第一。

➢河北敬业企业集团2008年流动资产周转率12.1090次，在中国钢铁行业300万吨钢以上企业集团、300万吨钢以上企业、钢铁企业指标排序中排列第一。

➢河北敬业企业集团2008年万元工业增加值能耗（标煤）2840.5260kg，在中国钢铁行业300万吨钢以上企业集团指标排序中排列第一。

➢河北敬业企业集团2010年工业经济效益综合指数6.1546，在中国钢铁行业300万吨钢以上企业集团指标排序中排列第一。

➢河北敬业企业集团2010年流动资产周转率12.4139%，在中国钢铁行业300万吨钢以上企业集团、300万吨钢以上企业、钢铁企业指标排序中排列第一。

➢河北敬业企业集团2011年流动资产周转率12.1633次，在中国钢铁行业300万吨钢以上企业和300万吨钢以上企业集团指标排序中排列第一。

➢河北敬业企业集团2012年流动资产周转率11.4739次，在中国钢铁行业300万吨钢以上企业指标排序中排列第一。

河北普阳钢铁有限公司

➢河北普阳钢铁有限公司2004年总资产贡献率64.9609%，在中国钢铁行业指标排序中排列第一。

➢河北普阳钢铁有限公司2004年流动资产周转率6.6388次，在中国钢铁行业指标排序中排列第一。

➢河北普阳钢铁有限公司2005年环保投入额占营业收入比率3.5246%，在中国钢铁行业指标排序中排列第一。

➢河北普阳钢铁有限公司2006年高炉利用系数4.21t/(d·m^3)，

在中国钢铁行业指标排序中排列第一。

➢河北普阳钢铁有限公司2007年总资产贡献率57.4985%，在中国钢铁行业钢铁企业指标排序中排列第一。

➢河北普阳钢铁有限公司2009年高炉利用系数4.60t/(d·m^3)，在中国钢铁行业300万吨钢以上企业集团、300万吨钢以上企业、钢铁企业指标排序中排列第一。

➢河北普阳钢铁有限公司2009年1000m^3以下高炉利用系数4.600t/(d·m^3)，在中国钢铁行业钢铁企业指标排序中排列第一。

➢河北普阳钢铁有限公司2009年吨钢可比能耗（标煤）495.0000kg，在中国钢铁行业300万吨钢以上企业集团、300万吨钢以上企业指标排序中排列第一。

➢河北普阳钢铁有限公司2009年炼铁工序能耗（标煤）362.6318kg/t，在中国钢铁行业300万吨钢以上企业集团指标排序中排列第一。

➢河北普阳钢铁有限公司2010年入炉焦比320.0000kg/t，在中国钢铁行业300万吨钢以上企业集团指标排序中排列第一。

➢河北普阳钢铁有限公司2010年总资产贡献率19.9328%，在中国钢铁行业300万吨钢以上企业集团、300万吨钢以上企业指标排序中排列第一。

➢河北普阳钢铁有限公司2011年喷吹煤粉182.00kg/t，在中国钢铁行业300万吨钢以上企业和300万吨以上企业集团指标排序中排列第一。

河北前进钢铁集团公司

➢河北前进钢铁集团公司2005年资产负债率27.0040%，在中国钢铁行业指标排序中排列第一。

➢河北前进钢铁集团有限公司2005年全员劳动生产率73.2494万元/(人·年)，在中国钢铁行业300万吨钢以上企业集团指标排序中排列第一。

➢河北前进钢铁集团有限公司2010年转炉炉衬寿命24402炉，在中国钢铁行业300万吨钢以上企业集团指标排序中排列第一。

➢河北前进钢铁集团有限公司 2010 年人均产钢 908.2239t，在中国钢铁行业 300 万吨钢以上企业集团、300 万吨钢以上企业指标排序中排列第一。

➢河北前进钢铁集团有限公司 2011 年人均产钢 933.5982t，在中国钢铁行业钢铁企业、300 万吨钢以上企业和 300 万吨以上企业集团指标排序中排列第一。

➢河北前进钢铁集团有限公司 2012 年资本保值增值率 167.1173%，在中国钢铁行业 300 万吨钢以上企业和 300 万吨以上企业集团指标排序中排列第一。

➢河北前进钢铁集团有限公司 2012 年 $1000m^3$ 以下高炉利用系数 $4.020t/(d \cdot m^3)$，在中国钢铁行业钢铁企业指标排序中排列第一。

➢河北前进钢铁集团有限公司 2012 年净资产收益率 15.3909%，在中国钢铁行业 300 万吨以上企业集团指标排序中排列第一。

河北文丰钢铁有限公司

➢河北文丰钢铁有限公司 2005 年三年利润平均增长率 459.1698%，在中国钢铁行业指标排序中排列第一。

➢河北文丰钢铁有限公司 2005 年三年营业收入平均增长率 163.1219%，在中国钢铁行业指标排序中排列第一。

➢河北文丰钢铁有限公司 2005 年三年资本平均增长率 455.3240%，在中国钢铁行业指标排序中排列第一。

➢河北文丰钢铁有限公司 2008 年总资产贡献率 26.1639%，在中国钢铁行业 300 万吨钢以上企业集团指标排序中排列第一。

➢河北文丰钢铁有限公司 2009 年工业经济效益综合指数 4.3078，在中国钢铁行业 300 万吨钢以上企业集团指标排序中排列第一。

➢河北文丰钢铁有限公司 2010 年喷吹煤粉 188.54kg/t，在中国钢铁行业 300 万吨钢以上企业集团、300 万吨钢以上企业、钢铁企业指标排序中排列第一。

河北天柱钢铁集团有限公司

➢河北天柱钢铁集团有限公司 2008 年吨钢耗新水 0.6866kg，在中国钢铁行业钢铁企业指标排序中排列第一。

➢河北天柱钢铁集团有限公司 2010 年三年利润平均增长率 164.6934%，在中国钢铁行业钢铁企业指标排序中排列第一。

河北新金钢铁有限公司

➢河北新金钢铁有限公司 2010 年净资产收益率 24.4941%，在中国钢铁行业 3000 万吨钢以上企业指标排序中排列第一。

➢河北新金钢铁有限公司 2010 年万元工业增加值能耗（标煤）2879.5418kg，在中国钢铁行业 300 万吨钢以上企业年指标排序中排列第一。

➢河北新金钢铁有限公司 2011 年全员劳动生产率 89.1427 万元/(人·年)，在中国钢铁行业 300 万吨钢以上企业和 300 万吨钢以上企业集团指标排序中排列第一。

➢河北新金钢铁有限公司 2011 年万元工业值增加值能耗（标煤）2703.6198kg，在中国钢铁行业 300 万吨钢以上企业和 300 万吨钢以上企业集团指标排序中排列第一。

河北新武安钢铁集团有限公司

➢河北新武安钢铁集团有限公司 2012 年流动资产周转率 9.0557 次，在中国钢铁行业 300 万吨以上企业集团指标排序中排列第一。

➢河北新武安钢铁集团有限公司 2012 年成本费用利润率 6.7481%，在中国钢铁行业 300 万吨以上企业集团指标排序中排列第一。

➢河北新武安钢铁集团有限公司 2012 年万元工业增加值能耗（标煤）2455.4644kg，在中国钢铁行业 300 万吨钢以上企业和 300 万吨以上企业集团指标排序中排列第一。

唐山长城钢铁集团燕山钢铁有限公司

➢唐山长城钢铁集团燕山钢铁有限公司 2008 年总资产贡献率 34.9164%，在中国钢铁行业钢铁企业指标排序中排列第一。

➢唐山长城钢铁集团燕山钢铁有限公司 2009 年净资产收益率

27.1024%，在中国钢铁行业300万吨钢以上企业集团指标排序中排列第一。

河北纵横钢铁集团有限公司

➢河北纵横钢铁集团有限公司2008年资本保值增值率176.8396%，在中国钢铁行业300万吨钢以上企业集团指标排序中排列第一。

➢河北纵横钢铁集团有限公司2008年销售利润率11.9107%，在中国钢铁行业300万吨钢以上企业集团、300万吨钢以上企业、钢铁企业指标排序中排列第一。

➢河北纵横钢铁集团有限公司2008年高炉利用系数3.80t/(d·m^3)，在中国钢铁行业300万吨钢以上企业集团、300万吨钢以上企业指标排序中排列第一。

河北津西钢铁股份有限公司

➢河北津西钢铁股份有限公司2002年总资产贡献率57.5795%，在中国钢铁行业指标排序中排列第一。

➢河北津西钢铁股份有限公司2002年成本费用利润率24.2053%，在中国钢铁行业指标排序中排列第一。

➢河北津西钢铁股份有限公司2002年销售利润率19.4911%，在中国钢铁行业指标排序中排列第一。

➢河北津西钢铁股份有限公司2003年总资产贡献率44.2818%，在中国钢铁行业指标排序中排列第一。

➢河北津西钢铁股份有限公司2007年产品销售率101.6664%，在中国钢铁行业300万吨钢以上企业指标排序中排列第一。

➢河北津西钢铁集团2009年人均产钢735.54t，在中国钢铁行业300万吨钢以上企业集团、300万吨钢以上企业指标排序中排列第一。

➢河北津西钢铁集团2009年煤气回收利用率100.00%，在中国钢铁行业300万吨钢以上企业集团指标排序中排列第一。

➢河北津西钢铁集团2010年煤气回收利用率100.0000%，在中国钢铁行业300万吨钢以上企业集团、300万吨钢以上企业指标排序中排列第一。

➢河北津西钢铁集团资本保值增值率142.3002%，在中国钢铁行业300万吨钢以上企业和300万吨钢以上企业集团指标排序中排列第一。

唐山国丰钢铁有限公司

➢唐山国丰钢铁有限公司2007年吨钢耗新水2.5507kg，在中国钢铁行业300万吨钢以上企业集团指标排序中排列第一。

➢唐山国丰钢铁有限公司2008年吨钢耗新水1.0800kg，在中国钢铁行业300万吨钢以上企业集团指标排序中排列第一。

➢唐山国丰钢铁有限公司2009年成本费用利润率9.7838%，在中国钢铁行业300万吨钢以上企业集团、300万吨钢以上企业指标排序中排列第一。

➢唐山国丰钢铁有限公司2009年吨钢耗新水0.7400kg，在中国钢铁行业300万吨钢以上企业集团、300万吨钢以上企业、钢铁企业指标排序中排列第一。

➢唐山国丰钢铁有限公司2009年销售利润率8.9089%，在中国钢铁行业300万吨钢以上企业集团指标排序中排列第一。

➢唐山国丰钢铁有限公司2011年流动比1.7806%，在中国钢铁行业300万吨钢以上企业指标排序中排列第一。

➢唐山国丰钢铁有限公司2011年转炉炉衬寿命1106炉，在中国钢铁行业300万吨以上企业集团指标排序中排列第一。

➢唐山国丰钢铁有限公司2012年速动比1.2675，在中国钢铁行业钢铁企业、300万吨钢以上企业和300万吨以上企业集团指标排序中排列第一。

新兴铸管股份有限公司

➢新兴铸管股份有限公司2002年出口创汇率19.5575%，在中国钢铁行业指标排序中排列第一。

➢新兴铸管股份有限公司2002年高炉利用系数4.180t/(d·

m^3)，在中国钢铁行业指标排序中排列第一。

➢新兴铸管股份有限公司 2003 年高炉利用系数 3. 310t/(d · m^3)，在中国钢铁行业指标排序中排列第一。

➢新兴铸管股份有限公司 2004 年高炉利用系数 3. 940t/(d · m^3)，在中国钢铁行业指标排序中排列第一。

➢新兴铸管股份有限公司 2005 年高炉利用系数 4. 05t/(d · m^3)，在中国钢铁行业指标排序中排列第一。

➢新兴铸管股份有限公司 2007 年高炉利用系数 4. 15t/(d · m^3)，在中国钢铁行业钢铁企业指标排序中排列第一。

➢新兴铸管股份有限公司高炉 2008 年利用系数 3. 966t/(d · m^3)，在中国钢铁行业钢铁企业指标排序中排列第一。

➢新兴铸管股份有限公司 2010 年三年资本平均增长率 43. 4588%，在中国钢铁行业 300 万吨钢以上企业集团、300 万吨钢以上企业指标排序中排列第一。

➢新兴铸管股份有限公司 2010 年净资产收益率 23. 9696%，在中国钢铁行业 300 万吨钢以上企业集团指标排序中排列第一。

➢新兴铸管股份有限公司 2010 年高炉利用系数 3. 91t/(d · m^3)，在中国钢铁行业 300 万吨钢以上企业集团、300 万吨钢以上企业指标排序中排列第一。

➢新兴铸管有限公司 2010 年转炉钢铁料消耗 1041. 87kg/t，在中国钢铁行业 300 万吨钢以上企业集团、300 万吨钢以上企业、钢铁企业指标排序中排列第一。

➢新兴铸管股份有限责任公司 2011 年净资产收益率 32. 0791%，在中国钢铁行业 300 万吨钢以上企业和 300 万吨钢以上企业集团指标排序中排列第一。

➢新兴铸管股份有限责任公司 2011 年流动比 1. 6115%，在中国钢铁行业 300 万吨钢以上企业集团指标排序中排列第一。

➢新兴铸管股份有限责任公司 2011 年速动比 1. 4192%，在中国钢铁行业 300 万吨钢以上企业和 300 万吨钢以上企业集团指标排序中排列第一。

唐山建龙实业有限公司

➤唐山建龙实业有限公司2002年资本保值增值率264.6670%，在中国钢铁行业指标排序中排列第一。

➤建龙钢铁控股有限公司2007年万元工业增加值能耗（标煤）0.95919t，在中国钢铁行业300万吨钢以上企业集团指标排序中排列第一。

➤建龙钢铁控股有限公司2007年万元工业增加值能耗（标煤）0.95919t，在中国钢铁行业300万吨钢以上企业指标排序中排列第一。

➤建龙钢铁控股有限公司2007年万元产值能耗（标煤）190.1991kg，在中国钢铁行业300万吨钢以上企业集团、300万吨钢以上企业指标排序中排列第一。

➤建龙钢铁控股有限公司2007年三年利润平均增长率65.8439%，在中国钢铁行业300万吨钢以上企业集团、300万吨钢以上企业指标排序中排列第一。

河北唐山东华钢铁企业集团有限公司

➤河北唐山东华钢铁企业集团有限公司2012年总资产贡献率38.3245%，在中国钢铁行业钢铁企业指标排序中排列第一。

唐山港陆钢铁有限公司

➤唐山港陆钢铁有限公司2005年水资源回收利用率100.00%，在中国钢铁行业指标排序中排列第一。

➤唐山港陆钢铁有限公司2006年三年营业收入平均增长率103.4682%，在中国钢铁行业指标排序中排列第一。

河北滦河实业集团有限公司

➤河北滦河实业集团有限公司2005年转炉钢铁料消耗1000.00kg/t，在中国钢铁行业指标排序中排列第一。

广东省韶关钢铁集团有限公司

➢广东省韶关钢铁集团有限公司2008年电炉炼钢工序能耗（标煤）37.1950kg/t，在中国钢铁行业300万吨钢以上企业集团、300万吨钢以上企业指标排序中排列第一。

➢广东省韶关钢铁集团有限公司2009年电炉炼钢工序能耗（标煤）31.6682kg/t，在中国钢铁行业300万吨钢以上企业指标排序中排列第一。

➢广东韶关钢铁集团有限公司2009年煤气回收利用率101.47%，在中国钢铁行业300万吨钢以上企业、钢铁企业指标排序中排列第一。

➢广东省韶关钢铁集团有限公司2009年2000（含）~3000m^3高炉利用系数2.767t/（d·m^3），在中国钢铁行业钢铁企业指标排序中排列第一。

➢广东省韶关钢铁集团有限公司2010年电炉炼钢工序能耗（标煤）27.5304kg/t，在中国钢铁行业300万吨钢以上企业、钢铁企业指标排序中排列第一。

➢广东省韶关钢铁集团有限公司2011年电炉炼钢工序能耗（标煤）-26.0562kg/t，在中国钢铁行业钢铁企业、300万吨钢以上企业和300万吨钢以上企业集团指标排序中排列第一。

广州钢铁企业集团有限公司

➢广州钢铁企业集团有限公司2007年吨钢可比能耗（标煤）0.2288t，在中国钢铁行业300万吨钢以上企业集团、300万吨钢以上企业、钢铁企业指标排序中排列第一。

➢广州钢铁企业集团2007年有限公司电炉炼钢工序能耗（标煤）5.9674kg/t，在中国钢铁行业300万吨钢以上企业集团、300万吨钢以上企业、钢铁企业指标排序中排列第一。

➢广州钢铁企业集团有限公司2008年吨钢可比能耗（标煤）304.1700kg，在中国钢铁行业300万吨钢以上企业集团指标排序中排列第一。

➢广州钢铁企业集团有限公司2009年资本保值增值率243.2915%，在中国钢铁行业钢铁企业指标排序中排列第一。

中山中粤马口铁工业有限公司

➢中山中粤马口铁工业有限公司2004年资产负债率27.4003%，在中国钢铁行业指标排序中排列第一。

➢中山中粤马口铁工业有限公司2004年产品销售率111.3780%，在中国钢铁行业指标排序中排列第一。

➢中山中粤马口铁工业有限公司2006年资产负债率23.7203%，在中国钢铁行业指标排序中排列第一。

➢中山中粤马口铁工业有限公司2007年成本费用利润率55.0491%，在中国钢铁行业钢铁企业指标排序中排列第一。

➢中山中粤马口铁工业有限公司2009年万元产值能耗（标煤）0.1298kg，在中国钢铁行业钢铁企业指标排序中排列第一。

➢中山中粤马口铁工业有限公司2009年流动比2.4496，在中国钢铁行业钢铁企业指标排序中排列第一。

➢中山中粤马口铁工业有限公司2009年速动比2.0568，在中国钢铁行业钢铁企业指标排序中排列第一。

➢中山中粤马口铁工业有限公司2009年资产负债率30.1955%，在中国钢铁行业钢铁企业指标排序中排列第一。

➢中山中粤马口铁工业有限公司2010年出口创汇率50.2326%，在中国钢铁行业钢铁企业指标排序中排列第一。

➢中山中粤马口铁工业有限公司2010年资产负债率26.4426%，在中国钢铁行业钢铁企业指标排序中排列第一。

➢中山中粤马口铁工业有限公司2010年速动比3.06，在中国钢铁行业钢铁企业指标排序中排列第一。

番禺珠江钢管有限公司

➢番禺珠江钢管有限公司2011全员劳动生产率206.2661万元/（人·年），在中国钢铁行业钢铁企业指标排序中排列第一。

➢番禺珠江钢管有限公司2011年销出口创汇率55.0637%，在中国钢铁行业钢铁企业指标排序中排列第一。

➢番禺珠江钢管有限公司 2012 年三年资本平均增长率 87. 4218%，在中国钢铁行业钢铁企业指标排序中排列第一。

安阳钢铁集团有限责任公司

➢安阳钢铁集团有限责任公司 2010 年 2000（含）~3000m^3 高炉利用系数 2. 8200t/（d·m^3），在中国钢铁行业钢铁企业指标排序中排列第一。

➢安钢集团河南凤宝特钢有限公司 2011 年三年营业收入平均增长率 42. 0658%，在中国钢铁行业钢铁企业指标排序中排列第一。

河南安阳永兴钢铁有限责任公司

➢河南安阳永兴钢铁有限责任公司 2005 年流动资产周转率 6. 8281 次，在中国钢铁行业指标排序中排列第一。

河南济源钢铁（集团）有限公司

➢河南济源钢铁（集团）有限公司 2008 年炼铁工序能耗（标煤）356. 8230kg/t，在中国钢铁行业钢铁企业指标排序中排列第一。

河南濮阳有限公司

➢河南濮阳有限公司 2011 年吨钢可比能耗（标煤）429. 44kg，在中国钢铁行业 300 万吨钢以上企业和 300 万吨钢以上企业集团指标排序中排列第一。

法尔胜集团公司

➢法尔胜集团公司 2003 年万元销售额能耗（标煤）0. 3276t，在中国钢铁行业指标排序中排列第一。

➢法尔胜集团公司 2004 年万元销售额能耗（标煤）0. 2164t，在中国钢铁行业指标排序中排列第一。

➢法尔胜集团公司 2005 年万元工业增加值能耗（标煤）0. 8213t，在中国钢铁行业指标排序中排列第一。

➢法尔胜集团公司 2007 年万元工业增加值能耗（标煤）0.44821t，在中国钢铁行业钢铁企业指标排序中排列第一。

➢法尔胜集团公司 2007 年万元产值能耗（标煤）98.6070kg，在中国钢铁行业钢铁企业指标排序中排列第一。

➢法尔胜集团公司 2008 年万元工业增加值能耗（标煤）395.3179kg，在中国钢铁行业钢铁企业指标排序中排列第一。

➢法尔胜集团公司 2008 年万元产值能耗（标煤）85.7839kg，在中国钢铁行业钢铁企业指标排序中排列第一。

➢江苏法尔胜泓昇集团有限公司 2009 年总资产贡献率 28.1552%，在中国钢铁行业钢铁企业指标排序中排列第一。

➢江苏法尔胜泓昇集团有限公司 2009 年万元工业增加值能耗（标煤）360.1091kg，在中国钢铁行业钢铁企业指标排序中排列第一。

➢江苏法尔胜泓昇集团有限公司 2010 年总资产贡献率 36.6835%，在中国钢铁行业钢铁企业指标排序中排列第一。

➢江苏法尔胜泓昇集团有限公司 2010 年水重复利用率 100.0000%，在中国钢铁行业钢铁企业指标排序中排列第一。

➢江苏法尔胜泓昇集团有限公司 2010 年万元工业增加值能耗（标煤）337.8624kg，在中国钢铁行业钢铁企业指标排序中排列第一。

➢江苏法尔胜泓昇集团有限公司 2010 年万元产值能耗（标煤）74.4333kg，在中国钢铁行业钢铁企业，指标排序中排列第一。

➢江苏法尔胜泓昇集团有限公司 2011 年速动比 2.9504%，在中国钢铁行业钢铁企业指标排序中排列第一。

➢江苏法尔胜泓昇集团有限公司 2011 年总资产贡献率 32.4741%，在中国钢铁行业钢铁企业指标排序中排列第一。

➢江苏法尔胜泓昇集团有限公司 2012 年吨钢耗新水 0.0043kg，在中国钢铁行业钢铁企业指标排序中排列第一。

江苏申特钢铁有限公司

➢江苏申特钢铁有限公司 2007 年三年资本平均增长率

111.0727%，在中国钢铁行业钢铁企业指标排序中排列第一。

➢江苏申特钢铁有限公司2007年三年营业收入平均增长率97.4117%，在中国钢铁行业钢铁企业指标排序中排列第一。

➢江苏申特钢铁有限公司（上海申特型钢有限公司）2008年三年利润平均增长率208.2115%，在中国钢铁行业钢铁企业指标排序中排列第一。

➢江苏申特钢铁有限公司（上海申特型钢有限公司）2008年三年资本平均增长率113.6402%，在中国钢铁行业钢铁企业指标排序中排列第一。

➢江苏申特钢铁有限公司2009年流动资产周转率7.2807%，在中国钢铁行业钢铁企业指标排序中排列第一。

➢江苏申特钢铁有限公司2009年三年利润平均增长率203.4106%，在中国钢铁行业钢铁企业指标排序中排列第一。

➢江苏申特钢铁有限公司2009年三年营业收入平均增长率109.6567%，在中国钢铁行业钢铁企业指标排序中排列第一。

➢江苏申特钢铁有限公司2009年三年资本平均增长率118.1647%，在中国钢铁行业钢铁企业指标排序中排列第一。

➢江苏申特钢铁有限公司2010年净资产收益率34.4860%，在中国钢铁行业钢铁企业指标排序中排列第一。

➢江苏申特钢铁有限公司2010年1000（含）~2000m^3高炉利用系数3.80t/（d·m^3），在中国钢铁行业钢铁企业指标排序中排列第一。

➢江苏申特钢铁有限公司流动资产周转率13.9732次，在中国钢铁行业钢铁企业指标排序中排列第一。

➢江苏申特钢铁有限公司2011年1000（含）~2000m^3高炉利用系数3.800t/（d·m^3），在中国钢铁行业钢铁企业指标排序中排列第一。

江苏苏钢集团有限公司

➢江苏苏钢集团有限公司2008年环保投入额占营业收入比率6.5295%，在中国钢铁行业钢铁企业指标排序中排列第一。

江苏西城钢铁有限公司

➢江苏西城钢铁有限公司 2011 年三年资本平均增长率 89.4906%，在中国钢铁行业钢铁企业指标排序中排列第一。

➢江苏西城钢铁有限公司 2011 年净资产收益率 38.8907%，在中国钢铁行业钢铁企业指标排序中排列第一。

➢江苏西城三联控股集团有限公司 2012 年万元工业增加值能耗（标煤）780.2941kg，在中国钢铁行业钢铁企业指标排序中排列第一。

➢江苏西城三联控股集团有限公司 2012 年万元产值能耗（标煤）117.0441kg，在中国钢铁行业钢铁企业指标排序中排列第一。

江苏永钢集团有限公司

➢江苏永钢集团有限公司 2008 年产品销售率 101.6715%，在中国钢铁行业 300 万吨钢以上企业集团指标排序中排列第一。

江苏旋力集团股份有限公司

➢江苏旋力集团股份有限公司 2008 年吨钢可比能耗（标煤）114.3000kg，在中国钢铁行业钢铁企业 2008 年指标排序中排列第一。

江阴市长达钢铁有限公司

➢江阴市长达钢铁有限公司 2010 年全员劳动生产率 176.0872 万元/(人·年)，在中国钢铁行业钢铁企业指标排序中排列第一。

➢江阴市长达钢铁有限公司 2010 年工业经济效益综合指数 11.8083，在中国钢铁行业在钢铁企业指标排序中排列第一。

➢江阴长达钢铁有限公司 2011 年万元工业值增加值能耗（标煤）111.4804kg，在中国钢铁行业钢铁企业指标排序中排列第一。

➢江阴长达钢铁有限公司 2011 年万元产值能耗（标煤）18.1586kg，在中国钢铁行业钢铁企业指标排序中排列第一。

江阴兴澄特种钢铁有限公司

➢江阴兴澄特种钢铁有限公司 2002 年吨钢综合能耗（标煤）

0.3967t，在中国钢铁行业特钢企业指标排序中排列第一。

江苏沙钢集团有限公司

➢江苏沙钢集团有限公司2005年人均产钢1075.7530t，在中国钢铁行业指标排序中排列第一。

➢江苏沙钢集团有限公司2006年电炉炼钢工序能耗（标煤）0.03886t，在中国钢铁行业指标排序中排列第一。

➢江苏沙钢集团有限公司2007年三年营业收入平均增长率54.9046%，在中国钢铁行业300万吨钢以上企业集团、300万吨钢以上企业指标排序中排列第一。

➢江苏沙钢集团有限公司2007年人均产钢857.25t，在中国钢铁行业300万吨以上企业集团、300万吨钢以上企业指标排序中排列第一。

➢江苏沙钢集团有限公司2007年全员劳动生产率70.0584万元/(人·年)，在中国钢铁行业300万吨钢以上企业集团指标排序中排列第一。

➢江苏沙钢集团有限公司2008年三年营业收入平均增长率53.0028%，在中国钢铁行业300万吨钢以上企业集团、300万吨钢以上企业指标排序中排列第一。

➢江苏沙钢集团有限公司2008年人均产钢825.15t，在中国钢铁行业300万吨以上企业集团、300万吨钢以上企业指标排序中排列第一。

➢江苏沙钢集团淮钢特钢有限公司2009年产品销售率127.3127%，在中国钢铁行业钢铁企业指标排序中排列第一。

➢江苏沙钢集团有限公司2009年电炉炼钢工序能耗（标煤）39.7834kg，在中国钢铁行业300万吨钢以上企业集团指标排序中排列第一。

➢江苏沙钢集团淮钢特钢有限公司2009年电炉炼钢工序能耗（标煤）31.1184kg，在中国钢铁行业钢铁企业指标排序中排列第一。

➢江苏沙钢集团有限公司2010年电炉炼钢工序能耗（标煤）35.4392kg，在中国钢铁行业300万吨钢以上企业集团指标排序中排列第一。

➢江苏沙钢集团淮钢特钢股份有限公司2011年高炉利用系数4.0200t/($d\cdot m^3$)，在中国钢铁行业钢铁企业、300万吨钢以上企业和300万吨钢以上企业集团指标排序中排列第一。

➢江苏沙钢集团淮钢特钢股份有限公司2011年1000m^3以下高炉利用系数4.0200t/($d\cdot m^3$)，在中国钢铁行业钢铁企业指标排序中排列第一。

中天钢铁集团有限公司

➢中天钢铁集团有限公司2006年吨钢耗新水889.9108kg，在中国钢铁行业指标排序中排列第一。

➢中天钢铁集团有限公司2009年三年资本平均增长率72.9451%，在中国钢铁行业300万吨钢以上企业集团、300万吨钢以上企业指标排序中排列第一。

➢中天钢铁集团有限公司2010年产品销售率117.7546%，在中国钢铁行业300万吨钢以上企业集团、300万吨钢以上企业指标排序中排列第一。

➢中天钢铁集团有限责任公司2011年三年营业收入平均增长率36.5998%，在中国钢铁行业300万吨钢以上企业和300万吨钢以上企业集团指标排序中排列第一。

➢中天钢铁集团有限责任公司2011年三年资本平均增长率43.0293%，在中国钢铁行业300万吨钢以上企业和300万吨钢以上企业集团指标排序中排列第一。

南京钢铁集团有限公司

➢南京钢铁集团有限公司2007年净资产收益率46.7854%，在中国钢铁行业300万吨钢以上企业集团指标排序中排列第一。

➢南京钢铁集团有限公司2007年净资产收益率46.7854%，在中国钢铁行业300万吨钢以上企业指标排序中排列第一。

➢南京钢铁集团有限公司2012年产品销售率113.4048%，在中国钢铁行业300万吨钢以上企业和300万吨以上企业集团指标排序中排列第一。

江苏锡钢集团有限公司

➢江苏锡钢集团有限公司 2004 年吨钢综合能耗（标煤）0.454t，在中国钢铁行业特钢企业指标排序中排列第一。

➢江苏华菱锡钢特钢有限公司 2011 年研究与发展经费占营业收入比重 10.9401，在中国钢铁行业钢铁企业指标排序中排列第一。

江苏锡兴集团有限公司

➢江苏锡兴集团有限公司 2007 年净资产收益率 60.7285%，在中国钢铁行业钢铁企业指标排序中排列第一。

萍乡钢铁有限责任公司

➢萍乡钢铁有限责任公司 2003 年轧钢综合成材率 99.85%，在中国钢铁行业指标排序中排列第一。

➢萍乡钢铁有限责任公司 2007 年三年资本平均增长率 48.5291%，在中国钢铁行业 300 万吨钢以上企业集团指标排序中排列第一。

➢萍乡钢铁有限责任公司 2007 年轧钢综合成材率 100.00%，在中国钢铁行业 300 万吨钢以上企业集团、300 万吨钢以上企业、钢铁企业指标排序中排列第一。

➢萍乡钢铁有限责任公司 2007 年转炉钢铁料消耗 1063.89kg/t，在中国钢铁行业 300 万吨钢以上企业集团、300 万吨钢以上企业指标排序中排列第一。

➢萍乡钢铁有限责任公司 2008 年转炉钢铁料消耗 1060.00kg/t，在中国钢铁行业 300 万吨钢以上企业集团、300 万吨钢以上企业指标排序中排列第一。

➢萍乡钢铁有限责任公司 2008 年轧钢综合成材率 100.79%，在中国钢铁行业 300 万吨钢以上企业集团、300 万吨钢以上企业、钢铁企业指标排序中排列第一。

江西萍钢实业股份有限公司

➢江西萍钢实业股份有限公司 2009 年资本保值增值率 208.9120%，在中国钢铁行业 300 万吨钢以上企业集团、300 万吨钢以上企业指标排序中排列第一。

➢江西萍钢实业股份有限公司 2009 年轧钢综合成材率 100.56%，在中国钢铁行业 300 万吨钢以上企业集团、300 万吨钢以上企业、钢铁企业指标排序中排列第一。

南昌长力钢铁股份有限公司

➢南昌长力钢铁股份有限公司 2007 年流动资产周转率 6.2264 次，在中国钢铁行业 300 万吨钢以上企业集团指标排序中排列第一。

➢南昌长力钢铁股份有限公司 2007 年流动资产周转率 6.2264 次，在中国钢铁行业 300 万吨钢以上企业指标排序中排列第一。

➢南昌长力钢铁股份有限公司 2007 年炼铁工序能耗（标煤）332.0706kg/t，在中国钢铁行业 300 万吨钢以上企业集团、300 万吨钢以上企业、钢铁企业指标排序中排列第一。

➢南昌长力钢铁股份有限公司 2007 年转炉炉衬寿命 22781 炉，在中国钢铁行业 300 万吨以上企业集团指标排序中排列第一。

➢方大特钢科技股份有限公司（原南昌长力钢铁股份有限公司）2011 年三年利润平均增长率 281.6628%，在中国钢铁行业钢铁企业指标排序中排列第一。

➢方大特钢科技股份有限公司（原南昌长力钢铁股份有限公司）2012 年三年利润平均增长率 139.1865%，在中国钢铁行业钢铁企业、300 万吨钢以上企业和 300 万吨以上企业集团指标排序中排列第一。

➢方大特钢科技股份有限公司（原南昌长力钢铁股份有限公司）2012 年吨钢可比能耗（标煤）487.7700kg，在中国钢铁行业 300 万吨钢以上企业和 300 万吨以上企业集团指标排序中排列第一。

➢方大特钢科技股份有限公司（原南昌长力钢铁股份有限公司）2012 年销售利润率 5.9794%，在中国钢铁行业 300 万吨以上企业集团指标排序中排列第一。

新余钢铁集团有限公司

➢新余钢铁集团有限公司2009年环保投入额占营业收入比率6.3413%，在中国钢铁行业300万吨钢以上企业集团、300万吨钢以上企业、钢铁企业指标排序中排列第一。

济南钢铁集团总公司

➢济南钢铁集团总公司2007年产品销售率101.2208%，在中国钢铁行业300万吨钢以上企业集团指标排序中排列第一。

莱芜钢铁集团有限公司

➢莱芜钢铁集团有限公司2002年转炉炉衬寿命27785炉，在中国钢铁行业指标排序中排列第一。

➢莱芜钢铁集团有限公司2003年转炉炉衬寿命22778炉，在中国钢铁行业指标排序中排列第一。

➢莱芜钢铁集团有限公司2004年转炉钢铁料消耗1058kg/t，在中国钢铁行业指标排序中排列第一。

➢莱芜钢铁集团有限公司2007年资本保值增值率164.8618%，在中国钢铁行业300万吨钢以上钢铁企业集团指标排序中排列第一。

➢莱芜钢铁集团有限公司2009年销售利润率8.9614%，在中国钢铁行业300万吨钢以上企业指标排序中排列第一。

临沂江鑫钢铁有限公司

➢临沂江鑫钢铁有限公司2010年1000m^3以下高炉利用系数5.0000t/(d·m^3)，在中国钢铁行业钢铁企业指标排序中排列第一。

➢临沂江鑫钢铁有限公司2010年人均产钢908.9215t，在中国钢铁行业钢铁企业指标排序中排列第一。

➢临沂江鑫钢铁有限公司2011年产品销售率137.9366%，在中国钢铁行业钢铁企业指标排序中排列第一。

➢临沂江鑫钢铁有限公司2011年水重复利用率100.000%，在中国钢铁行业钢铁企业指标排序中排列第一。

➢临沂江鑫钢铁有限公司 2012 年流动资产周转率 16.1218 次，在中国钢铁行业钢铁企业指标排序中排列第一。

➢临沂江鑫钢铁有限公司 2012 年产品销售率 116.9508%，在中国钢铁行业钢铁企业指标排序中排列第一。

➢临沂江鑫钢铁有限公司 2012 年三年营业收入平均增长率 215.7116%，在中国钢铁行业钢铁企业指标排序中排列第一。

➢临沂江鑫钢铁有限公司 2012 年水重复利用率 100%，在中国钢铁行业钢铁企业指标排序中排列第一。

日照钢铁控股集团有限公司

➢日照钢铁控股集团有限公司 2012 年全员劳动生产率 83.9646 万元/(人·年)，在中国钢铁行业钢铁企业、300 万吨钢以上企业和 300 万吨以上企业集团指标排序中排列第一。

➢日照钢铁控股集团有限公司 2012 年煤气回收利用率 100%，在中国钢铁行业 300 万吨钢以上企业和 300 万吨以上企业集团指标排序中排列第一。

➢日照钢铁控股集团有限公司 2012 年污染物综合排放合格率 100.0000%，在中国钢铁行业 300 万吨以上企业集团指标排序中排列第一。

➢日照钢铁控股集团有限公司 2012 年喷吹煤粉 187.94kg/t，在中国钢铁行业钢铁企业、300 万吨钢以上企业和 300 万吨以上企业集团指标排序中排列第一。

➢日照钢铁控股集团有限公司 2012 年人均产钢 912.6371 吨/人，在中国钢铁行业钢铁企业、300 万吨钢以上企业和 300 万吨以上企业集团指标排序中排列第一。

山东泰山钢铁集团

➢山东泰山钢铁集团 2005 年转炉炉衬寿命 25561 炉，在中国钢铁行业指标排序中排列第一。

➢山东泰山钢铁集团 2006 年转炉炉衬寿命 31861 炉，在中国钢铁行业指标排序中排列第一。

张店钢铁总厂

➢张店钢铁总厂2003年出口创汇率31.0291%，在中国钢铁行业指标排序中排列第一。

➢张店钢铁总厂2004年出口创汇率37.1802%，在中国钢铁行业指标排序中排列第一。

潍坊钢铁集团公司

➢潍坊钢铁集团公司2005年资本保值增值率362.8437%，在中国钢铁行业指标排序中排列第一。

➢潍坊钢铁集团公司2007年水资源回收利用率98.60%，在中国钢铁行业钢铁企业指标排序中排列第一。

➢潍坊钢铁集团公司2008年水资源回收利用率99.28%，在中国钢铁行业钢铁企业指标排序中排列第一。

➢潍坊特钢集团有限公司2009年1000(含)~2000m^3高炉利用系数3.746t/(d·m^3)，在中国钢铁行业钢铁企业指标排序中排列第一。

➢潍坊特钢集团有限公司2009年水资源回收利用率99.31%，在中国钢铁行业钢铁企业指标排序中排列第一。

➢潍坊特钢集团有限公司2011年吨钢耗新水0.0274kg，在钢铁企业指标排序中排列第一。

太原钢铁（集团）有限公司

➢太原钢铁（集团）有限公司2006年转炉炼钢工序能耗（标煤）-14.8400kg/t，在中国钢铁行业300万吨钢以上企业、钢铁企业指标排序中排列第一。

➢太原钢铁（集团）有限公司2006年转炉钢铁料消耗1050.47kg/t，在中国钢铁行业300万吨钢以上企业、钢铁企业指标排序中排列第一。

➢太原钢铁（集团）有限公司2007年转炉炼钢工序能耗（标煤）-13.6500t/t，在中国钢铁行业300万吨钢以上企业集团、300

万吨钢以上企业、钢铁企业指标排序中排列第一。

➢太原钢铁（集团）有限公司2008年炼铁工序能耗（标煤）373.1989kg/t，在中国钢铁行业300万吨钢以上企业集团、300万吨钢以上企业指标排序中排列第一。

➢太原钢铁（集团）有限公司2008年喷吹煤粉177.94kg/t，在中国钢铁行业300万吨钢以上企业集团、300万吨钢以上企业排序中排列第一。

➢太原钢铁（集团）有限公司2008年入炉焦比299.90kg/t，在中国钢铁行业300万吨钢以上企业集团、300万吨钢以上企业指标排序中排列第一。

➢太原钢铁（集团）有限公司2009年万元工业增加值能耗（标煤）3649.7802kg，在中国钢铁行业300万吨钢以上企业集团、300万吨钢以上企业指标排序中排列第一。

➢太原钢铁（集团）有限公司2009年万元产值能耗（标煤）752.2658kg，在中国钢铁行业300万吨钢以上企业集团、300万吨钢以上企业指标排序中排列第一。

➢太原钢铁（集团）有限公司2009年3000m^3（含）以上高炉利用系数2.50t/(d·m^3)，在中国钢铁行业钢铁企业指标排序中排列第一。

➢太原钢铁（集团）有限公司2009年喷吹煤粉176.28kg/t，在中国钢铁行业300万吨钢以上企业集团指标排序中排列第一。

➢太原钢铁（集团）有限公司2009年入炉焦比319.53kg/t，在中国钢铁行业300万吨钢以上企业集团指标排序中排列第一。

➢太原钢铁（集团）有限公司2010年水重复利用率98.5486%，在中国钢铁行业300万吨钢以上企业集团、300万吨钢以上企业指标排序中排列第一。

➢太原钢铁（集团）有限公司2010年万元工业增加值能耗（标煤）3197.8742kg，在中国钢铁行业300万吨钢以上企业集团指标排序中排列第一。

➢太原钢铁（集团）有限公司2010年万元产值能耗（标煤）552.3507kg，在中国钢铁行业300万吨钢以上企业集团、300万吨钢以上企业指标排序中排列第一。

山西海鑫钢铁集团有限责任公司

➢山西海鑫钢铁集团有限责任公司2005年轧钢综合成材率99.90%，在中国钢铁行业指标排序中排列第一。

山西中阳钢铁有限公司

➢山西中阳钢铁有限公司2008年资本保值增值率228.9412%，在中国钢铁行业钢铁企业指标排序中排列第一。

➢山西中阳钢铁有限公司2008年转炉钢铁料消耗1057.00kg/t，在中国钢铁行业钢铁企业指标排序中排列第一。

➢山西中阳钢铁有限公司2010年成本费用利润率15.0329%，在中国钢铁行业钢铁企业指标排序中排列第一。

介休市新泰钢铁有限公司

➢介休市新泰钢铁有限公司2010年资本保值增值率171.9256%，在中国钢铁行业钢铁企业指标排序中排列第一。

山西建邦集团有限公司

➢山西建邦集团有限公司2010年产品销售率148.1182%，在中国钢铁行业钢铁企业指标排序中排列第一。

➢山西建邦集团有限公司2012年高炉利用系数4.000t/(d·m^3)，在中国钢铁行业钢铁企业指标排序中排列第一。

➢山西建邦集团有限公司2012年1000(含)~2000m^3高炉利用系数4.200t/(d·m^3)，在中国钢铁行业钢铁企业指标排序中排列第一。

陕西略阳钢铁有限责任公司

➢陕西略阳钢铁有限责任公司2009年净资产收益率43.8021%，在中国钢铁行业钢铁企业指标排序中排列第一。

➢陕西略阳钢铁有限责任公司2010年煤气回收利用率

100.0000%，在中国钢铁行业钢铁企业指标排序中排列第一。

➢陕西略阳钢铁有限责任公司 2011 年煤气回收利用率 100.0000%，在中国钢铁行业钢铁企业指标排序中排列第一。

➢陕西略阳钢铁有限责任公司 2012 年煤气回收利用率 100%，在中国钢铁行业钢铁企业指标排序中排列第一。

➢陕西钢铁集团有限公司 2012 年转炉钢铁料消耗 1030.56kg/t，在中国钢铁行业钢铁企业、300 万吨钢以上企业和 300 万吨以上企业集团指标排序中排列第一。

陕西龙门钢铁（集团）有限责任公司

➢陕西龙门钢铁（集团）有限责任公司 2009 年水资源回收利用率 98.43%，在中国钢铁行业 300 万吨钢以上企业集团、300 万吨钢以上企业指标排序中排列第一。

➢陕西龙门钢铁（集团）有限责任公司 2010 年轧钢综合成材率 100.48%，在中国钢铁行业 300 万吨钢以上企业集团、300 万吨钢以上企业、钢铁企业指标排序中排列第一。

➢陕西龙门钢铁（集团）有限责任公司 2011 年转炉钢铁料消耗 1042kg/t，在中国钢铁行业钢铁企业、300 万吨钢以上企业和 300 万吨以上企业集团指标排序中排列第一。

➢陕西龙门钢铁（集团）有限责任公司 2011 年轧钢综合成材率 100.9300%，在中国钢铁行业钢铁企业、300 万吨钢以上企业和 300 万吨以上企业集团指标排序中排列第一。

重庆钢铁（集团）有限责任公司

➢重庆钢铁（集团）有限责任公司 2004 年转炉炉衬寿命 22412 炉，在中国钢铁行业指标排序中排列第一。

➢重庆钢铁（集团）有限责任公司 2009 年总资产贡献率 24.6149%，在中国钢铁行业 300 万吨钢以上企业集团指标排序中排列第一。

➢重庆钢铁（集团）有限责任公司 2010 年环保投入额占营业收入比率 3.1472%，在中国钢铁行业 300 万吨钢以上企业集团、300

万吨钢以上企业、钢铁企业指标排序中排列第一。

➢重庆钢铁（集团）有限责任公司 2010 年资本保值增值率 128.8434%，在中国钢铁行业 300 万吨钢以上企业集团、300 万吨钢以上企业指标排序中排列第一。

➢重庆钢铁（集团）有限责任公司 2011 年炼铁工序能耗（标煤）306.8215kg/t，在中国钢铁行业钢铁企业、300 万吨钢以上企业和 300 万吨钢以上企业集团指标排序中排列第一。

重庆东华特殊钢有限责任公司

➢重庆东华特殊钢有限责任公司 2007 年环保投入额占营业收入比率 21.9742%，在中国钢铁行业钢铁企业指标排序中排列第一。

➢重庆东华特殊钢有限责任公司 2008 年电炉炼钢工序能耗（标煤）1.7389kg/t，在中国钢铁行业钢铁企业指标排序中排列第一。

四川省川威集团有限公司

➢四川省川威集团有限公司 2006 年资本保值增值率 216.8594%，在中国钢铁行业指标排序中排列第一。

➢四川省川威集团有限公司 2010 年三年资本平均增长率 82.8569%，在中国钢铁行业钢铁企业指标排序中排列第一。

➢四川省川威集团有限公司 2010 年 3000m^3（含）以上高炉利用系数 3.7700t/(d · m^3)，在中国钢铁行业钢铁企业指标排序中排列第一。

四川省达州钢铁集团有限责任公司

➢四川省达州钢铁集团有限责任公司 2011 年转炉炉衬寿命 25933 炉，在中国钢铁行业 300 万吨钢以上企业指标排序中排列第一。

➢四川省达州钢铁集团有限责任公司 2012 年转炉炉衬寿命 38633 炉，在中国钢铁行业钢铁企业、300 万吨钢以上企业和 300 万吨以上企业集团指标排序中排列第一。

天津荣程联合钢铁集团有限责任公司

➢天津荣程联合钢铁集团有限责任公司2006年总资产贡献率50.1991%，在中国钢铁行业指标排序中排列第一。

➢天津荣程联合钢铁集团有限责任公司2006年成本费用利润率23.7154%，在中国钢铁行业指标排序中排列第一。

➢天津荣程联合钢铁集团有限责任公司2006年销售利润率17.2763%，在中国钢铁行业指标排序中排列第一。

➢天津荣程联合钢铁集团有限责任公司2007年成本费用利润率27.1300%，在中国钢铁行业300万吨钢以上企业集团、300万吨钢以上企业指标排序中排列第一。

➢天津荣城联合钢铁集团有限公司2007年高炉利用系数3.87t/(d·m^3)，在中国钢铁行业300万吨钢以上企业集团、300万吨钢以上企业指标排序中排列第一。

➢天津荣程联合钢铁集团有限责任公司2007年总资产贡献率49.4010%，在中国钢铁行业300万吨钢以上钢铁企业集团、300万吨钢以上企业指标排序中排列第一。

➢天津荣程联合钢铁集团有限责任公司2008年产品销售率104.3398%，在中国钢铁行业钢铁企业指标排序中排列第一。

➢天津荣程联合钢铁集团有限责任公司2010年炼铁工序能耗（标煤）352.6991kg/t，在中国钢铁行业300万吨钢以上企业集团指标排序中排列第一。

➢天津荣程联合钢铁集团有限责任公司2010年吨钢耗新水0.3963kg，在中国钢铁行业300万吨钢以上企业集团、300万吨钢以上企业、钢铁企业指标排序中排列第一。

➢天津荣程联合钢铁集团有限责任公司2011年转炉炉衬寿命120018炉，在中国钢铁行业钢铁企业指标排序中排列第一。

➢天津荣程联合钢铁集团有限责任公司2012年吨钢耗新水0.3188kg，在中国钢铁行业300万吨钢以上企业和300万吨以上企业集团指标排序中排列第一。

➢天津荣程联合钢铁集团有限责任公司2012年水重复利用率

99.77%，在中国钢铁行业300万吨钢以上企业和300万吨以上企业集团指标排序中排列第一。

➢天津荣程联合钢铁集团有限责任公司2012年研究与发展经费占营业收入比重8.9413，在中国钢铁行业钢铁企业、300万吨钢以上企业和300万吨以上企业集团指标排序中排列第一。

天津天钢集团有限公司

➢天津天钢集团有限公司2002年吨钢综合能耗（标煤）0.3170t，在中国钢铁行业指标排序中排列第一。

➢天津天钢集团有限公司2006年三年资本平均增长率87.4200%，在中国钢铁行业指标排序中排列第一。

➢天津天钢集团有限公司2007年水资源回收利用率97.95%，在中国钢铁行业300万吨钢以上企业集团指标排序中排列第一。

➢天津天钢集团有限公司2007年出口创汇率30.0181%，在中国钢铁行业300万吨以上企业集团、300万吨以上企业指标排序中排列第一。

➢天津天钢集团有限公司2009年全员劳动生产率52.6779万元/(人·年)，在中国钢铁行业300万吨钢以上企业集团指标排序中排列第一。

➢天津天钢集团有限公司2009年三年营业收入平均增长率47.0821%，在中国钢铁行业300万吨钢以上企业集团、300万吨钢以上企业指标排序中排列第一。

➢天津天钢集团有限公司2009年流动比1:8402，在中国钢铁行业300万吨钢以上企业集团、300万吨钢以上企业指标排序中排列第一。

➢天津天钢集团有限公司2009年速动比1.2327，在中国钢铁行业300万吨钢以上企业集团、300万吨钢以上企业指标排序中排列第一。

➢天津天钢集团有限公司2010年转炉炼钢工序能耗（标煤）-22.8780kg/t，在中国钢铁行业300万吨钢以上企业集团、300万吨钢以上企业、钢铁企业指标排序中排列第一。

➢天津天钢集团有限公司2011年流动比1.5737%，在中国钢铁行业钢铁企业指标排序中排列第一。

➢天津天钢集团有限公司2011年转炉炼钢工序能耗（标煤）-21.0450kg/t，在中国钢铁行业钢铁企业、300万吨钢以上企业和300万吨钢以上企业集团指标排序中排列第一。

➢天津天钢集团有限公司2012年流动比1.7508，在中国钢铁行业钢铁企业、300万吨钢以上企业和300万吨以上企业集团指标排序中排列第一。

➢天津天钢集团有限公司2012年转炉炼钢工序能耗（标煤）-26.3710kg/t，在中国钢铁行业300万吨以上企业集团指标排序中排列第一。

➢天津天钢集团有限公司2012年万元产值能耗（标煤）433.1358kg，在中国钢铁行业300万吨钢以上企业和300万吨以上企业集团指标排序中排列第一。

天津天铁冶金集团有限公司

➢天津天铁冶金集团有限公司2009年研究与发展经费占营业收入比重3.7285，在中国钢铁行业300万吨钢以上企业集团指标排序中排列第一。

天津钢管集团股份有限公司

➢天津钢管集团股份有限公司2012年千人工亡率0.0000‰，在中国钢铁行业钢铁企业指标排序中排列第一。

➢天津钢管集团股份有限公司2012年污染物综合排放合格率，100.0000%在中国钢铁行业钢铁企业指标排序中排列第一。

北京建龙重工集团有限公司

➢北京建龙重工集团有限公司2009年出口创汇率16.0754%，在中国钢铁行业300万吨钢以上企业集团、300万吨钢以上企业指标排序中排列第一。

➢北京建龙重工集团有限公司2010年出口创汇率13.2449%，

在中国钢铁行业300万吨钢以上企业集团指标排序中排列第一。

➢北京建龙重工集团有限公司2011年高炉利用系数3.7998t/(d·m^3)，在中国钢铁行业钢铁企业、300万吨钢以上企业和300万吨钢以上企业集团指标排序中排列第一。

➢北京建龙重工集团有限公司2012年三年营业收入平均增长率160.7393%，在中国钢铁行业300万吨钢以上企业和300万吨以上企业集团指标排序中排列第一。

➢北京建龙重工集团有限公司2012年三年资本平均增长率37.1491%，在中国钢铁行业300万吨钢以上企业和300万吨以上企业集团指标排序中排列第一。

➢北京建龙重工集团有限公司2012年炼铁工序能耗（标煤）289.2881kg/t，在中国钢铁行业钢铁企业、300万吨钢以上企业和300万吨以上企业集团指标排序中排列第一。

福建省三钢（集团）有限责任公司

➢福建省三钢（集团）有限责任公司2002年轧钢综合成材率99.91%，在中国钢铁行业指标排序中排列第一。

➢福建省三钢（集团）有限责任公司2006年轧钢综合成材率99.75%，在中国钢铁行业指标排序中排列第一。

杭州钢铁集团公司

➢杭州钢铁集团公司2004年非钢铁收入比率128.6727%，在中国钢铁行业指标排序中排列第一。

➢杭州钢铁集团公司2005年非钢铁收入比率162.7417%，在中国钢铁行业指标排序中排列第一。

➢杭州钢铁集团公司2009年产品销售率105.6215%，在中国钢铁行业300万吨钢以上企业集团、300万吨钢以上企业指标排序中排列第一。

➢杭州钢铁集团公司2010年吨钢可比能耗（标煤）510.62kg，在中国钢铁行业300万吨钢以上企业集团、300万吨钢以上企业指标排序中排列第一。

➢杭州钢铁集团公司 2011 年非钢铁收入比率 79.4646%，在中国钢铁行业钢铁企业、300 万吨钢以上企业和 300 万吨以上企业集团指标排序中排列第一。

➢杭州钢铁集团公司 2012 年出口创汇率 14.8259%，在中国钢铁行业 300 万吨以上企业集团指标排序中排列第一。

➢杭州钢铁集团公司 2012 年非钢铁收入比率 85.4936%，在中国钢铁行业钢铁企业、300 万吨钢以上企业和 300 万吨以上企业集团指标排序中排列第一。

湖南华菱钢铁集团有限责任公司

➢湖南华菱钢铁集团有限责任公司 2004 年轧钢综合成材率 99.39%，在中国钢铁行业指标排序中排列第一。

➢湖南华凌衡阳钢管（集团）有限公司 2005 年吨钢可比能耗（标煤）0.3240t，在中国钢铁行业指标排序中排列第一。

➢湖南华凌衡阳钢管（集团）有限公司 2005 年出口创汇率 31.6392%，在中国钢铁行业指标排序中排列第一。

➢湖南华凌衡阳钢管（集团）有限公司 2006 年出口创汇率 45.4496%，在中国钢铁行业指标排序中排列第一。

➢湖南华凌衡阳钢管（集团）有限公司 2007 年出口创汇率 54.6880%，在中国钢铁行业钢铁企业指标排序中排列第一。

➢华菱湘潭钢铁集团有限公司 2007 年吨钢耗新水 0.9034kg，在中国钢铁行业 300 万吨钢以上企业、钢铁企业指标排序中排列第一。

➢湖南华凌衡阳钢管（集团）有限公司 2008 年出口创汇率 52.0029%，在中国钢铁行业钢铁企业指标排序中排列第一。

➢湘潭钢铁集团有限公司 2008 年吨钢耗新水 0.8643kg，在中国钢铁行业 300 万吨钢以上企业指标排序中排列第一。

➢湖南华菱衡阳钢管（集团）有限公司 2009 年出口创汇率 54.1128%，在中国钢铁行业钢铁企业指标排序中排列第一。

➢湖南华菱涟源钢铁有限公司 2010 年转炉炉衬寿命 40521 炉，在中国钢铁行业 300 万吨钢以上企业、钢铁企业指标排序中排列第一。

➢湖南华菱涟源钢铁有限公司 2011 年 2000(含)~3000m^3 高炉利用系数 2.6840$t/(d \cdot m^3)$，在中国钢铁行业钢铁企业指标排序中排列第一。

➢湖南衡阳华菱钢管有限责任公司 2012 年出口创汇率 55.5094%，在中国钢铁行业钢铁企业指标排序中排列第一。

马鞍山钢铁股份有限公司

➢马鞍山钢铁股份有限公司 2002 年资产负债率 30.7826%，在中国钢铁行业指标排序中排列第一。

➢马鞍山钢铁股份有限公司 2007 年（本部）转炉炉衬寿命 24165 炉，在中国钢铁行业 300 万吨以上企业指标排序中排列第一。

➢马鞍山钢铁股份有限公司 2008 年（本部）转炉炉衬寿命 21306 炉，在中国钢铁行业 300 万吨钢以上企业集团指标排序中排列第一。

➢马鞍山钢铁股份有限公司 2009 年转炉炉衬寿命 22303 炉，在中国钢铁行业 300 万吨钢以上企业集团、300 万吨钢以上企业指标排序中排列第一。

湖北新冶钢有限公司

➢湖北新冶钢有限公司 2005 年吨钢耗新水 0.1364t，在中国钢铁行业钢铁企业指标排序中排列第一。

➢湖北新冶钢有限公司 2009 年销售利润率 9.8666%，在中国钢铁行业钢铁企业指标排序中排列第一。

酒泉钢铁（集团）有限责任公司

➢酒泉钢铁（集团）有限责任公司 2009 年转炉钢铁料消耗 1034.61kg/t，在中国钢铁行业 300 万吨钢以上企业集团、300 万吨钢以上企业、钢铁企业指标排序中排列第一。

➢酒泉钢铁（集团）有限责任公司 2010 年研究与发展经费占营业收入比重 4.1654，在中国钢铁行业 300 万吨钢以上企业集团指标排序中排列第一。

➤酒泉钢铁（集团）有限责任公司2011年三年利润平均增长率100.4418%，在中国钢铁行业300万吨钢以上企业集团指标排序中排列第一。

➤酒泉钢铁（集团）有限责任公司2011年研究与发展经费占营业收入比重4.1394，在中国钢铁行业300万吨钢以上企业和300万吨以上企业集团指标排序中排列第一。

衢州元立金属制品有限公司

➤衢州元立金属制品有限公司2010年三年利润平均增长率72.5923%，在中国钢铁行业300万吨钢以上企业集团、300万吨钢以上企业指标排序中排列第一。

➤衢州元立金属制品有限公司2010年三年营业收入平均增长率49.0691%，在中国钢铁行业300万吨钢以上企业集团、300万吨钢以上企业、钢铁企业指标排序中排列第一。

➤衢州元立金属制品有限公司2010年流动比6.64，在中国钢铁行业300万吨钢以上企业集团、300万吨钢以上企业、钢铁企业指标排序中排列第一。

➤衢州元立金属制品有限公司2010年速动比2.55，在中国钢铁行业300万吨钢以上企业集团、300万吨钢以上企业指标排序中排列第一。

➤衢州元立金属制品有限公司2010年三年利润平均增长率72.5923%，在中国钢铁行业300万吨钢以上企业集团、300万吨钢以上企业指标排序中排列第一。

➤衢州元立金属制品有限公司2011年产品销售率101.5278，在中国钢铁行业300万吨钢以上企业集团指标排序中排列第一。

宁夏恒力钢铁集团有限公司

➤宁夏恒力钢铁集团有限公司2002年非钢铁收入比率58.4072%，在中国钢铁行业指标排序中排列第一。

➤宁夏恒力钢铁集团有限公司2004年炼钢工序吨钢耗废钢

1034.00kg，在中国钢铁行业指标排序中排列第一。

山东石横特钢集团有限公司

➢山东石横特钢集团有限公司2005年吨钢综合能耗（标煤）0.3657t，在中国钢铁行业特钢企业指标排序中排列第一。

➢山东石横特钢集团有限公司2006年流动资产周转率8.277次，在中国钢铁行业指标排序中排列第一。

➢山东石横特钢集团有限公司2008年转炉炼钢工序能耗（标煤）-13.1495kg/t，在中国钢铁行业300万吨钢以上企业集团、300万吨钢以上企业指标排序中排列第一。

圣戈班（徐州）管道有限公司

➢圣戈班（徐州）管道有限公司2007年产品销售率108.4975%，在中国钢铁行业钢铁企业指标排序中排列第一。

石家庄钢铁有限责任公司

➢石家庄钢铁有限责任公司2006年炼铁工序能耗（标煤）0.1235t，在中国钢铁行业指标排序中排列第一。

无锡新大中钢铁有限公司

➢无锡新大中钢铁有限公司2005年吨钢综合能耗（标煤）0.436t，在中国钢铁行业指标排序中排列第一。

首钢总公司

➢首钢总公司2008年三年资本平均增长率61.3740%，在中国钢铁行业300万吨钢以上企业集团、300万吨钢以上企业指标排序中排列第一。

➢首钢集团2011年速动比0.6555%，在中国钢铁行业300万吨钢以上企业指标排序中排列第一。

➢首钢总公司2011年水重复利用率98.6266%，在中国钢铁行业300万吨钢以上企业集团指标排序中排列第一。

➢首钢总公司2011年煤气回收利用率100.0000%，在中国钢铁行业300万吨钢以上企业和300万吨钢以上企业集团指标排序中排列第一。

➢首钢总公司2011年污染物综合排放合格率100.00%，在中国钢铁行业钢铁企业指标排序中排列第一。

➢首钢水城钢铁（集团）有限责任公司2011年环保投入额占营业收入比率301222%，在中国钢铁行业钢铁企业、300万吨钢以上企业和300万吨钢以上企业集团指标排序中排列第一。

长治钢铁（集团）有限公司

➢长治钢铁（集团）有限公司2007年喷吹煤粉191.52kg/t，在中国钢铁行业钢铁企业指标排序中排列第一。

➢长治钢铁（集团）有限公司2008年喷吹煤粉191.52kg/t，在中国钢铁行业钢铁企业指标排序中排列第一。

➢首钢长治钢铁有限公司2012年净资产收益率756.5314%，在中国钢铁行业钢铁企业和300万吨钢以上企业指标排序中排列第一。

贵阳特殊钢有限责任公司

➢贵阳特殊钢有限责任公司2006年吨钢可比能耗（标煤）0.2600t，在中国钢铁行业指标排序中排列第一。

➢贵阳特殊钢有限责任公司2006年水资源回收利用率100.00%，在中国钢铁行业指标排序中排列第一。

➢贵阳特殊钢有限责任公司2009年吨钢可比能耗（标煤）257.0000kg，在中国钢铁行业钢铁企业指标排序中排列第一。

➢首钢贵阳特殊钢有限责任公司2012年吨钢可比能耗（标煤）262.0000kg，在中国钢铁行业钢铁企业指标排序中排列第一。

武汉钢铁（集团）公司

➢武钢集团鄂城钢铁有限责任公司2003年资产负债率33.5874%，在中国钢铁行业指标排序中排列第一。

➢武汉钢铁（集团）公司2007年喷吹煤粉173.50kg/t，在中国钢铁行业 300 万吨钢以上企业集团指标排序中排列第一。

➢武汉钢铁（集团）公司 2007 年入炉焦比 315. 39kg/t，在中国钢铁行业 300 万吨钢以上企业集团指标排序中排列第一。

➢武汉钢铁（集团）公司 2009 年转炉炼钢工序能耗（标煤）－15. 4473kg/t，在中国钢铁行业 300 万吨钢以上企业集团、300 万吨钢以上企业、钢铁企业指标排序中排列第一。

➢武汉钢铁（集团）公司 2011 年 $3000m^3$（含）以上高炉利用系数 2. 6421t/($d \cdot m^3$)，在中国钢铁行业钢铁企业指标排序中排列第一。

➢武汉钢铁（集团）公司 2011 年污染物综合排放合格率 100. 00%，在中国钢铁行业 300 万吨钢以上企业和 300 万吨钢以上企业集团指标排序中排列第一。

➢武汉钢铁股份有限公司 2012 年污染物综合排放合格率 100. 0000%，在中国钢铁行业 300 万吨钢以上企业指标排序中排列第一。

➢武汉钢铁（集团）公司 2012 年 $3000m^3$（含）以上高炉利用系数 2. 551t/($d \cdot m^3$)，在中国钢铁行业钢铁企业指标排序中排列第一。

➢武汉钢铁集团鄂城钢铁有限责任公司 2012 年 2000（含）~ $3000m^3$ 高炉利用系数 2. 738t/($d \cdot m^3$)，在中国钢铁行业钢铁企业指标排序中排列第一。

广西柳州钢铁（集团）公司

➢广西柳州钢铁（集团）公司 2002 年转炉钢铁料消耗 1054kg/t，在中国钢铁行业指标排序中排列第一。

➢广西柳州钢铁（集团）公司 2011 年三年利润平均增长率 173. 7090%，在中国钢铁行业 300 万吨钢以上企业指标排序中排列第一。

➢广西柳州钢铁（集团）公司 2011 年水重复利用率 98. 8125%，在中国钢铁行业 300 万吨钢以上企业指标排序中排列第一。

昆明钢铁控股有限公司

➢昆明钢铁控股有限公司 2009 年三年利润平均增长率 50.4292%，在中国钢铁行业 300 万吨钢以上企业集团指标排序中排列第一。

冷水江钢铁总厂

➢冷水江钢铁总厂 2007 年转炉炉衬寿命 29398 炉，在中国钢铁行业钢铁企业指标排序中排列第一。

➢冷水江钢铁总厂 2007 年资本保值增值率 326.4060%，在中国钢铁行业钢铁企业指标排序中排列第一。

➢冷水江钢铁总厂 2008 年转炉炉衬寿命 34139 炉，在中国钢铁行业钢铁企业指标排序中排列第一。

➢冷水江钢铁有限责任公司 2009 年转炉炉衬寿命 36219 炉，在中国钢铁行业钢铁企业指标排序中排列第一。

➢冷水江钢铁有限责任公司 2011 年喷吹煤粉 415.50kg/t，在中国钢铁行业钢铁企业指标排序中排列第一。

➢冷水江钢铁有限责任公司 2011 年入炉焦比 122.55kg/t，在中国钢铁行业钢铁企业指标排序中排列第一。

中信泰富特钢集团有限公司

➢中信泰富特钢集团有限公司 2011 年万元产值能耗（标煤）492.3916kg，在中国钢铁行业 300 万吨钢以上企业和 300 万吨钢以上企业集团指标排序中排列第一。

非钢铁企业部分

营口青花耐火材料股份有限公司

➢营口青花耐火材料股份有限公司 2002 年总资产贡献率 16.8047%，在中国钢铁行业非钢铁企业指标排序中排列第一。

➢营口青花耐火材料股份有限公司 2002 年成本费用利润率 22.7966%，在中国钢铁行业非钢铁企业指标排序中排列第一。

➢营口青花耐火材料股份有限公司 2002 年销售利润率 18.3190%，在中国钢铁行业非钢铁企业指标排序中排列第一。

➢营口青花耐火材料股份有限公司 2002 年出口创汇率 57.5666%，在中国钢铁行业非钢铁企业指标排序中排列第一。

➢营口青花耐火材料股份有限公司 2002 年工业经济效益综合指数 2.1457，在中国钢铁行业非钢铁企业指标排序中排列第一。

➢营口青花耐火材料股份有限公司 2003 年总资产贡献率 18.9775%，在中国钢铁行业非钢铁企业指标排序中排列第一。

➢营口青花耐火材料股份有限公司 2003 年全员劳动生产率 8.1781 万元/(人·年)，在中国钢铁行业指标非钢铁企业排序中排列第一。

➢营口青花耐火材料股份有限公司 2003 年销售利润率 15.6999%，在中国钢铁行业指标非钢铁企业排序中排列第一。

➢营口青花耐火材料股份有限公司 2003 年出口创汇率 58.3463%，在中国钢铁行业非钢铁企业指标排序中排列第一。

➢营口青花耐火材料股份有限公司 2004 年出口创汇率 55.7696%，在中国钢铁行业非钢铁企业指标排序中排列第一。

➢营口青花耐火材料股份有限公司 2009 年出口创汇率 25.6968%，在中国钢铁行业非钢铁企业指标排序中排列第一。

➢营口青花耐火材料股份有限公司 2010 年出口创汇率 23.8529%，在中国钢铁行业非钢铁企业指标排序中排列第一。

➢营口青花耐火材料股份有限公司 2010 年流动比 1.57，在中国钢铁行业非钢铁企业指标排序中排列第一。

鲁中冶金矿山集团公司

➢鲁中冶金矿山集团公司 2002 年资产负债率 30.4501%，在中国钢铁行业非钢铁企业指标排序中排列第一。

➢鲁中冶金矿山集团公司 2003 年资产负债率 36.1984%，在中国钢铁行业指标非钢铁企业排序中排列第一。

➢鲁中冶金矿山集团公司 2008 年万元工业增加值能耗（标煤）0.4058kg，在中国钢铁行业非钢铁企业指标排序中排列第一。

➢鲁中冶金矿山集团公司 2009 年环保投入额占营业收入比率 68.6190%，在中国钢铁行业非钢铁企业指标排序中排列第一。

➢鲁中矿业有限公司 2011 年资本保值增值率 156.0550%，在中国钢铁行业非钢铁企业指标排序中排列第一。

➢鲁中矿业有限公司 2011 年产品销售率 103.4342，在中国钢铁行业非钢铁企业指标排序中排列第一。

➢鲁中矿业有限公司 2011 年污染物综合排放合格率 100.00%，在中国钢铁行业非钢铁企业指标排序中排列第一。

➢鲁中矿业有限公司 2012 年资本保值增值率 110.4789%，在中国钢铁行业非钢铁企业指标排序中排列第一。

➢鲁中矿业有限公司 2012 年三年利润平均增长率 90.4258%，在中国钢铁行业非钢铁企业指标排序中排列第一。

➢鲁中矿业有限公司 2012 年三年资本平均增长率 35.1324%，在中国钢铁行业非钢铁企业指标排序中排列第一。

➢鲁中矿业有限公司 2012 年千人工亡率 0.0000‰，在中国钢铁行业非钢铁企业指标排序中排列第一。

➢鲁中矿业有限公司 2012 年污染物综合排放合格率 100.0000%，在中国钢铁行业非钢铁企业指标排序中排列第一。

邯邢冶金矿山管理局

➢邯邢冶金矿山管理局 2003 年万元销售额能耗（标煤）0.8511t，在中国钢铁行业非钢铁企业指标排序中排列第一。

➢邯邢冶金矿山管理局 2004 年利润总额 13610600 万元，在中国钢铁行业非钢铁企业指标排序中排列第一。

➢邯邢冶金矿山管理局 2004 年全部从业人员平均人数 12972 人，在中国钢铁行业非钢铁企业指标排序中排列第一。

➢邯邢冶金矿山管理局 2004 年总资产贡献率 48.3363%，在中国钢铁行业非钢铁企业指标排序中排列第一。

➢邯邢冶金矿山管理局 2004 年资本保值增值率 201.2915%，在中国钢铁行业非钢铁企业指标排序中排列第一。

➢邯邢冶金矿山管理局 2005 年利润总额 65385 万元，在中国钢铁行业非钢铁企业指标排序中排列第一。

➢邯邢冶金矿山管理局 2005 年总资产贡献率 40.0645%，在中国钢铁行业非钢铁企业指标排序中排列第一。

➢邯邢冶金矿山管理局 2005 年成本费用利润率 43.9315%，在中国钢铁行业非钢铁企业指标排序中排列第一。

➢邯邢冶金矿山管理局 2005 年工业经济效益综合指数 3.8042，在中国钢铁行业非钢铁企业指标排序中排列第一。

➢邯邢冶金矿山管理局 2005 年三年利润平均增长率 387.6030%，在中国钢铁行业非钢铁企业指标排序中排列第一。

➢邯邢冶金矿山管理局 2005 年净资产收益率 56.1957%，在中国钢铁行业非钢铁企业指标排序中排列第一。

➢邯邢冶金矿山管理局 2005 年万元工业增加值能耗（标煤）0.4268t，在中国钢铁行业非钢铁企业指标排序中排列第一。

➢邯邢冶金矿山管理局 2005 年销售利润率 29.8434%，在中国钢铁行业非钢铁企业指标排序中排列第一。

➢邯邢冶金矿山管理局 2006 年利润总额 65277 万元，在中国钢铁行业非钢铁企业指标排序中排列第一。

➢邯邢冶金矿山管理局 2006 年总资产贡献率 40.7400%，在中国钢铁行业非钢铁企业指标排序中排列第一。

➢邯邢冶金矿山管理局 2006 年资本保值增值率 141.0930%，在中国钢铁行业非钢铁企业指标排序中排列第一。

➢邯邢冶金矿山管理局 2006 年全员劳动生产率 12.5009%，在中国钢铁行业非钢铁企业指标排序中排列第一。

➢邯邢冶金矿山管理局 2006 年净资产收益率 34.7633%，在中国钢铁行业非钢铁企业指标排序中排列第一。

➢邯邢冶金矿山管理局 2007 年万元工业增加值能耗（标煤）0.29531t，在中国钢铁行业非钢铁企业指标排序中排列第一。

➢邯邢冶金矿山管理局 2007 年总资产贡献率 39.3973%，在中国钢铁行业非钢铁企业指标排序中排列第一。

➢邯邢冶金矿山管理局 2009 年资产负债率 35.3745%，在中国钢铁行业非钢铁企业指标排序中排列第一。

➢邯邢冶金矿山管理局 2009 年全员劳动生产率 19.1400 万元/（人·年），在中国钢铁行业非钢铁企业指标排序中排列第一。

➢邯邢冶金矿山管理局 2009 年速动比 1.1173，在中国钢铁行业非钢铁企业指标排序中排列第一。

➢邯邢冶金矿山管理局 2009 年营业收入 265240 万元，在中国钢铁行业非钢铁企业指标排序中排列第一。

➢邯邢冶金矿山管理局 2009 年全部资产总额 469327 万元，在中国钢铁行业非钢铁企业指标排序中排列第一。

➢邯邢冶金矿山管理局 2010 年资本保值增值率 129.7087%，在中国钢铁行业非钢铁企业指标排序中排列第一。

➢邯邢冶金矿山管理局 2010 年万元产值能耗（标煤）178.6346kg，在中国钢铁行业非钢铁企业指标排序中排列第一。

腾达西北铁合金有限责任公司

➢腾达西北铁合金有限责任公司 2002 年资本保值增值率 187.1559%，在中国钢铁行业非钢铁企业指标排序中排列第一。

➢腾达西北铁合金有限责任公司 2004 年流动资产周转率 4.2848 次，在中国钢铁行业非钢铁企业指标排序中排列第一。

➢腾达西北铁合金有限责任公司 2007 年环保投入额占营业收入比率 1. 9623%，在中国钢铁行业非钢铁企业指标排序中排列第一。

➢腾达西北铁合金有限责任公司 2008 年资本保值增值率 183. 5306%，在中国钢铁行业非钢铁企业指标排序中排列第一。

➢腾达西北铁合金有限责任公司 2008 年资产负债率 30. 7318%，在中国钢铁行业非钢铁企业指标排序中排列第一。

➢腾达西北铁合金有限责任公司 2008 年产品销售率 101. 6330%，在中国钢铁行业非钢铁企业指标排序中排列第一。

➢腾达西北铁合金有限责任公司 2009 年流动资产周转率 2. 0867%，在中国钢铁行业非钢铁企业指标排序中排列第一。

➢腾达西北铁合金有限责任公司 2011 年流动资产周转率 2. 5797 次，在中国钢铁行业非钢铁企业指标排序中排列第一。

➢腾达西北铁合金有限责任公司 2012 年流动资产周转率 1. 8151 次，在中国钢铁行业非钢铁企业指标排序中排列第一。

海城镁矿耐火材料总厂

➢海城镁矿耐火材料总厂 2003 年流动资产周转率 2. 4520 次，在中国钢铁行业指标非钢铁企业排序中排列第一。

➢海城镁矿耐火材料总厂 2003 年成本费用利润率 94. 9367%，在中国钢铁行业指标非钢铁企业排序中排列第一。

➢海城镁矿耐火材料总厂 2003 年工业经济效益综合指数 4. 1295，在中国钢铁行业非钢铁企业指标排序中排列第一。

江苏苏嘉集团有限公司

➢江苏苏嘉集团有限公司 2002 年流动资产周转率 1. 6997 次，在中国钢铁行业非钢铁企业指标排序中排列第一。

➢江苏苏嘉集团有限公司 2002 年全员劳动生产率 9. 3459 万元/（人・年），在中国钢铁行业非钢铁企业指标排序中排列第一。

➢江苏苏嘉集团有限公司 2002 年万元销售额能耗（标煤）0. 1410t，在中国钢铁行业非钢铁企业指标排序中排列第一。

➢江苏苏嘉集团有限公司 2003 年资本保值增值率 127. 8161%，

在中国钢铁行业指标非钢铁企业排序中排列第一。

➢江苏苏嘉集团有限公司2004年万元销售额能耗（标煤）0.2072t，在中国钢铁行业非钢铁企业指标排序中排列第一。

➢江苏苏嘉集团有限公司2007年出口创汇率26.0626%，在中国钢铁行业非钢铁企业指标排序中排列第一。

➢江苏苏嘉集团有限公司2007年万元产值能耗（标煤）98.8638kg，在中国钢铁行业非钢铁企业指标排序中排列第一。

➢江苏苏嘉集团有限公司2007年资产负债率34.1957%，在中国钢铁行业非钢铁企业指标排序中排列第一。

中钢集团公司

➢中钢吉林铁合金集团有限责任公司2004年营业收入247118万元，在中国钢铁行业非钢铁企业指标排序中排列第一。

➢中钢吉林铁合金集团有限责任公司2004年主营业收入247118万元，在中国钢铁行业非钢铁企业指标排序中排列第一。

➢中钢吉林铁合金集团有限责任公司2004年全部资产总额343199万元，在中国钢铁行业非钢铁企业指标排序中排列第一。

➢中钢吉林铁合金集团有限责任公司2005年营业收入255969万元，在中国钢铁行业非钢铁企业指标排序中排列第一。

➢中钢吉林铁合金集团有限责任公司2005年全部资产总额321402万元，在中国钢铁行业非钢铁企业指标排序中排列第一。

➢中钢吉林铁合金集团有限责任公司2006年营业收入250700万元，在中国钢铁行业非钢铁企业指标排序中排列第一。

➢中钢吉林铁合金有限责任公司2007年流动资产周转率3.3716次，在中国钢铁行业非钢铁企业指标排序中排列第一。

➢中钢吉林铁合金有限责任公司2007年资本保值增值率169.0191%，在中国钢铁行业非钢铁企业指标排序中排列第一。

➢中钢集团吉林铁合金股份有限公司2008年流动资产周转率3.3357次，在中国钢铁行业非钢铁企业指标排序中排列第一。

➢中钢集团吉林铁合金股份有限公司2008年营业收入499695万元，在中国钢铁行业非钢铁企业指标排序中排列第一。

➢中钢集团吉林铁合金股份有限公司 2008 年出口创汇率 28.7603%，在中国钢铁行业非钢铁企业指标排序中排列第一。

➢中钢集团吉林铁合金股份有限公司 2008 年三年利润平均增长率 72.7653%，在中国钢铁行业非钢铁企业指标排序中排列第一。

➢中钢集团吉林铁合金有限责任公司 2008 年三年营业收入平均增长率 38.9918%，在中国钢铁行业非钢铁企业指标排序中排列第一。

➢中钢集团洛阳耐火材料集团有限公司 2005 年产品销售率 104.9558%，在中国钢铁行业非钢铁企业指标排序中排列第一。

➢中钢集团耐火材料有限公司 2009 年资本保值增值率 253.5129%，在中国钢铁行业非钢铁企业指标排序中排列第一。

海南钢铁公司

➢海南钢铁公司 2003 年产品销售率 109.8760%，在中国钢铁行业指标非钢铁企业排序中排列第一。

➢海南钢铁公司 2004 年成本费用利润率 58.5281%，在中国钢铁行业非钢铁企业指标排序中排列第一。

➢海南钢铁公司 2004 年产品销售率 108.3962%，在中国钢铁行业非钢铁企业指标排序中排列第一。

➢海南钢铁公司 2004 年工业经济效益综合指数 4.0789，在中国钢铁行业非钢铁企业指标排序中排列第一。

➢海南钢铁公司 2004 年销售利润率 34.0998%，在中国钢铁行业非钢铁企业指标排序中排列第一。

➢海南钢铁公司 2006 年全部资产总额 335206 万元，在中国钢铁行业非钢铁企业指标排序中排列第一。

➢海南钢铁公司 2006 年资产负债率 15.6202%，在中国钢铁行业非钢铁企业指标排序中排列第一。

➢海南钢铁公司 2006 年成本费用利润率 57.2335%，在中国钢铁行业非钢铁企业指标排序中排列第一。

➢海南钢铁公司 2006 年三年利润平均增长率 464.6264%，在中国钢铁行业非钢铁企业指标排序中排列第一。

➢海南钢铁公司2006年三年营业收入平均增长率45.1563%，在中国钢铁行业非钢铁企业指标排序中排列第一。

➢海南钢铁公司2006年三年资本平均增长率82.7778%，在中国钢铁行业非钢铁企业指标排序中排列第一。

➢海南矿业联合有限公司2007年成本费用利润率88.4479%，在中国钢铁行业非钢铁企业指标排序中排列第一。

➢海南矿业联合有限公司2007年全部资产总额367307万元，在中国钢铁行业非钢铁企业指标排序中排列第一。

➢海南矿业联合有限公司2008年总资产贡献率59.8089%，在中国钢铁行业非钢铁企业指标排序中排列第一。

➢海南矿业联合有限公司2008年工业经济效益综合指数9.2623，在中国钢铁行业非钢铁企业指标排序中排列第一。

➢海南矿业联合有限公司2008年净资产收益率149.5987%，在中国钢铁行业非钢铁企业指标排序中排列第一。

➢海南矿业联合有限公司2008年利润总额135274万元，在中国钢铁行业非钢铁企业指标排序中排列第一。

➢海南矿业联合有限公司2008年成本费用利润率141.8463%，在中国钢铁行业非钢铁企业指标排序中排列第一。

➢海南矿业联合有限公司2008年销售利润率54.5253%，在中国钢铁行业非钢铁企业指标排序中排列第一。

➢海南矿业联合有限公司2008年全员劳动生产率37.0602万元/(人·年)，在中国钢铁行业非钢铁企业指标排序中排列第一。

➢海南矿业股份有限公司2009年利润总额53142万元，在中国钢铁行业非钢铁企业指标排序中排列第一。

➢海南矿业股份有限公司2009年总资产贡献率26.2415%，在中国钢铁行业非钢铁企业指标排序中排列第一。

➢海南矿业股份有限公司2009年成本费用利润率60.5469%，在中国钢铁行业非钢铁企业指标排序中排列第一。

➢海南矿业股份有限公司2009年净资产收益率20.4808%，在中国钢铁行业非钢铁企业指标排序中排列第一。

➢海南矿业股份有限公司2009年万元工业增加值能耗（标煤）

218.4231kg，在中国钢铁行业非钢铁企业指标排序中排列第一。

➢海南矿业股份有限公司 2009 年万元产值能耗（标煤）135.2411kg，在中国钢铁行业非钢铁企业指标排序中排列第一。

➢海南矿业股份有限公司 2009 年销售利润率 34.0623%，在中国钢铁行业非钢铁企业指标排序中排列第一。

➢海南矿业股份有限公司 2009 年工业经济效益综合指数 4.5275，在中国钢铁行业非钢铁企业指标排序中排列第一。

➢海南矿业股份有限公司 2010 年总资产贡献率 51.3900%，在中国钢铁行业非钢铁企业指标排序中排列第一。

30、海南矿业股份有限公司 2010 年资产负债率 37.8363%，在中国钢铁行业非钢铁企业指标排序中排列第一。

➢海南矿业股份有限公司 2010 年成本费用利润率 128.3848%，在中国钢铁行业非钢铁企业指标排序中排列第一。

➢海南矿业股份有限公司 2010 年全员劳动生产率 38.8775 万元/(人·年)，在中国钢铁行业非钢铁企业指标排序中排列第一。

➢海南矿业股份有限公司 2010 年三年利润平均增长率 31.4719%，在中国钢铁行业非钢铁企业指标排序中排列第一。

➢海南矿业股份有限公司 2010 年净资产收益率 45.6709%，在中国钢铁行业非钢铁企业指标排序中排列第一。

➢海南矿业股份有限公司 2010 年速动比 2.56，在中国钢铁行业非钢铁企业指标排序中排列第一。

➢海南矿业股份有限公司 2010 年万元工业增加值能耗（标煤）116.6821kg，在中国钢铁行业非钢铁企业指标排序中排列第一。

➢海南矿业股份有限公司 2010 年销售利润率 53.4783%，在中国钢铁行业非钢铁企业指标排序中排列第一。

➢海南矿业股份有限公司 2010 年工业经济效益综合指数 8.7128，在中国钢铁行业非钢铁企业指标排序中排列第一。

➢海南矿业股份有限公司 2011 年总资产贡献率 52.0167%，在中国钢铁行业非钢铁企业指标排序中排列第一。

40、海南矿业股份有限公司 2011 年资产负债率 28.9345%，在中国钢铁行业非钢铁企业指标排序中排列第一。

➢海南矿业股份有限公司 2011 年成本费用利润率 144.2854%，在中国钢铁行业非钢铁企业指标排序中排列第一。

➢海南矿业股份有限公司 2011 年全员劳动生产率 42.7305 万元/(人·年)，在中国钢铁行业非钢铁企业指标排序中排列第一。

➢海南矿业股份有限公司 2011 年净资产收益率 42.0983%，在中国钢铁行业非钢铁企业指标排序中排列第一。

➢海南矿业股份有限公司 2011 年流动比 4.4138%，在中国钢铁行业非钢铁企业指标排序中排列第一。

➢海南矿业股份有限公司 2011 年速动比 4.1005%，在中国钢铁行业非钢铁企业指标排序中排列第一。

➢海南矿业股份有限公司 2011 年销售利润率 57.5372%，在中国钢铁行业非钢铁企业指标排序中排列第一。

➢海南矿业股份有限公司 2012 年利润总额 108629 万元，在中国钢铁行业非钢铁企业指标排序中排列第一。

➢海南矿业股份有限公司 2012 年总资产贡献率 34.5474%，在中国钢铁行业非钢铁企业指标排序中排列第一。

➢海南矿业股份有限公司 2012 年资产负债率 35.9661%，在中国钢铁行业非钢铁企业指标排序中排列第一。

➢海南矿业股份有限公司 2012 年成本费用利润率 95.8215%，在中国钢铁行业非钢铁企业指标排序中排列第一。

➢海南矿业股份有限公司 2012 年全员劳动生产率 32.1031 万元/(人·年)，在中国钢铁行业非钢铁企业指标排序中排列第一。

➢海南矿业股份有限公司 2012 年净资产收益率 24.2344%，在中国钢铁行业非钢铁企业指标排序中排列第一。

➢海南矿业股份有限公司 2012 年销售利润率 44.9744%，在中国钢铁行业非钢铁企业指标排序中排列第一。

➢海南矿业股份有限公司 2012 年速动比 1.9724，在中国钢铁行业非钢铁企业指标排序中排列第一。

➢海南矿业股份有限公司 2012 年流动比 2.9348，在中国钢铁行业非钢铁企业指标排序中排列第一。

浙江漓铁有限集团公司

➢浙江漓铁有限集团公司 2004 年资产负债率 33.3208%，在中国钢铁行业指标非钢铁企业排序中排列第一。

➢浙江漓铁有限集团公司 2004 年全员劳动生产率 15.7800 万元/(人·年)，在中国钢铁行业非钢铁企业指标排序中排列第一。

➢浙江漓铁有限集团公司 2005 年资本保值增值率 170.0582%，在中国钢铁行业非钢铁企业指标排序中排列第一。

➢浙江漓铁有限集团公司 2005 年资产负债率 30.7457%，在中国钢铁行业非钢铁企业指标排序中排列第一。

➢浙江漓铁集团有限公司 2005 年流动资产周转率 3.8907 次，在中国钢铁行业非钢铁企业指标排序中排列第一。

➢浙江漓铁有限集团公司 2005 年全员劳动生产率 18.2431 万元/(人·年)，在中国钢铁行业非钢铁企业指标排序中排列第一。

➢浙江漓铁有限集团公司 2005 年三年营业收入平均增长率 124.1196%，在中国钢铁行业非钢铁企业指标排序中排列第一。

➢浙江漓铁集团有限公司 2006 年流动资产周转率 3.0513 次，在中国钢铁行业非钢铁企业指标排序中排列第一。

锦州铁合金（集团）有限责任公司

➢锦州铁合金（集团）有限责任公司 2004 年环保投入额 360000 万元，在中国钢铁行业非钢铁企业指标排序中排列第一。

➢锦州铁合金（集团）有限责任公司 2004 年环保投入额占营业收入比率 1.9486%，在中国钢铁行业非钢铁企业指标排序中排列第一。

➢锦州铁合金（集团）有限责任公司 2005 年环保投入额占营业收入比率 2.6057%，在中国钢铁行业非钢铁企业指标排序中排列第一。

贵州龙里龙腾铁合金有限责任公司

➢贵州龙里龙腾铁合金有限责任公司 2005 年三年资本平均增长

率 43.6264%，在中国钢铁行业非钢铁企业指标排序中排列第一。

➢贵州龙里龙腾铁合金有限责任公司 2005 年出口创汇率 69.9996%，在中国钢铁行业非钢铁企业指标排序中排列第一。

中国冶金科工集团公司

➢中国冶金科工集团公司 2007 年工业经济效益综合指数 6.3548，在中国钢铁行业非钢铁企业指标排序中排列第一。

➢中国冶金科工集团公司 2007 年净资产收益率 27.1042%，在中国钢铁行业非钢铁企业指标排序中排列第一。

➢中国冶金科工集团公司 2007 年利润总额 645002 万元，在中国钢铁行业非钢铁企业指标排序中排列第一。

➢中国冶金科工集团公司 2007 年三年利润平均增长率 109.3600%，在中国钢铁行业非钢铁企业指标排序中排列第一。

➢中国冶金科工集团公司 2007 年三年资本平均增长率 47.6200%，在中国钢铁行业非钢铁企业指标排序中排列第一。

➢中国冶金科工集团公司 2007 年三年营业收入平均增长率 35.3100%，在中国钢铁行业非钢铁企业指标排序中排列第一。

➢中国冶金科工集团公司 2007 年全部资产总额 15558143 万元，在中国钢铁行业非钢铁企业指标排序中排列第一。

➢中国冶金科工集团公司 2007 年全员劳动生产率 92.4000 万元/(人·年)，在中国钢铁行业非钢铁企业指标排序中排列第一。

➢中国冶金科工集团公司 2007 年营业收入 13321765 万元，在中国钢铁行业非钢铁企业指标排序中排列第一。

山东省耐火材料公司

➢山东省耐火材料公司 2007 年产品销售率 107.1508%，在中国钢铁行业非钢铁企业指标排序中排列第一。

广东省大宝山矿业有限公司

➢广东省大宝山矿业有限公司 2006 年产品销售率 125.5977%，在中国钢铁行业非钢铁企业指标排序中排列第一。

➢广东省大宝山矿业有限公司 2008 年环保投入额占营业收入比率 1. 5979%，在中国钢铁行业非钢铁企业指标排序中排列第一。

方大炭素新材料科技股份有限公司

➢方大炭素新材料科技股份有限公司 2009 年产品销售率 108. 5654%，在中国钢铁行业非钢铁企业指标排序中排列第一。

➢方大炭素新材料科技股份有限公司 2009 年三年利润平均增长率 216. 3659%，在中国钢铁行业非钢铁企业指标排序中排列第一。

➢方大炭素新材料科技股份有限公司 2009 年三年营业收入平均增长率 36. 7551%，在中国钢铁行业非钢铁企业指标排序中排列第一。

➢方大炭素新材料科技股份有限公司 2009 年三年资本平均增长率 66. 2315%，在中国钢铁行业非钢铁企业指标排序中排列第一。

➢方大炭素新材料科技股份有限公司 2009 年流动比 1. 6620，在中国钢铁行业非钢铁企业指标排序中排列第一。

➢方大炭素新材料科技股份有限公司 2011 年销出口创汇率 41. 8550%，在中国钢铁行业非钢铁企业指标排序中排列第一。

➢方大炭素新材料科技股份有限公司 2012 年出口创汇率 52. 7343%，在中国钢铁行业非钢铁企业指标排序中排列第一。

五矿（湖南）铁合金有限责任公司

➢五矿（湖南）铁合金有限责任公司 2010 年流动资产周转率 2. 2260%，在中国钢铁行业非钢铁企业指标排序中排列第一。

➢五矿（湖南）铁合金有限责任公司 2010 年三年营业收入平均增长率 25. 2793%，在中国钢铁行业非钢铁企业指标排序中排列第一。

➢五矿（湖南）铁合金有限责任公司 2010 年三年资本平均增长率 163. 2154%，在中国钢铁行业非钢铁企业指标排序中排列第一。

➢五矿（湖南）铁合金有限责任公司 2010 年环保投入额占营业收入比率 2. 9013%，在中国钢铁行业非钢铁企业指标排序中排列第一。

➢五矿（湖南）铁合金有限责任公司2011年三年营业收入平均增长率94.5943%，在中国钢铁行业非钢铁企业指标排序中排列第一。

➢五矿（湖南）铁合金有限责任公司2011年万元工业值增加值能耗（标煤）-35008.7938kg，在中国钢铁行业非钢铁企业指标排序中排列第一。

➢五矿邯邢矿业有限公司2011年万元产值能耗（标煤）171.6809kg，在中国钢钦行业非钢铁企业指标排序中排列第一。

➢五矿（湖南）铁合金有限责任公司2011年环保投入额占营业收入比率2.2807%，在中国钢铁行业非钢铁企业指标排序中排列第一。

➢五矿（湖南）铁合金有限责任公司2012年产品销售率113.2908%，在中国钢铁行业非钢铁企业指标排序中排列第一。

➢五矿（湖南）铁合金有限责任公司2012年环保投入额占营业收入比率3.5354%，在中国钢铁行业非钢铁企业指标排序中排列第一。

河北钢铁集团矿业有限公司

➢河北钢铁集团矿业有限公司2010年营业收入585260万元，在中国钢铁行业非钢铁企业指标排序中排列第一。

➢河北钢铁集团矿业有限公司2010年利润总额157800万元，在中国钢铁行业非钢铁企业指标排序中排列第一。

➢河北钢铁集团矿业有限公司2010年全部资产总额1644137万元，在中国钢铁行业非钢铁企业指标排序中排列第一。

➢河北钢铁集团矿业有限公司2010年产品销售率108.2698%，在中国钢铁行业非钢铁企业指标排序中排列第一。

➢河北钢铁集团矿业有限公司2011年营业收入815480万元，在中国钢铁行业非钢铁企业指标排序中排列第一。

➢河北钢铁集团矿业有限公司2011年利润总额236780万元，在中国钢铁行业非钢铁企业指标排序中排列第一。

➢河北钢铁集团矿业有限公司2011年全部资产总额2180104万元，在中国钢铁行业非钢铁企业指标排序中排列第一。

➢河北钢铁集团矿业有限公司2011年三年利润平均增长率32.6492%，在中国钢铁行业非钢铁企业指标排序中排列第一。

➢河北钢铁集团矿业有限公司 2011 年三年资本平均增长率 39.5089%，在中国钢铁行业非钢铁企业指标排序中排列第一。

➢河北钢铁集团矿业有限公司 2012 年全部资产总额 2387902 万元，在中国钢铁行业非钢铁企业指标排序中排列第一。

➢河北钢铁集团矿业有限公司 2012 年三年营业收入平均增长率 48.3682%，在中国钢铁行业非钢铁企业指标排序中排列第一。

➢河北钢铁集团矿业有限公司 2012 年万元工业增加值能耗（标煤）79.2188kg，在中国钢铁行业非钢铁企业指标排序中排列第一。

➢河北钢铁集团矿业有限公司 2012 年万元产值能耗（标煤）42.4184kg，在中国钢铁行业非钢铁企业指标排序中排列第一。

➢河北钢铁集团矿业有限公司 2012 年营业收入 747167 万元，在中国钢铁行业非钢铁企业指标排序中排列第一。

分项目部分

产量

钢产量

➢ 2002 年宝钢集团宝山钢铁股份有限公司钢产量 11581931 万吨，在中国钢铁行业 2002 年指标排序中排列第一。

➢ 2003 年宝钢集团宝山钢铁股份有限公司钢产量 11547348t，在中国钢铁行业 2003 年指标排序中排列第一。

➢ 2004 年宝钢集团宝山钢铁股份有限公司钢产量 1186.9700 万吨，在中国钢铁行业 2004 年指标排序中排列第一。

➢ 2005 年鞍本集团公司钢产量 1840.8800 万吨，在中国钢铁行业指标 2005 年排序中排列第一。

➢ 2006 年鞍本集团公司钢产量 2255.7700 万吨，在中国钢铁行业 2006 年指标排序中排列第一。

➢ 2007 年宝钢集团有限公司钢产量 28577936t，在中国钢铁行业在 300 万吨钢以上企业集团、钢铁企业 2007 年指标排序中排列第一。

➢ 2008 年宝钢集团有限公司钢产量 35442996t，在中国钢铁行业在 300 万吨钢以上企业集团、钢铁企业 2008 年指标排序中排列第一。

➢ 2009 年河北钢铁集团有限公司钢产量 40239445t，在中国钢铁行业 300 万吨钢以上企业集团、钢铁企业 2009 年指标排序中排列第一。

➢ 2010 年河北钢铁集团有限公司钢产量 52859965t，在中国钢铁行业 300 万吨钢以上企业集团、钢铁企业 2010 年指标排序中排列第一。

➢ 2011 年河北钢铁集团有限公司钢产量 44363529t，在中国钢铁行业钢铁企业和 300 万吨钢以上企业集团指标排序中排列第一。

➢ 2012 年宝钢集团有限公司钢产量 43832450t，在中国钢铁行业钢铁企业和 300 万吨以上企业集团指标排序中排列第一。

钢材产量

➢ 2004 年宝钢集团宝山钢铁股份有限公司钢材产量 1087.1100 万吨，在中国钢铁行业 2004 年指标排序中排列第一。

➢ 2005 宝钢集团宝山钢铁股份有限公司年钢材产量 1729.05 万吨，在中国钢铁行业 2005 指标排序中排列第一。

➢ 2006 年宝钢集团有限公司钢材产量 2343.3550 万吨，在中国钢铁行业指标 2006 年排序中排列第一。

➢ 2007 年宝钢集团有限公司钢材产量 27801859t，在中国钢铁行业 300 万吨钢以上企业集团、钢铁企业 2007 年指标排序中排列第一。

➢ 2008 年宝钢集团有限公司钢材产量 35066533t，在中国钢铁行业 300 万吨钢以上企业集团、钢铁企业 2008 年指标排序中排列第一。

➢ 2009 年宝钢集团有限公司钢材产量 37156468t，在中国钢铁行业 300 万吨钢以上企业集团、钢铁企业 2009 年指标排序中排列第一。

➢ 2010 年河北钢铁集团有限公司钢材产量 50196487t，在中国钢铁行业 300 万吨钢以上企业集团、钢铁企业 2010 年指标排序中排列第一。

➢ 2011 年河北钢铁集团有限公司钢材产量 43366632t，在中国钢铁行业钢铁企业和 300 万吨钢以上企业集团指标排序中排列第一。

➢ 2012 年宝钢集团有限公司钢材产量 42295065t，在中国钢铁行业钢铁企业和 300 万吨以上企业集团指标排序中排列第一。

生铁产量

➢ 2004 年鞍山钢铁集团公司生铁产量 1156.9700 万吨，在中国钢铁行业 2004 年指标排序中排列第一。

➢ 2005 年鞍本集团公司生铁产量 1904.23 万吨，在中国钢铁行业 2005 年指标排序中排列第一。

➢ 2006 年鞍本集团公司生铁产量 2254.3700 万吨，在中国钢铁行业 2006 年指标排序中排列第一。

➢ 2007 年宝钢集团有限公司生铁产量 24309517t，在中国钢铁行业 300 万吨钢以上企业集团、钢铁企业 2007 年指标排序中排列第一。

➢ 2008 年河北钢铁集团有限公司生铁产量 30366242t，在中国钢铁行业 300 万吨钢以上企业集团 2008 年指标排序中排列第一。

➢ 2009 年河北钢铁集团有限公司生铁产量 38060073t，在中国钢铁行业 300 万吨钢以上企业集团、钢铁企业 2009 年指标排序中排列第一。

➢ 2010 年河北钢铁集团有限公司生铁产量 50052614t，在中国钢铁行业 300 万吨钢以上企业集团、钢铁企业 2010 年指标排序中排列第一。

➢ 2011 年河北钢铁集团有限公司生铁产量 41944068t，在中国钢铁行业钢铁企业和 300 万吨钢以上企业集团 2011 年指标排序中排列第一。

➢ 2012 年宝钢集团有限公司生铁产量 41348685t，在中国钢铁行业钢铁企业和 300 万吨以上企业集团 2012 年指标排序中排列第一。

全部资产总额

钢铁企业

➢ 2002 年鞍山钢铁集团公司全部资产总额 6840023 万元，在中国钢铁行业 2002 年指标排序中排列第一。

➢ 2003 年鞍山钢铁集团公司全部资产总额 6741127 万元，在中国钢铁行业 2003 年指标排序中排列第一。

➢ 2004 年鞍山钢铁集团公司 2004 年全部资产总额 7142473 万元，在中国钢铁行业 2004 年指标排序中排列第一。

➢ 2005 年宝钢集团宝山钢铁股份有限公司全部资产总额 12089723 万元，在中国钢铁行业 2005 年指标排序中排列第一。

➢ 2006 年宝钢集团有限公司全部资产总额 23617782 万元，在中国钢铁行业 2006 年指标排序中排列第一。

➢ 2007 年宝钢集团有限公司全部资产总额 35640366 万元，在中国钢铁行业 300 万吨钢以上企业集团、钢铁企业 2007 年指标排序中排列第一。

➢ 2008 年宝钢集团有限公司全部资产总额 35249723 万元，在中国钢铁行业 300 万吨钢以上企业集团、钢铁企业 2008 年指标排序中排列第一。

➢ 2009 年宝钢集团有限公司全部资产总额 40199615 万元，在中国钢铁行业 300 万吨钢以上企业集团、钢铁企业 2009 年指标排序中排列第一。

➢ 2010 年宝钢集团有限公司全部资产总额 43213018 万元，在中国钢铁行业 300 万吨钢以上企业集团、钢铁企业 2010 年指标排序中排列第一。

➢ 2011 年宝钢集团有限公司全部资产总额 47381978 万元，在中国钢铁行业钢铁企业和 300 万吨钢以上企业集团 2011 年指标排序中排列第一。

➢ 2012 年宝钢集团有限公司全部资产总额 49843762 万元，在中国钢铁行业钢铁企业和 300 万吨以上企业集团 2012 年指标排序中排列第一。

非钢铁企业

➢ 2004 年吉林铁合金集团有限责任公司 2004 年全部资产总额 343199 万元，在中国钢铁行业非钢铁企业 2004 年指标排序中排列第一。

➢ 2005 年吉林铁合金集团有限责任公司全部资产总额 321402 万元，在中国钢铁行业非钢铁企业 2005 年指标排序中排列第一。

➢ 2006 年海南钢铁公司 2006 年全部资产总额 335206 万元，在中国钢铁行业非钢铁企业 2006 年指标排序中排列第一。

➢ 2007 年中国冶金科工集团公司全部资产总额 15558143 万元，在中国钢铁行业非钢铁企业 2007 年指标排序中排列第一。

➢ 2008 年海南矿业联合有限公司全部资产总额 367307 万元，在中国钢铁行业非钢铁企业 2008 年指标排序中排列第一。

➢ 2009 年邯邢冶金矿山管理局全部资产总额 469327 万元，在中国钢铁行业非钢铁企业 2009 年指标排序中排列第一。

➢ 2010 年河北钢铁集团矿业有限公司全部资产总额 1644137 万元，在中国钢铁行业非钢铁企业 2010 年指标排序中排列第一。

➢ 2011 年河北钢铁集团矿业有限公司全部资产总额 2180104 万元，在中国钢铁行业非钢铁企业 2011 年指标排序中排列第一。

➢ 2012 年河北钢铁集团矿业有限公司全部资产总额 2387902 万元，在中国钢铁行业非钢铁企业 2012 年指标排序中排列第一。

资本保值增值率

钢铁企业

➢ 2002 年唐山建龙实业有限公司资本保值增值率 264. 6670%，在中国钢铁行业 2002 年指标排序中排列第一。

➢ 2003 年五矿营口中板有限责任公司资本保值增值率 424. 1245%，在中国钢铁行业 2003 年指标排序中排列第一。

➢ 2004 年西林钢铁集团资本保值增值率 297. 8578%，在中国钢铁行业 2004 年指标排序中排列第一。

➢ 2005 年潍坊钢铁集团公司资本保值增值率 362. 8437%，在中国钢铁行业 2005 年指标排序中排列第一。

➢ 2006 年四川省川威集团有限公司资本保值增值率 216. 8594%，在中国钢铁行业 2006 年指标排序中排列第一。

➢ 2007 年莱芜钢铁集团有限公司资本保值增值率 164. 8618%，在中国钢铁行业 300 万吨钢以上钢铁企业、集团 2007 年指标排序中排列第一。

➢ 2007 年宝钢集团新疆八钢公司资本保值增值率 183. 1264%，在中国钢铁行业 300 万吨钢以上企业 2007 年指标排序中排列第一。

➢ 2007 年冷水江钢铁总厂资本保值增值率 326.4060%，在中国钢铁行业钢铁企业 2007 年指标排序中排列第一。

➢ 2008 年河北纵横钢铁集团有限公司资本保值增值率 176.8396%，在中国钢铁行业 300 万吨钢以上企业集团 2008 年指标排序中排列第一。

➢ 2008 年山西中阳钢铁有限公司资本保值增值率 228.9412%，在中国钢铁行业钢铁企业 2008 年指标排序中排列第一。

➢ 2009 年江西萍钢实业股份有限公司资本保值增值率 208.9120%，在中国钢铁行业 300 万吨钢以上企业集团、300 万吨钢以上企业 2009 年指标排序中排列第一。

➢ 2009 年广州钢铁企业集团有限公司资本保值增值率 243.2915%，在中国钢铁行业钢铁企业 2009 年指标排序中排列第一。

➢ 2010 年重庆钢铁（集团）有限责任公司资本保值增值率 128.8434%，在中国钢铁行业 300 万吨钢以上企业集团、300 万吨钢以上企业 2010 年指标排序中排列第一。

➢ 2010 年介休市新泰钢铁有限公司资本保值增值率 171.9256%，在中国钢铁行业钢铁企业 2010 年指标排序中排列第一。

➢ 2011 年河北津西钢铁集团资本保值增值率 142.3002%，在中国钢铁行业 300 万吨钢以上企业和 300 万吨钢以上企业集团 2011 年指标排序中排列第一。

➢ 2011 年东北特殊钢集团有限责任公司资本保值增值率 212.3572%，在中国钢铁行业钢铁企业 2011 年指标排序中排列第一。

➢ 2012 年河北前进钢铁集团有限公司资本保值增值率 167.1173%，在中国钢铁行业 300 万吨钢以上企业和 300 万吨以上企业集团 2012 年指标排序中排列第一。

➢ 2012 年攀钢集团江油长城特殊钢有限公司资本保值增值率 653.1789%，在中国钢铁行业钢铁企业 2012 年指标排序中排列第一。

非钢铁企业

➢ 2002 年腾达西北铁合金有限责任公司资本保值增值率 187.1559%，在中国钢铁行业非钢铁企业 2002 年指标排序中排列第一。

➢ 2003 年江苏苏嘉集团有限公司资本保值增值率 127.8161%，在中国钢铁行业指标非钢铁企业 2003 年排序中排列第一。

➢ 2004 年邯邢冶金矿山管理局资本保值增值率 201.2915%，在中国钢铁行业非钢铁企业 2004 年指标排序中排列第一。

➢ 2005 年浙江漓铁有限集团公司资本保值增值率 170.0582%，在中国钢铁行业非钢铁企业 2005 年指标排序中排列第一。

➢ 2006 年邯邢冶金矿山管理局资本保值增值率 141.0930%，在中国钢铁行业非钢铁企业 2006 年指标排序中排列第一。

➢ 2007 年吉林铁合金有限责任公司资本保值增值率 169.0191%，在中国钢铁行业非钢铁企业 2007 年指标排序中排列第一。

➢ 2008 年腾达西北铁合金有限责任公司资本保值增值率 183.5306%，在中国钢铁行业非钢铁企业 2008 年指标排序中排列第一。

➢ 2009 年中钢集团耐火材料有限公司资本保值增值率 253.5129%，在中国钢铁行业非钢铁企业 2009 年指标排序中排列第一。

➢ 2010 年邯邢冶金矿山管理局资本保值增值率 129.7087%，在中国钢铁行业非钢铁企业 2010 年指标排序中排列第一。

➢ 2011 年鲁中矿业有限公司资本保值增值率 156.0550%，在中国钢铁行业非钢铁企业 2011 年指标排序中排列第一。

➢ 2012 年鲁中矿业有限公司资本保值增值率 110.4789%，在中国钢铁行业非钢铁企业 2012 年指标排序中排列第一。

资产负债率

钢铁企业

➢ 2002 年马鞍山钢铁股份有限公司资产负债率 30.7826%，在中国钢铁行业 2002 年指标排序中排列第一。

➢ 2003 年武钢集团鄂城钢铁有限责任公司资产负债率

33.5874%，在中国钢铁行业 2003 年指标排序中排列第一。

➢ 2004 年中山中粤马口铁工业有限公司资产负债率 27.4003%，在中国钢铁行业 2004 年指标排序中排列第一。

➢ 2005 年河北前进钢铁集团公司资产负债率 27.0040%，在中国钢铁行业 2005 年指标排序中排列第一。

➢ 2006 年中山中粤马口铁工业有限公司资产负债率 23.7203%，在中国钢铁行业 2006 年指标排序中排列第一。

➢ 2007 年宝钢集团有限公司资产负债率 36.3196%，在中国钢铁行业 300 万吨钢以上企业集团、300 万吨钢以上企业 2007 年指标排序中排列第一。

➢ 2007 年凌源钢铁集团有限责任公司资产负债率 33.2296%，在中国钢铁行业钢铁企业 2007 年指标排序中排列第一。

➢ 2008 年宝钢集团有限公司资产负债率 37.7485%，在中国钢铁行业 300 万吨钢以上企业集团、300 万吨钢以上企业、钢铁企业 2008 年指标排序中排列第一。

➢ 2009 年宝钢集团有限公司资产负债率 39.5590%，在中国钢铁行业 300 万吨钢以上企业集团、300 万吨钢以上企业 2009 年指标排序中排列第一。

➢ 2009 年中山中粤马口铁工业有限公司资产负债率 30.1955%，在中国钢铁行业钢铁企业 2009 年指标排序中排列第一。

➢ 2010 年宝钢集团有限公司资产负债率 39.7925%，在中国钢铁行业 300 万吨钢以上企业集团、300 万吨钢以上企业 2010 年指标排序中排列第一。

➢ 2010 年中山中粤马口铁工业有限公司资产负债率 26.4426%，在中国钢铁行业钢铁企业 2010 年指标排序中排列第一。

➢ 2011 年宝钢集团有限公司资产负债率 42.7971%，在中国钢铁行业钢铁企业、300 万吨钢以上企业和 300 万吨钢以上企业集团 2011 年指标排序中排列第一。

➢ 2012 年宝钢集团有限公司资产负债率 44.4001%，在中国钢铁行业 300 万吨以上企业集团 2012 年指标排序中排列第一。

➢ 2012 年宝山钢铁股份有限公司资产负债率 37.2902%，在中国钢铁行业钢铁企业和300万吨钢以上企业2012年指标排序中排列第一。

非钢铁企业

➢ 2002年鲁中冶金矿山集团公司资产负债率30.4501%，在中国钢铁行业非钢铁企业2002年指标排序中排列第一。

➢ 2003年鲁中冶金矿山集团公司资产负债率36.1984%，在中国钢铁行业非钢铁企业2003年指标排序中排列第一。

➢ 2004年浙江漓铁有限集团公司资产负债率33.3208%，在中国钢铁行业非钢铁企业2004年指标排序中排列第一。

➢ 2005年浙江漓铁有限集团公司资产负债率30.7457%，在中国钢铁行业非钢铁企业2005年指标排序中排列第一。

➢ 2006年海南钢铁公司资产负债率15.6202%，在中国钢铁行业非钢铁企业2006年指标排序中排列第一。

➢ 2007年江苏苏嘉集团有限公司资产负债率34.1957%，在中国钢铁行业非钢铁企业2007年指标排序中排列第一。

➢ 2008年腾达西北铁合金有限责任公司资产负债率30.7318%，在中国钢铁行业非钢铁企业2008年指标排序中排列第一。

➢ 2009年邯邢冶金矿山管理局资产负债率35.3745%，在中国钢铁行业非钢铁企业2009年指标排序中排列第一。

➢ 2010年海南矿业股份有限公司资产负债率37.8363%，在中国钢铁行业非钢铁企业2010年指标排序中排列第一。

➢ 2011年海南矿业股份有限公司资产负债率28.9345%，在中国钢铁行业非钢铁企业2011年指标排序中排列第一。

➢ 2012年海南矿业股份有限公司资产负债率35.9661%，在中国钢铁行业非钢铁企业2012年指标排序中排列第一。

总资产贡献率

钢铁企业

➢ 2002年河北津西钢铁股份有限公司总资产贡献率57.5795%，在中国钢铁行业2002年指标排序中排列第一。

➢ 2003 年河北津西钢铁股份有限公司总资产贡献率 44.2818%，在中国钢铁行业 2003 年指标排序中排列第一。

➢ 2004 年河北普阳钢铁有限公司总资产贡献率 64.9609%，在中国钢铁行业 2004 年指标排序中排列第一。

➢ 2005 年德龙钢铁有限公司总资产贡献率 40.0645%，在中国钢铁行业 2005 年指标排序中排列第一。

➢ 2006 年天津荣程联合钢铁集团有限责任公司总资产贡献率 50.1991%，在中国钢铁行业 2006 年指标排序中排列第一。

➢ 2007 年天津荣程联合钢铁集团有限责任公司总资产贡献率 49.4010%，在中国钢铁行业 300 万吨钢以上钢铁企业集团、300 万吨钢以上企业 2007 年指标排序中排列第一。

➢ 2007 年河北普阳钢铁有限公司总资产贡献率 57.4985%，在中国钢铁行业钢铁企业 2007 年指标排序中排列第一。

➢ 2008 年河北文丰钢铁有限公司总资产贡献率 26.1639%，在中国钢铁行业 300 万吨钢以上企业集团 2008 年指标排序中排列第一。

➢ 2008 年唐山长城钢铁集团燕山钢铁有限公司总资产贡献率 34.9164%，在中国钢铁行业钢铁企业 2008 年指标排序中排列第一。

➢ 2009 年重庆钢铁（集团）有限责任公司总资产贡献率 24.6149%，在中国钢铁行业 300 万吨钢以上企业集团 2009 年指标排序中排列第一。

➢ 2009 年抚顺新钢铁有限责任公司总资产贡献率 27.2309%，在中国钢铁行业 300 万吨钢以上企业 2009 年指标排序中排列第一。

➢ 2009 年江苏法尔胜泓昇集团有限公司总资产贡献率 28.1552%，在中国钢铁行业钢铁企业 2009 年指标排序中排列第一。

➢ 2010 年河北普阳钢铁有限公司总资产贡献率 19.9328%，在中国钢铁行业 300 万吨钢以上企业集团、300 万吨钢以上企业 2010 年指标排序中排列第一。

➢ 2010 年江苏法尔胜泓昇集团有限公司总资产贡献率 36.6835%，在中国钢铁行业钢铁企业 2010 年指标排序中排列第一。

➢ 2011 年抚顺新钢铁有限责任公司总资产贡献率 28.9635%，

在中国钢铁行业300万吨钢以上企业和300万吨钢以上企业集团2011年指标排序中排列第一。

➢ 2011年江苏法尔胜泓昇集团有限公司总资产贡献率32.4741%，在中国钢铁行业钢铁企业2011年指标排序中排列第一。

➢ 河北唐山东华钢铁企业集团有限公司2012年总资产贡献率38.3245%，在中国钢铁行业钢铁企业指标排序中排列第一。

➢ 2012年抚顺新钢铁有限责任公司总资产贡献率17.4254%，在中国钢铁行业300万吨钢以上企业和300万吨以上企业集团2012年指标排序中排列第一。

非钢铁企业

➢ 2002年营口青花耐火材料股份有限公司总资产贡献率16.8047%，在中国钢铁行业非钢铁企业2002年指标排序中排列第一。

➢ 2003年营口青花耐火材料股份有限公司总资产贡献率18.9775%，在中国钢铁行业非钢铁企业2003年指标排序中排列第一。

➢ 2004年邯邢冶金矿山管理局总资产贡献率48.3363%，在中国钢铁行业非钢铁企业2004年指标排序中排列第一。

➢ 2005年邯邢冶金矿山管理局总资产贡献率40.0645%，在中国钢铁行业非钢铁企业2005年指标排序中排列第一。

➢ 2006年邯邢冶金矿山管理局总资产贡献率40.7400%，在中国钢铁行业非钢铁企业2006年指标排序中排列第一。

➢ 2007年邯邢冶金矿山管理局总资产贡献率39.3973%，在中国钢铁行业非钢铁企业2007年指标排序中排列第一。

➢ 2008年海南矿业联合有限公司总资产贡献率59.8089%，在中国钢铁行业非钢铁企业2008年指标排序中排列第一。

➢ 2009年海南矿业股份有限公司总资产贡献率26.2415%，在中国钢铁行业非钢铁企业2009年指标排序中排列第一。

➢ 2010年海南矿业股份有限公司总资产贡献率51.3900%，在中国钢铁行业非钢铁企业2010年指标排序中排列第一。

➢ 2011 年海南矿业股份有限公司总资产贡献率 52.0167%，在中国钢铁行业非钢铁企业 2011 年指标排序中排列第一。

➢ 2012 年海南矿业股份有限公司总资产贡献率 34.5474%，在中国钢铁行业非钢铁企业 2012 年指标排序中排列第一。

工业经济效益综合指数

钢铁企业

➢ 2002 年宝钢集团宝山钢铁股份有限公司工业经济效益综合指数 7.4233，在中国钢铁行业 2002 年指标排序中排列第一。

➢ 2003 年宝钢集团宝山钢铁股份有限公司工业经济效益综合指数 11.5153，在中国钢铁行业 2003 年指标排序中排列第一。

➢ 2004 年宝钢集团宝山钢铁股份有限公司工业经济效益综合指数 13.6302，在中国钢铁行业 2004 年指标排序中排列第一。

➢ 2005 年宝钢集团宝山钢铁股份有限公司工业经济效益综合指数 10.5647，在中国钢铁行业 2005 年指标排序中排列第一。

➢ 2006 年宝钢集团宝山钢铁股份有限公司工业经济效益综合指数 9.0215，在中国钢铁行业 300 万吨钢以上企业 2006 年指标排序中排列第一。

➢ 2006 年宝钢集团宝山钢铁股份有限公司工业经济效益综合指数 9.0215，在中国钢铁行业钢铁企业 2006 年指标排序中排列第一。

➢ 2007 年宝钢集团宝山钢铁股份有限公司工业经济效益综合指数 10.1614，在中国钢铁行业 300 万吨钢以上企业、钢铁企业 2007 年指标排序中排列第一。

➢ 2008 年宝钢集团宝山钢铁股份有限公司工业经济效益综合指数 8.5715，在中国钢铁行业 300 万吨钢以上企业集团、300 万吨钢以上企业、钢铁企业 2007 年指标排序中排列第一。

➢ 2009 年河北文丰钢铁有限公司工业经济效益综合指数 4.3078，在中国钢铁行业 300 万吨钢以上企业集团 2009 年指标排序中排列第一。

➢ 2009 年宝山钢铁股份有限公司工业经济效益综合指数

6.5295，在中国钢铁行业300万吨钢以上企业、钢铁企业2009年指标排序中排列第一。

➢ 2010年河北敬业集团工业经济效益综合指数6.1546，在中国钢铁行业300万吨钢以上企业集团2010年指标排序中排列第一。

➢ 2010年宝山钢铁股份有限公司工业经济效益综合指数8.3401，在中国钢铁行业300万吨钢以上企业2010年指标排序中排列第一。

➢ 2010年江阴市长达钢铁有限公司工业经济效益综合指数11.8083，在中国钢铁行业在钢铁企业2010年指标排序中排列第一。

非钢铁企业

➢ 2002年营口青花耐火材料股份有限公司工业经济效益综合指数2.1457，在中国钢铁行业非钢铁企业2002年指标排序中排列第一。

➢ 2003年海城镁矿耐火材料总厂工业经济效益综合指数4.1295，在中国钢铁行业非钢铁企业2003年指标排序中排列第一。

➢ 2004年海南钢铁公司工业经济效益综合指数4.0789，在中国钢铁行业非钢铁企业2004年指标排序中排列第一。

➢ 2005年邯邢冶金矿山管理局工业经济效益综合指数3.8042，在中国钢铁行业非钢铁企业2005年指标排序中排列第一。

➢ 2006年邯邢冶金矿山管理局工业经济效益综合指数3.9331，在中国钢铁行业非钢铁企业2006年指标排序中排列第一。

➢ 2007年中国冶金科工集团公司工业经济效益综合指数6.3548，在中国钢铁行业非钢铁企业2007年指标排序中排列第一。

➢ 2008年海南矿业联合有限公司工业经济效益综合指数9.2623，在中国钢铁行业非钢铁企业2008年指标排序中排列第一。

➢ 2009年海南矿业股份有限公司工业经济效益综合指数4.5275，在中国钢铁行业非钢铁企业2009年指标排序中排列第一。

➢ 2010年海南矿业股份有限公司工业经济效益综合指数8.7128，在中国钢铁行业非钢铁企业2010年指标排序中排列第一。

流动资产周转率

钢铁企业

➢ 2002年宝钢集团上海第一钢铁有限公司流动资产周转率4.2142次，在中国钢铁行业2002年指标排序中排列第一。

➢ 2003年宝钢集团上海第一钢铁有限公司流动资产周转率4.6704次，在中国钢铁行业2003年指标排序中排列第一。

➢ 2004年河北普阳钢铁有限公司流动资产周转率6.6388次，在中国钢铁行业2004年指标排序中排列第一。

➢ 2005年河南安阳永兴钢铁有限责任公司流动资产周转率6.8281次，在中国钢铁行业2005年指标排序中排列第一。

➢ 2006年山东石横特钢集团有限公司流动资产周转率8.277次，在中国钢铁行业2006年指标排序中排列第一。

➢ 2007年南昌长力钢铁股份有限公司流动资产周转率6.2264次，在中国钢铁行业300万吨钢以上企业集团、300万吨钢以上企业2007年指标排序中排列第一。

➢ 2007年河北敬业企业集团流动资产周转率7.0362次，在中国钢铁行业钢铁企业2007年指标排序中排列第一。

➢ 2008年河北敬业企业集团流动资产周转率12.1090次，在中国钢铁行业300万吨钢以上企业集团、300万吨钢以上企业、钢铁企业2008年指标排序中排列第一。

➢ 2011年河北敬业集团流动资产周转率12.1633次，在中国钢铁行业300万吨钢以上企业和300万吨钢以上企业集团2011年指标排序中排列第一。

➢ 2011年江苏申特钢铁有限公司流动资产周转率13.9732次，在中国钢铁行业钢铁企业2011年指标排序中排列第一。

➢ 2012年河北新武安钢铁集团有限公司流动资产周转率9.0557次，在中国钢铁行业300万吨以上企业集团2012年指标排序中排列第一。

➢ 2012年河北敬业集团流动资产周转率11.4739次，在中国钢铁行业300万吨钢以上企业2012年指标排序中排列第一。

➢ 2012 年临沂江鑫钢铁有限公司流动资产周转率 16.1218 次，在中国钢铁行业钢铁企业 2012 年指标排序中排列第一。

非钢铁企业

➢ 2002 年江苏苏嘉股份有限公司流动资产周转率 1.6997 次，在中国钢铁行业非钢铁企业 2002 年指标排序中排列第一。

➢ 2003 年海城镁矿耐火材料总厂流动资产周转率 2.4520 次，在中国钢铁行业指标非钢铁企业 2003 年排序中排列第一。

➢ 2004 年腾达西北铁合金有限责任公司流动资产周转率 4.2848 次，在中国钢铁行业非钢铁企业 2004 年指标排序中排列第一。

➢ 2005 年浙江漓铁集团有限公司流动资产周转率 3.8907 次，在中国钢铁行业非钢铁企业 2005 年指标排序中排列第一。

➢ 2006 年浙江漓铁集团有限公司流动资产周转率 3.0513 次，在中国钢铁行业非钢铁企业 2006 年指标排序中排列第一。

➢ 2007 年吉林铁合金有限责任公司流动资产周转率 3.3716 次，在中国钢铁行业非钢铁企业 2007 年指标排序中排列第一。

➢ 2008 年中钢集团吉林铁合金股份有限公司流动资产周转率 3.3357 次，在中国钢铁行业非钢铁企业 2008 年指标排序中排列第一。

➢ 2011 年腾达西北铁合金有限责任公司流动资产周转率 2.5797 次，在中国钢铁行业非钢铁企业 2011 年指标排序中排列第一。

➢ 2012 年腾达西北铁合金有限责任公司流动资产周转率 1.8151 次，在中国钢铁行业非钢铁企业 2012 年指标排序中排列第一。

净资产收益率

钢铁企业

➢ 2005 年德龙钢铁有限公司净资产收益率 92.2892%，在中国钢铁行业 2005 年指标排序中排列第一。

➢ 2006 年江苏常宝钢管有限公司净资产收益率 62.6279%，在中国钢铁行业 2006 年指标排序中排列第一。

➢ 2007 年南京钢铁集团有限公司净资产收益率 46.7854%，在中国钢铁行业 300 万吨钢以上企业集团、300 万吨钢以上企业 2007 年指标排序中排列第一。

➢ 2007 年江苏锡兴集团有限公司净资产收益率 60.7285%，在中国钢铁行业钢铁企业 2007 年指标排序中排列第一。

➢ 2008 年河北文丰钢铁有限公司净资产收益率 29.6681%，在中国钢铁行业 300 万吨钢以上企业集团、300 万吨钢以上企业 2008 年指标排序中排列第一。

➢ 2008 年江阴兴澄特种钢铁有限公司净资产收益率 33.6048%，在中国钢铁行业钢铁企业 2008 年指标排序中排列第一。

➢ 2009 年唐山长城钢铁集团燕山钢铁有限公司净资产收益率 27.1024%，在中国钢铁行业 300 万吨钢以上企业集团 2009 年指标排序中排列第一。

➢ 2009 年抚顺新钢铁有限责任公司净资产收益率 34.2484%，在中国钢铁行业 300 万吨钢以上企业 2009 年指标排序中排列第一。

➢ 2009 年陕西略阳钢铁有限责任公司净资产收益率 43.8021%，在中国钢铁行业钢铁企业 2009 年指标排序中排列第一。

➢ 2010 年新兴铸管股份有限公司净资产收益率 23.9696%，在中国钢铁行业 300 万吨钢以上企业集团 2010 年指标排序中排列第一。

➢ 2010 年河北新金钢铁有限公司净资产收益率 24.4941%，在中国钢铁行业 300 万吨钢以上企业 2010 年指标排序中排列第一。

➢ 2010 年江苏申特钢铁有限公司净资产收益率 34.4860%，在中国钢铁行业钢铁企业 2010 年指标排序中排列第一。

➢ 2011 年新兴铸管股份有限责任公司净资产收益率 32.0791%，在中国钢铁行业 300 万吨钢以上企业和 300 万吨钢以上企业集团 2011 年指标排序中排列第一。

➢ 2011 年西城钢铁有限公司净资产收益率 38.8907%，在中国钢铁行业钢铁企业 2011 年指标排序中排列第一。

➢ 2012 年河北前进钢铁集团有限公司净资产收益率 15.3909%，在中国钢铁行业 300 万吨以上企业集团 2012 年指标排序中排列第一。

➢首钢长治钢铁有限公司2012年净资产收益率756.5314%，在中国钢铁行业钢铁企业和300万吨钢以上企业指标排序中排列第一。

非钢铁企业

➢2005年邯邢冶金矿山管理局净资产收益率56.1957%，在中国钢铁行业非钢铁企业2005年指标排序中排列第一。

➢2006年邯邢冶金矿山管理局净资产收益率34.7633%，在中国钢铁行业非钢铁企业2006年指标排序中排列第一。

➢2007年中国冶金科工集团公司净资产收益率27.1042%，在中国钢铁行业非钢铁企业2007年指标排序中排列第一。

➢2008年海南矿业联合有限公司净资产收益率149.5987%，在中国钢铁行业非钢铁企业2008年指标排序中排列第一。

➢2009年海南矿业股份有限公司净资产收益率20.4808%，在中国钢铁行业非钢铁企业2009年指标排序中排列第一。

➢2010年海南矿业股份有限公司净资产收益率45.6709%，在中国钢铁行业非钢铁企业2010年指标排序中排列第一。

➢2011年海南矿业股份有限公司净资产收益率42.0983%，在中国钢铁行业非钢铁企业2011年指标排序中排列第一。

➢2012年海南矿业股份有限公司净资产收益率24.2344%，在中国钢铁行业非钢铁企业2012年指标排序中排列第一。

利润总额

钢铁企业

➢2002年宝钢集团宝山钢铁股份有限公司利润总额594175万元，在中国钢铁行业2002年指标排序中排列第一。

➢2003年宝钢集团宝山钢铁股份有限公司利润总额995200万元，在中国钢铁行业2003年指标排序中排列第一。

➢2004年宝钢集团宝山钢铁股份有限公司利润总额1361060万元，在中国钢铁行业2004年指标排序中排列第一。

➢2005年宝钢集团宝山钢铁股份有限公司利润总额1826215万

元，在中国钢铁行业2005年指标排序中排列第一。

➢ 2006年宝钢集团有限公司利润总额2257662万元，在中国钢铁行业2006年指标排序中排列第一。

➢ 2007年宝钢集团有限公司利润总额3564686万元，在中国钢铁行业300万吨钢以上企业集团、钢铁企业2007年指标排序中排列第一。

➢ 2008年宝钢集团有限公司利润总额2381287万元，在中国钢铁行业300万吨钢以上企业集团、钢铁企业2008年指标排序中排列第一。

➢ 2009年宝钢集团有限公司利润总额1491334万元，在中国钢铁行业300万吨钢以上企业集团、钢铁企业2009年指标排序中排列第一。

➢ 2010年宝钢集团有限公司利润总额2423021万元，在中国钢铁行业300万吨钢以上企业集团、钢铁企业2010年指标排序中排列第一。

➢ 2011年宝钢集团有限公司利润总额1815104万元，在中国钢铁行业钢铁企业和300万吨钢以上企业集团2011年指标排序中排列第一。

➢ 2012年宝钢集团有限公司利润总额1041542万元，在中国钢铁行业300万吨以上企业集团2012年指标排序中排列第一。

➢ 2012年宝山钢铁股份有限公司利润总额1293387万元，在中国钢铁行业钢铁企业2012年指标排序中排列第一。

非钢铁企业

➢ 2004年邯邢冶金矿山管理局利润总额13610600万元，在中国钢铁行业非钢铁企业2004年指标排序中排列第一。

➢ 2005年邯邢冶金矿山管理局利润总额65385万元，在中国钢铁行业非钢铁企业2005年指标排序中排列第一。

➢ 2006年邯邢冶金矿山管理局利润总额65277万元，在中国钢铁行业非钢铁企业2006年指标排序中排列第一。

➢ 2007年中国冶金科工集团公司利润总额645002万元，在中国钢铁行业非钢铁企业2007年指标排序中排列第一。

➢ 2008 年海南矿业联合有限公司利润总额 135274 万元，在中国钢铁行业非钢铁企业 2007 年指标排序中排列第一。

➢ 2009 年海南矿业股份有限公司利润总额 53142 万元，在中国钢铁行业非钢铁企业 2009 年指标排序中排列第一。

➢ 2010 年河北钢铁集团矿业有限公司利润总额 157800 万元，在中国钢铁行业非钢铁企业 2010 年指标排序中排列第一。

➢ 2011 年河北钢铁集团矿业有限公司利润总额 236780 万元，在中国钢铁行业非钢铁企业 2011 年指标排序中排列第一。

➢ 2012 年海南矿业股份有限公司利润总额 108629 万元，在中国钢铁行业非钢铁企业 2012 年指标排序中排列第一。

成本费用利润率

钢铁企业

➢ 2002 年河北津西钢铁股份有限公司成本费用利润率 24.2053%，在中国钢铁行业 2002 年指标排序中排列第一。

➢ 2003 年宝钢集团宝山钢铁股份有限公司成本费用利润率 29.4501%，在中国钢铁行业 2003 年指标排序中排列第一。

➢ 2004 年宝钢集团宝山钢铁股份有限公司成本费用利润率 31.0663%，在中国钢铁行业 2004 年指标排序中排列第一。

➢ 2005 年宝钢集团宝山钢铁股份有限公司成本费用利润率 22.4826%，在中国钢铁行业 2005 年指标排序中排列第一。

➢ 2006 年天津荣程联合钢铁集团有限责任公司成本费用利润率 23.7154%，在中国钢铁行业 2006 年指标排序中排列第一。

➢ 2007 年天津荣程联合钢铁集团有限责任公司成本费用利润率 27.1300%，在中国钢铁行业 300 万吨钢以上企业集团、300 万吨钢以上企业、钢铁企业 2007 年指标排序中排列第一。

➢ 2008 年河北纵横钢铁集团有限公司成本费用利润率 12.5566%，在中国钢铁行业 300 万吨钢以上企业集团、300 万吨钢以上企业、钢铁企业 200 年指标排序中排列第一。

➢ 2009 年唐山国丰钢铁有限公司成本费用利润率 9.7838%，在中国钢铁行业300万吨钢以上企业集团、300万吨钢以上企业2009年指标排序中排列第一。

➢ 2009年河北钢铁集团舞钢公司成本费用利润率15.5449%，在中国钢铁行业钢铁企业2009年指标排序中排列第一。

➢ 2010年宝钢集团有限公司成本费用利润率9.5852%，在中国钢铁行业300万吨钢以上企业集团2010年指标排序中排列第一。

➢ 2010年宝山钢铁股份有限公司成本费用利润率9.7372%，在中国钢铁行业300万吨钢以上企业2010年指标排序中排列第一。

➢ 2010年山西中阳钢铁有限公司成本费用利润率15.0329%，在中国钢铁行业钢铁企业2010年指标排序中排列第一。

➢ 2011年包头钢铁（集团）有限责任公司成本费用利润率16.7286%，在中国钢铁行业钢铁企业、300万吨钢以上企业和300万吨钢以上企业集团2011年指标排序中排列第一。

➢ 2012年宝山钢铁股份有限公司成本费用利润率10.2973%，在中国钢铁行业钢铁企业和300万吨钢以上企业2012年指标排序中排列第一。

➢ 2012年河北新武安钢铁集团有限公司成本费用利润率6.7481%，在中国钢铁行业300万吨以上企业集团2012年指标排序中排列第一。

非钢铁企业

➢ 2002年营口青花耐火材料股份有限公司成本费用利润率22.7966%，在中国钢铁行业非钢铁企业2002年指标排序中排列第一。

➢ 2003年海城镁矿耐火材料总厂成本费用利润率94.9367%，在中国钢铁行业指标非钢铁企业2003年排序中排列第一。

➢ 2004年海南钢铁公司成本费用利润率58.5281%，在中国钢铁行业非钢铁企业2004年指标排序中排列第一。

➢ 2005年邯邢冶金矿山管理局成本费用利润率43.9315%，在中国钢铁行业非钢铁企业2005年指标排序中排列第一。

➢ 2006年海南钢铁公司成本费用利润率57.2335%，在中国钢铁行业非钢铁企业 2006 年指标排序中排列第一。

➢ 2007 年海南矿业联合有限公司成本费用利润率 88.4479%，在中国钢铁行业非钢铁企业 2007 年指标排序中排列第一。

➢ 2008 年海南矿业联合有限公司成本费用利润率 141.8463%，在中国钢铁行业非钢铁企业 2008 年指标排序中排列第一。

➢ 2009 年海南矿业股份有限公司成本费用利润率 60.5469%，在中国钢铁行业非钢铁企业 2009 年指标排序中排列第一。

➢ 2010 年海南矿业股份有限公司成本费用利润率 128.3848%，在中国钢铁行业非钢铁企业 2010 年指标排序中排列第一。

➢ 2011 年海南矿业股份有限公司成本费用利润率 144.2854%，在中国钢铁行业非钢铁企业 2011 年指标排序中排列第一。

➢ 2012 年海南矿业股份有限公司成本费用利润率 95.8215%，在中国钢铁行业非钢铁企业 2012 年指标排序中排列第一。

营业收入

钢铁企业

➢ 2004 年鞍山钢铁集团公司营业收入 6272637 万元，在中国钢铁行业 2004 年指标排序中排列第一。

➢ 2005 年鞍本集团公司营业收入 10914331 万元，在中国钢铁行业 2005 年指标排序中排列第一。

➢ 2006 年宝钢集团有限公司营业收入 18339540 万元，在中国钢铁行业 2006 年指标排序中排列第一。

➢ 2007 年宝钢集团有限公司营业收入 22771594 万元，在中国钢铁行业 300 万吨以上企业集团、钢铁企业 2007 年指标排序中排列第一。

➢ 2008 年宝钢集团有限公司营业收入 24683881 万元，在中国钢铁行业 300 万吨以上企业集团、钢铁企业 2008 年指标排序中排列第一。

➢ 2009 年宝钢集团有限公司营业收入 19388647 万元，在中国钢铁行业 300 万吨钢以上企业集团、钢铁企业 2009 年指标排序中排列第一。

➢ 2010 年宝钢集团有限公司营业收入 27298409 万元，在中国钢铁行业 300 万吨钢以上企业集团、钢铁企业 2010 年指标排序中排列第一。

➢ 2012 年宝钢集团有限公司营业收入 28822553 万元，在中国钢铁行业钢铁企业和 300 万吨以上企业集团 2012 年指标排序中排列第一。

非钢铁企业

➢ 2004 年吉林铁合金集团有限责任公司营业收入 247118 万元，在中国钢铁行业非钢铁企业 2004 年指标排序中排列第一。

➢ 2005 年吉林铁合金集团有限责任公司营业收入 255969 万元，在中国钢铁行业非钢铁企业 2005 年指标排序中排列第一。

➢ 2006 年吉林铁合金集团有限责任公司营业收入 250700 万元，在中国钢铁行业非钢铁企业 2006 年指标排序中排列第一。

➢ 2007 年中国冶金科工集团公司营业收入 13321765 万元，在中国钢铁行业非钢铁企业 2007 年指标排序中排列第一。

➢ 2008 年中钢集团吉林铁合金股份有限公司营业收入 499695 万元，在中国钢铁行业非钢铁企业 2008 年指标排序中排列第一。

➢ 2009 年邯邢冶金矿山管理局营业收入 265240 万元，在中国钢铁行业非钢铁企业 2009 年指标排序中排列第一。

➢ 2010 年河北钢铁集团矿业有限公司营业收入 585260 万元，在中国钢铁行业非钢铁企业 2010 年指标排序中排列第一。

➢ 2011 年河北钢铁集团矿业有限公司营业收入 815480 万元，在中国钢铁行业非钢铁企业 2011 年指标排序中排列第一。

➢ 2012 年河北钢铁集团矿业有限公司营业收入 747167 万元，在中国钢铁行业非钢铁企业 2012 年指标排序中排列第一。

主营业收入

➢ 2002 年宝钢集团宝山钢铁股份有限公司主营业收入 3387661 万元，在中国钢铁行业 2002 年指标排序中排列第一。

➢ 2003 年宝钢集团宝山钢铁股份有限公司主营业收入 4415846

万元，在中国钢铁行业2003年指标排序中排列第一。

➢ 2004年鞍山钢铁集团公司主营业收入5911150万元，在中国钢铁行业2004年指标排序中排列第一。

➢ 2005年宝钢集团宝山钢铁股份有限公司主营业收入9854590万元，在中国钢铁行业2005年指标排序中排列第一。

➢ 2006年宝钢集团有限公司主营业收入18068121万元，在中国钢铁行业2006年指标排序中排列第一。

非钢铁收入

➢ 2002年宁夏恒力钢铁集团有限公司非钢铁收入比率58.4072%，在中国钢铁行业2002年指标排序中排列第一。

➢ 2004年杭州钢铁集团公司非钢铁收入比率128.6727%，在中国钢铁行业2004年指标排序中排列第一。

➢ 2005年杭州钢铁集团公司非钢铁收入比率162.7417%，在中国钢铁行业2005年指标排序中排列第一。

➢ 2011年杭州钢铁集团公司非钢铁收入比率79.4646%，在中国钢铁行业钢铁企业、300万吨钢以上企业和300万吨以上企业集团2011年指标排序中排列第一。

➢ 2012年杭州钢铁集团公司非钢铁收入比率85.4936%，在中国钢铁行业钢铁企业、300万吨钢以上企业和300万吨以上企业集团2012年指标排序中排列第一。

产品销售率

钢铁企业

➢ 2003年北满特殊钢集团有限责任公司产品销售率122.1089%，在中国钢铁行业2003年指标排序中排列第一。

➢ 2004年中山中粤马口铁工业有限公司产品销售率111.3780%，在中国钢铁行业2004年指标排序中排列第一。

➢ 2005年东北特殊钢集团有限责任公司产品销售率107.9270%，在中国钢铁行业2005年指标排序中排列第一。

➢ 2006 年江苏常宝钢管有限公司产品销售率 115.0743%，在中国钢铁行业 2006 年指标排序中排列第一。

➢ 2007 年济南钢铁集团总公司产品销售率 101.2208%，在中国钢铁行业 300 万吨钢以上企业集团 2007 年指标排序中排列第一。

➢ 2007 年河北津西钢铁股份有限公司产品销售率 101.6664%，在中国钢铁行业 300 万吨钢以上企业 2007 年指标排序中排列第一。

➢ 2007 年圣戈班（徐州）管道有限公司产品销售率 108.4975%，在中国钢铁行业钢铁企业 2007 年指标排序中排列第一。

➢ 2008 年江苏永钢集团有限公司产品销售率 101.6715%，在中国钢铁行业 300 万吨钢以上企业集团 2008 年指标排序中排列第一。

➢ 2008 年河北钢铁集团承钢公司产品销售率 102.4958%，在中国钢铁行业 300 万吨钢以上企业 2008 年指标排序中排列第一。

➢ 2008 年天津荣程联合钢铁集团有限责任公司产品销售率 104.3398%，在中国钢铁行业钢铁企业 2008 年指标排序中排列第一。

➢ 2009 年杭州钢铁集团公司产品销售率 105.6215%，在中国钢铁行业 300 万吨钢以上企业集团、300 万吨钢以上企业 2009 年指标排序中排列第一。

➢ 2009 年江苏沙钢集团淮钢特钢有限公司产品销售率 127.3127%，在中国钢铁行业钢铁企业 2009 年指标排序中排列第一。

➢ 2010 年中天钢铁集团有限公司产品销售率 117.7546%，在中国钢铁行业 300 万吨钢以上企业集团、300 万吨钢以上企业 2010 年指标排序中排列第一。

➢ 2010 年山西建邦集团有限公司产品销售率 148.1182%，在中国钢铁行业钢铁企业 2010 年指标排序中排列第一。

➢ 2011 年衢州元立金属制品有限公司产品销售率 101.5278%，在中国钢铁行业 300 万吨钢以上企业集团 2011 年指标排序中排列第一。

➢ 2011 年临沂江鑫钢铁有限公司产品销售率 137.9366%，在中国钢铁行业钢铁企业 2011 年指标排序中排列第一。

➢ 2012 年临沂江鑫钢铁有限公司产品销售率 116.9508%，在中国钢铁行业钢铁企业 2012 年指标排序中排列第一。

➢ 2012 年南京钢铁集团有限公司产品销售率 113.4048%，在中国钢铁行业 300 万吨钢以上企业和 300 万吨以上企业集团 2012 年指标排序中排列第一。

非钢铁企业

➢ 2003 年海南钢铁公司产品销售率 109.8760%，在中国钢铁行业指标非钢铁企业 2003 年排序中排列第一。

➢ 2004 年海南钢铁公司产品销售率 108.3962%，在中国钢铁行业非钢铁企业 2004 年指标排序中排列第一。

➢ 2005 年中钢集团洛阳耐火材料集团有限公司产品销售率 104.9558%，在中国钢铁行业非钢铁企业 2005 年指标排序中排列第一。

➢ 2006 年广东大宝山矿业有限公司产品销售率 125.5977%，在中国钢铁行业非钢铁企业 2006 年指标排序中排列第一。

➢ 2007 年山东省耐火材料公司产品销售率 107.1508%，在中国钢铁行业非钢铁企业 2007 年指标排序中排列第一。

➢ 2008 年腾达西北铁合金有限责任公司产品销售率 101.6330%，在中国钢铁行业非钢铁企业 2008 年指标排序中排列第一。

➢ 2009 年方大炭素新材料科技股份有限公司产品销售率 108.5654%，在中国钢铁行业非钢铁企业 2009 年指标排序中排列第一。

➢ 2010 年河北钢铁集团矿业有限公司产品销售率 108.2698%，在中国钢铁行业非钢铁企业 2010 年指标排序中排列第一。

➢ 2011 年鲁中矿业有限公司产品销售率 103.4342%，在中国钢铁行业非钢铁企业 2011 年指标排序中排列第一。

➢ 2012 年五矿（湖南）铁合金有限责任公司产品销售率 113.2908%，在中国钢铁行业非钢铁企业 2012 年指标排序中排列第一。

销售利润率

钢铁企业

➢ 2002 年河北津西钢铁股份有限公司销售利润率 19.4911%，在中国钢铁行业 2002 年指标排序中排列第一。

➢ 2003 年宝钢集团宝山钢铁股份有限公司销售利润率 22.5370%，在中国钢铁行业 2003 年指标排序中排列第一。

➢ 2004 年宝钢集团宝山钢铁股份有限公司销售利润率 23.6402%，在中国钢铁行业 2004 年指标排序中排列第一。

➢ 2005 年宝钢集团宝山钢铁股份有限公司销售利润率 19.5316%，在中国钢铁行业 2005 年指标排序中排列第一。

➢ 2006 年天津荣程联合钢铁集团有限责任公司销售利润率 17.2763%，在中国钢铁行业 2006 年指标排序中排列第一。

➢ 2007 年天津荣程联合钢铁集团有限责任公司销售利润率 21.7930%，在中国钢铁行业 300 万吨钢以上企业集团、300 万吨钢以上企业、钢铁企业 2007 年指标排序中排列第一。

➢ 2008 年河北纵横钢铁集团有限公司销售利润率 11.9107%，在中国钢铁行业 300 万吨钢以上企业集团、300 万吨钢以上企业、钢铁企业 2008 年指标排序中排列第一。

➢ 2009 年唐山国丰钢铁有限公司销售利润率 8.9089%，在中国钢铁行业 300 万吨钢以上企业集团 2009 年指标排序中排列第一。

➢ 2009 年莱芜钢铁集团有限公司销售利润率 8.9614%，在中国钢铁行业 300 万吨钢以上企业 2009 年指标排序中排列第一。

➢ 2009 年湖北新冶钢有限公司销售利润率 9.8666%，在中国钢铁行业钢铁企业 2009 年指标排序中排列第一。

➢ 2010 年宝钢集团有限公司销售利润率 9.0306%，在中国钢铁行业 300 万吨钢以上企业集团、300 万吨钢以上企业 2010 年指标排序中排列第一。

➢ 2010 年宝山钢铁股份有限公司销售利润率 9.0007%，在中国钢铁行业钢铁企业 2010 年指标排序中排列第一。

➢2011 年包头钢铁（集团）有限责任公司销售利润率 14.7475%，在中国钢铁行业钢铁企业、300 万吨钢以上企业和 300 万吨钢以上企业集团 2011 年指标排序中排列第一。

➢2012 年宝山钢铁股份有限公司销售利润率 9.9932%，在中国钢铁行业钢铁企业和 300 万吨钢以上企业 2012 年指标排序中排列第一。

➢2012 年方大特钢科技股份有限公司（原南昌长力）销售利润率 5.9794%，在中国钢铁行业 300 万吨以上企业集团 2012 年指标排序中排列第一。

非钢铁企业

➢2002 年营口青花耐火材料股份有限公司销售利润率 18.3190%，在中国钢铁行业非钢铁企业 2002 年指标排序中排列第一。

➢2003 年营口青花耐火材料股份有限公司销售利润率 15.6999%，在中国钢铁行业非钢铁企业 2003 年指标排序中排列第一。

➢2004 年海南钢铁公司销售利润率 34.0998%，在中国钢铁行业非钢铁企业 2004 年指标排序中排列第一。

➢2005 年邯邢冶金矿山管理局销售利润率 29.8434%，在中国钢铁行业非钢铁企业 2005 年指标排序中排列第一。

➢2006 年海南钢铁公司销售利润率 34.5029%，在中国钢铁行业非钢铁企业 2006 年指标排序中排列第一。

➢2007 年海南矿业联合有限公司销售利润率 45.0176%，在中国钢铁行业非钢铁企业 2007 年指标排序中排列第一。

➢2008 年海南矿业联合有限公司销售利润率 54.5253%，在中国钢铁行业非钢铁企业 2008 年指标排序中排列第一。

➢2009 年海南矿业股份有限公司销售利润率 34.0623%，在中国钢铁行业非钢铁企业 2009 年指标排序中排列第一。

➢2010 年海南矿业股份有限公司销售利润率 53.4783%，在中国钢铁行业非钢铁企业 2010 年指标排序中排列第一。

➢海南矿业股份有限公司 2011 年销售利润率 57.5372%，在中国钢铁行业非钢铁企业指标排序中排列第一。

➢海南矿业股份有限公司 2012 年销售利润率 44. 9744%，在中国钢铁行业非钢铁企业指标排序中排列第一。

出口创汇率

钢铁企业

➢ 2002 年新兴铸管股份有限公司出口创汇率 19. 5575%，在中国钢铁行业指标排序中排列第一。

➢ 2003 年张店钢铁总厂出口创汇率 31. 0291%，在中国钢铁行业指标 2003 年排序中排列第一。

➢ 2004 年张店钢铁总厂出口创汇率 37. 1802%，在中国钢铁行业指标 2004 年排序中排列第一。

➢ 2005 年湖南华凌衡阳钢管（集团）有限公司出口创汇率 31. 6392%，在中国钢铁行业 2005 年指标排序中排列第一。

➢ 2006 年湖南华凌衡阳钢管（集团）有限公司出口创汇率 45. 4496%，在中国钢铁行业 2006 年指标排序中排列第一。

➢ 2007 年天津天钢集团有限公司出口创汇率 30. 0181%，在中国钢铁行业 300 万吨以上企业集团、300 万吨以上企业 2007 年指标排序中排列第一。

➢ 2007 年湖南华凌衡阳钢管（集团）有限公司出口创汇率 54. 6880%，在中国钢铁行业钢铁企业 2007 年指标排序中排列第一。

➢ 2008 年北台钢铁（集团）有限责任公司出口创汇率 44. 9449%，在中国钢铁行业 300 万吨以上企业集团、300 万吨以上企业 2008 年指标排序中排列第一。

➢ 2008 年湖南华凌衡阳钢管（集团）有限公司出口创汇率 52. 0029%，在中国钢铁行业钢铁企业 2008 年指标排序中排列第一。

➢ 2009 年北京建龙重工集团有限公司出口创汇率 16. 0754%，在中国钢铁行业 300 万吨钢以上企业集团、300 万吨钢以上企业 2009 年指标排序中排列第一。

➢ 2009 年湖南华菱衡阳钢管（集团）有限公司出口创汇率

54.1128%，在中国钢铁行业钢铁企业2009年指标排序中排列第一。

➢ 2010年北京建龙重工集团有限公司出口创汇率13.2449%，在中国钢铁行业300万吨钢以上企业集团2010年指标排序中排列第一。

➢ 2010年本溪钢铁（集团）有限责任公司出口创汇率16.6500%，在中国钢铁行业300万吨钢以上企业2010年指标排序中排列第一。

➢ 2010年中山中粤马口铁工业有限公司出口创汇率50.2326%，在中国钢铁行业钢铁企业2010年指标排序中排列第一。

➢ 2011年番禺珠江钢管有限公司出口创汇率55.0637%，在中国钢铁行业钢铁企业2011年指标排序中排列第一。

➢ 2011年本钢集团有限公司出口创汇率16.6274%，在中国钢铁行业钢铁企业、300万吨钢以上企业和300万吨钢以上企业集团2011年指标排序中排列第一。

➢ 2012年杭州钢铁集团公司出口创汇率14.8259%，在中国钢铁行业300万吨以上企业集团2012年指标排序中排列第一。

➢ 2012年本钢集团有限公司出口创汇率23.5254%，在中国钢铁行业300万吨钢以上企业2012年指标排序中排列第一。

➢ 2012年湖南衡阳华菱钢管有限责任公司出口创汇率55.5094%，在中国钢铁行业钢铁企业2012年指标排序中排列第一。

非钢铁企业

➢ 2002年营口青花耐火材料股份有限公司出口创汇率57.5666%，在中国钢铁行业非钢铁企业2002年指标排序中排列第一。

➢ 2003年营口青花耐火材料股份有限公司出口创汇率58.3463%，在中国钢铁行业非钢铁企业2003年指标排序中排列第一。

➢ 2004年营口青花耐火材料股份有限公司出口创汇率55.7696%，在中国钢铁行业非钢铁企业2004年指标排序中排列第一。

➢ 2005年贵州龙里龙腾铁合金有限责任公司出口创汇率

69.9996%，在中国钢铁行业非钢铁企业 2005 年指标排序中排列第一。

➢ 2006 年营口青花耐火材料股份有限公司出口创汇率 50.9998%，在中国钢铁行业非钢铁企业 2006 年指标排序中排列第一。

➢ 2007 年江苏苏嘉集团有限公司出口创汇率 26.0626%，在中国钢铁行业非钢铁企业 2007 年指标排序中排列第一。

➢ 2008 年中钢集团吉林铁合金股份有限公司出口创汇率 28.7603%，在中国钢铁行业非钢铁企业 2008 年指标排序中排列第一。

➢ 2009 年营口青花耐火材料股份有限公司出口创汇率 25.6968%，在中国钢铁行业非钢铁企业 2009 年指标排序中排列第一。

➢ 2010 年营口青花耐火材料股份有限公司出口创汇率 23.8529%，在中国钢铁行业非钢铁企业 2010 年指标排序中排列第一。

➢ 2011 年方大炭素新材料科技股份有限公司出口创汇率 41.8550%，在中国钢铁行业非钢铁企业 2011 年指标排序中排列第一。

➢ 2012 年方大炭素新材料科技股份有限公司出口创汇率 52.7343%，在中国钢铁行业非钢铁企业 2012 年指标排序中排列第一。

能耗

吨钢综合能耗

➢ 2002 年天津天钢集团有限公司吨钢综合能耗（标煤）0.3170t，在中国钢铁行业 2002 年指标排序中排列第一。

➢ 2003 年常州宝钢钢管有限公司吨钢综合能耗（标煤）0.2928t，在中国钢铁行业 2003 年指标排序中排列第一。

➢ 2004 年江苏常宝钢管有限公司吨钢综合能耗（标煤）0.2876t，在中国钢铁行业 2004 年指标排序中排列第一。

➢ 2005 年无锡新大中钢铁有限公司吨钢综合能耗（标煤）

0.436t，在中国钢铁行业2005年指标排序中排列第一。

特钢部分：

➢ 2002年江阴兴澄特种钢铁有限公司吨钢综合能耗（标煤）0.3967t，在中国钢铁行业特钢企业2002年指标排序中排列第一。

➢ 2003年宝钢集团上海五钢有限公司吨钢综合能耗（标煤）0.4330t，在中国钢铁行业特钢企业2003年指标排序中排列第一。

➢ 2004年江苏锡钢集团有限公司吨钢综合能耗（标煤）0.454t，在中国钢铁行业特钢企业2004年指标排序中排列第一。

➢ 2005年山东石横特钢集团有限公司吨钢综合能耗（标煤）0.3657t，在中国钢铁行业特钢企业2005年指标排序中排列第一。

吨钢可比能耗

➢ 2004年宝钢集团上海浦东钢铁有限公司年吨钢可比能耗（标煤）0.2970t，在中国钢铁行业2004年指标排序中排列第一。

➢ 2005年湖南华凌衡阳钢管（集团）有限公司吨钢可比能耗（标煤）0.3240t，在中国钢铁行业2005年指标排序中排列第一。

➢ 2006年贵阳特殊钢有限责任公司吨钢可比能耗（标煤）0.2600t，在中国钢铁行业2006年指标排序中排列第一。

➢ 2007年广州钢铁企业集团有限公司吨钢可比能耗（标煤）0.2288t，在中国钢铁行业300万吨钢以上企业集团、300万吨钢以上企业、钢铁企业2007年指标排序中排列第一。

➢ 2008年广州钢铁企业集团有限公司吨钢可比能耗（标煤）304.1700kg，在中国钢铁行业300万吨钢以上企业集团2008年指标排序中排列第一。

➢ 2008年河北钢铁集团舞钢公司吨钢可比能耗（标煤）254.0000kg，在中国钢铁行业300万吨钢以上企业2008年指标排序中排列第一。

➢ 2008年江苏旋力集团股份有限公司吨钢可比能耗（标煤）114.3000kg，在中国钢铁行业钢铁企业2008年指标排序中排列第一。

➢ 2009 年河北普阳钢铁有限公司吨钢可比能耗（标煤）495. 0000kg，在中国钢铁行业 300 万吨钢以上企业集团、300 万吨钢以上企业 2009 年指标排序中排列第一。

➢ 2009 年贵阳特殊钢有限责任公司吨钢可比能耗（标煤）257. 0000kg，在中国钢铁行业钢铁企业 2009 年指标排序中排列第一。

➢ 2010 年杭州钢铁集团公司吨钢可比能耗（标煤）510. 62kg，在中国钢铁行业 300 万吨钢以上企业集团、300 万吨钢以上企业 2010 年指标排序中排列第一。

➢ 2010 年河北钢铁集团舞钢公司吨钢可比能耗（标煤）156. 00kg，在中国钢铁行业钢铁企业 2010 年指标排序中排列第一。

➢ 2011 年河北钢铁集团舞钢公司吨钢可比能耗（标煤）153. 00kg，在中国钢铁行业钢铁企业 2011 年指标排序中排列第一。

➢ 2011 年河南普阳有限公司吨钢可比能耗（标煤）429. 44kg，在中国钢铁行业 300 万吨钢以上企业和 300 万吨钢以上企业集团 2011 年指标排序中排列第一。

➢ 2012 年首钢贵阳特殊钢有限责任公司吨钢可比能耗（标煤）262. 0000kg，在中国钢铁行业钢铁企业 2012 年指标排序中排列第一。

转炉炼钢工序能耗

➢ 2006 年太原钢铁（集团）有限公司转炉炼钢工序能耗（标煤）－0. 01484t/t，在中国钢铁行业 300 万吨钢以上企业、钢铁企业 2006 年指标排序中排列第一。

➢ 2007 年太原钢铁（集团）有限公司转炉炼钢工序能耗（标煤）－13. 6500kg/t，在中国钢铁行业 300 万吨钢以上企业集团、300 万吨钢以上企业、钢铁企业 2007 年指标排序中排列第一。

➢ 2008 年青岛钢铁控股集团有限责任公司转炉炼钢工序能耗（标煤）－12. 5045kg/t，在中国钢铁行业 300 万吨钢以上企业集团、300 万吨钢以上企业 2008 年指标排序中排列第一。

➢ 2008 年山东石横特钢集团有限责任公司转炉炼钢工序能耗（标煤）－13. 1495kg/t，在中国钢铁行业钢铁企业 2008 年指标排序中排列第一。

➢ 2009 年武汉钢铁（集团）公司转炉炼钢工序能耗（标煤）-15.4473kg/t，在中国钢铁行业 300 万吨钢以上企业集团、300 万吨钢以上企业、钢铁企业 2009 年指标排序中排列第一。

➢ 2010 年天津天钢集团有限公司转炉炼钢工序能耗（标煤）-22.8780kg/t，在中国钢铁行业 300 万吨钢以上企业集团、300 万吨钢以上企业、钢铁企业 2010 年指标排序中排列第一。

➢ 2011 年天津天钢集团有限公司转炉炼钢工序能耗（标煤）-21.0450kg/t，在中国钢铁行业钢铁企业、300 万吨钢以上企业和 300 万吨钢以上企业集团 2011 年指标排序中排列第一。

➢ 2012 年唐山钢铁集团有限责任公司转炉炼钢工序能耗（标煤）21.7995kg/t，在中国钢铁行业 300 万吨钢以上企业 2012 年指标排序中排列第一。

➢ 2012 年攀钢集团有限公司转炉炼钢工序能耗（标煤）-48.8741 kg/t，在中国钢铁行业钢铁企业 2012 年指标排序中排列第一。

➢ 2012 年天津天钢集团有限公司转炉炼钢工序能耗（标煤）-26.3710kg/t，在中国钢铁行业 300 万吨钢以上企业集团 2012 年指标排序中排列第一。

电炉炼钢工序能耗

➢ 2006 年江苏沙钢集团有限公司电炉炼钢工序能耗（标煤）38.8650kg/t，在中国钢铁行业 300 万吨钢以上企业、钢铁企业 2006 年指标排序中排列第一。

➢ 2007 年广州钢铁企业集团有限公司电炉炼钢工序能耗（标煤）5.9674kg/t，在中国钢铁行业 300 万吨钢以上企业集团、300 万吨钢以上企业、钢铁企业 2007 年指标排序中排列第一。

➢ 2008 年广东省韶关钢铁集团有限公司电炉炼钢工序能耗（标煤）37.1950kg/t，在中国钢铁行业 300 万吨钢以上企业集团、300 万吨钢以上企业 2008 年指标排序中排列第一。

➢ 2008 年重庆东华特殊钢有限责任公司电炉炼钢工序能耗（标煤）1.7389kg/t，在中国钢铁行业钢铁企业 2008 年指标排序中排列第一。

➢ 2009 年江苏沙钢集团有限公司电炉炼钢工序能耗（标煤）39.7834kg/t，在中国钢铁行业 300 万吨钢以上企业集团 2009 年指标排序中排列第一。

➢ 2009 年广东省韶关钢铁集团有限公司电炉炼钢工序能耗（标煤）31.6682kg/t，在中国钢铁行业 300 万吨钢以上企业 2009 年指标排序中排列第一。

➢ 2009 年江苏沙钢集团淮钢特钢有限公司电炉炼钢工序能耗（标煤）31.1184kg/t，在中国钢铁行业钢铁企业 2009 年指标排序中排列第一。

➢ 2010 年江苏沙钢集团有限公司电炉炼钢工序能耗（标煤）35.4392kg/t，在中国钢铁行业 300 万吨钢以上企业集团 2010 年指标排序中排列第一。

➢ 2010 年广东省韶关钢铁集团有限公司电炉炼钢工序能耗（标煤）27.5304kg/t，在中国钢铁行业 300 万吨钢以上企业、钢铁企业 2010 年指标排序中排列第一。

➢广东省韶关钢铁集团有限公司 2011 年电炉炼钢工序能耗（标煤）－26.0562kg/t，在中国钢铁行业钢铁企业、300 万吨钢以上企业和 300 万吨钢以上企业集团 2011 年指标排序中排列第一。

➢宝钢集团广东韶关钢铁有限公司 2012 年电炉炼钢工序能耗（标煤）24.7254kg/t，在中国钢铁行业钢铁企业、300 万吨钢以上企业和 300 万吨钢以上企业集团 2012 年指标排序中排列第一。

炼铁工序能耗

➢ 2006 年首钢集团炼铁工序能耗（标煤）140.8741kg/t，在中国钢铁行业 300 万吨钢以上企业 2006 年指标排序中排列第一。

➢ 2006 年石家庄钢铁有限责任公司炼铁工序能耗（标煤）123.4700kg/t，在中国钢铁行业钢铁企业 2006 年指标排序中排列第一。

➢ 2007 年南昌长力钢铁股份有限公司炼铁工序能耗（标煤）332.0706kg/t，在中国钢铁行业 300 万吨钢以上企业集团、300 万吨钢以上企业、钢铁企业 2007 年指标排序中排列第一。

➢ 2008 年太原钢铁（集团）有限公司炼铁工序能耗（标煤）373. 1989kg/t，在中国钢铁行业 300 万吨钢以上企业集团、300 万吨钢以上企业 2008 年指标排序中排列第一。

➢ 2008 年河南济源钢铁（集团）有限公司炼铁工序能耗（标煤）356. 8230kg/t，在中国钢铁行业钢铁企业 2008 年指标排序中排列第一。

➢ 2009 年河北普阳钢铁有限公司炼铁工序能耗（标煤）362. 6318kg/t，在中国钢铁行业 300 万吨钢以上企业集团 2009 年指标排序中排列第一。

➢ 2009 年河北钢铁集团邯钢公司炼铁工序能耗（标煤）356. 2800kg/t，在中国钢铁行业 300 万吨钢以上企业、钢铁企业 2009 年指标排序中排列第一。

➢ 2010 年天津荣程联合钢铁集团有限责任公司炼铁工序能耗（标煤）352. 6991kg/t，在中国钢铁行业 300 万吨钢以上企业集团 2010 年指标排序中排列第一。

➢ 2010 年河北钢铁集团邯钢公司炼铁工序能耗（标煤）215. 6088kg/t，在中国钢铁行业 300 万吨钢以上企业、钢铁企业 2010 年指标排序中排列第一。

➢ 2011 年重庆钢铁（集团）有限责任公司炼铁工序能耗（标煤）306. 8215kg/t，在中国钢铁行业钢铁企业、300 万吨钢以上企业和 300 万吨钢以上企业集团 2011 年指标排序中排列第一。

➢ 2012 年北京建龙重工集团有限公司炼铁工序能耗（标煤）289. 2881kg/t，在中国钢铁行业钢铁企业、300 万吨钢以上企业和 300 万吨以上企业集团 2012 年指标排序中排列第一。

吨钢耗新水

➢ 2005 年河北文丰钢铁有限公司吨钢耗新水 1. 4029t，在中国钢铁行业 300 万吨钢以上企业 2005 年指标排序中排列第一。

➢ 2005 年湖北新冶钢有限公司吨钢耗新水 0. 1364t，在中国钢铁行业钢铁企业 2005 年指标排序中排列第一。

➢ 2006 年广州钢铁企业集团有限公司吨钢耗新水 1060.6463kg，在中国钢铁行业 300 万吨钢以上企业 2006 年指标排序中排列第一。

➢ 2006 年中天钢铁集团有限公司吨钢耗新水 889.9108kg，在中国钢铁行业钢铁企业 2006 年指标排序中排列第一。

➢ 2007 年唐山国丰钢铁有限公司吨钢耗新水 2.5507kg，在中国钢铁行业 300 万吨钢以上企业集团 2007 年指标排序中排列第一。

➢ 2007 年华菱湘潭钢铁集团有限公司吨钢耗新水 0.9034kg，在中国钢铁行业 300 万吨钢以上企业、钢铁企业 2007 年指标排序中排列第一。

➢ 2008 年唐山国丰钢铁有限公司吨钢耗新水 1.0800kg，在中国钢铁行业 300 万吨钢以上企业集团 2008 年指标排序中排列第一。

➢ 2008 年湘潭钢铁集团有限公司吨钢耗新水 0.8643kg，在中国钢铁行业 300 万吨钢以上企业 2008 年指标排序中排列第一。

➢ 2008 年河北天柱钢铁集团有限公司吨钢耗新水 0.6866kg，在中国钢铁行业钢铁企业 2008 年指标排序中排列第一。

➢ 2009 年唐山国丰钢铁有限公司吨钢耗新水 0.7400kg，在中国钢铁行业 300 万吨钢以上企业集团、300 万吨钢以上企业、钢铁企业 2009 年指标排序中排列第一。

➢ 2010 年天津荣程联合钢铁集团有限责任公司吨钢耗新水 0.3963kg，在中国钢铁行业 300 万吨钢以上企业集团、300 万吨钢以上企业、钢铁企业 2010 年指标排序中排列第一。

➢ 2011 年凌源钢铁集团有限责任公司吨钢耗新水 1.6972kg，在中国钢铁行业 300 万吨钢以上企业和 300 万吨钢以上企业集团 2011 年指标排序中排列第一。

➢ 2011 年潍坊特钢集团有限公司吨钢耗新水 0.0274kg，在中国钢铁行业钢铁企业 2011 年指标排序中排列第一。

➢ 2012 年天津荣程联合钢铁集团有限责任公司吨钢耗新水 0.3188kg，在中国钢铁行业 300 万吨钢以上企业和 300 万吨以上企业集团 2012 年指标排序中排列第一。

➢ 2012 年江苏法尔胜泓昇集团有限公司吨钢耗新水 0.0043kg，在中国钢铁行业钢铁企业 2012 年指标排序中排列第一。

水资源回收利用率与水重复利用率

➢ 2005 年济南钢铁集团总公司水资源回收利用率 97.30%，在中国钢铁行业 300 万吨钢以上企业 2005 年指标排序中排列第一。

➢ 2005 年唐山港陆钢铁有限公司水资源回收利用率 100.00%，在中国钢铁行业钢铁企业指标排序中排列第一。

➢ 2006 年天津天铁冶金集团有限公司水资源回收利用率 98.76%，在中国钢铁行业 300 万吨钢以上企业 2006 年指标排序中排列第一。

➢ 2006 年贵阳特殊钢有限责任公司水资源回收利用率 100.00%，在中国钢铁行业钢铁企业指标排序中排列第一。

➢ 2007 年天津天钢集团有限公司水资源回收利用率 97.95%，在中国钢铁行业 300 万吨钢以上企业集团 2007 年指标排序中排列第一。

➢ 2007 年本溪钢铁（集团）有限责任公司水资源回收利用率 98.05%，在中国钢铁行业 300 万吨钢以上企业 2007 年指标排序中排列第一。

➢ 2007 年潍坊钢铁集团公司水资源回收利用率 98.60%，在中国钢铁行业钢铁企业 2007 年指标排序中排列第一。

➢ 2008 年本溪钢铁（集团）有限责任公司水资源回收利用率 98.24%，在中国钢铁行业 300 万吨钢以上企业集团、300 万吨钢以上企业 2008 年指标排序中排列第一。

➢ 2008 年潍坊钢铁集团公司水资源回收利用率 99.28%，在中国钢铁行业钢铁企业 2008 年指标排序中排列第一。

➢ 2009 年陕西龙门钢铁（集团）有限责任公司水资源回收利用率 98.43%，在中国钢铁行业 300 万吨钢以上企业集团、300 万吨钢以上企业 2009 年指标排序中排列第一。

➢ 2009 年潍坊特钢集团有限公司水资源回收利用率 99.31%，在中国钢铁行业钢铁企业 2009 年指标排序中排列第一。

➢ 2010 年太原钢铁（集团）有限公司水重复利用率 98.5486%，在中国钢铁行业 300 万吨钢以上企业集团、300 万吨钢以上企业

2010 年指标排序中排列第一。

➢ 2010 年江苏法尔胜泓昇集团有限公司水重复利用率 100.0000%，在中国钢铁行业钢铁企业 2010 年指标排序中排列第一。

➢ 2011 年临沂汇鑫钢铁有限公司水重复利用率 100.000%，在中国钢铁行业钢铁企业 2011 年指标排序中排列第一。

➢ 2011 年广西柳州钢铁（集团）公司水重复利用率 98.8125%，在中国钢铁行业 300 万吨钢以上企业 2011 年指标排序中排列第一。

➢ 2011 年首钢总公司水重复利用率 98.6266%，在中国钢铁行业 300 万吨钢以上企业集团 2011 年指标排序中排列第一。

➢ 2012 年临沂江鑫钢铁有限公司水重复利用率 100%，在中国钢铁行业钢铁企业 2012 年指标排序中排列第一。

➢ 2012 年天津荣程联合钢铁集团有限责任公司 2012 年水重复利用率 99.77%，在中国钢铁行业 300 万吨钢以上企业和 300 万吨以上企业集团 2012 年指标排序中排列第一。

万元销售额能耗与万元工业增加值能耗

钢铁企业

➢ 2002 年五矿营口中板有限责任公司万元销售额能耗（标煤）0.4359t，在中国钢铁行业 2002 年指标排序中排列第一。

➢ 2003 年法尔胜集团公司万元销售额能耗（标煤）0.3276t，在中国钢铁行业 2003 年指标排序中排列第一。

➢ 2004 年法尔胜集团公司万元销售额能耗（标煤）0.2164t，在中国钢铁行业 2004 指标排序中排列第一。

➢ 2005 年法尔胜集团公司万元工业增加值能耗（标煤）0.8213t，在中国钢铁行业指标排序中排列第一。

➢ 2006 年江苏常宝钢管有限公司万元工业增加值能耗（标煤）0.8032t，在中国钢铁行业 2006 年指标排序中排列第一。

➢ 2007 年建龙钢铁控股有限公司万元工业增加值能耗（标煤）0.95919t，在中国钢铁行业 300 万吨钢以上企业集团、300 万吨钢以上企业2007年指标排序中排列第一。

➢ 2007年法尔胜集团公司万元工业增加值能耗（标煤）0.44821t，在中国钢铁行业钢铁企业2007年指标排序中排列第一。

➢ 2008年河北敬业企业集团万元工业增加值能耗（标煤）2840.5260kg，在中国钢铁行业300万吨钢以上企业集团2008年指标排序中排列第一。

➢ 2008年河北钢铁集团舞钢公司万元工业增加值能耗（标煤）1788.8593kg，在中国钢铁行业3000万吨钢以上企业2008年指标排序中排列第一。

➢ 2008年江苏法尔胜集团公司万元工业增加值能耗（标煤）395.3179kg，在中国钢铁行业钢铁企业2008年指标排序中排列第一。

➢ 2009年太原钢铁（集团）有限公司万元工业增加值能耗（标煤）3649.7802kg，在中国钢铁行业300万吨钢以上企业集团、300万吨钢以上企业2009年指标排序中排列第一。

➢ 2009年江苏法尔胜泓昇集团有限公司万元工业增加值能耗（标煤）360.1091kg，在中国钢铁行业钢铁企业2009年指标排序中排列第一。

➢ 2010年太原钢铁（集团）有限公司万元工业增加值能耗（标煤）3197.8742kg，在中国钢铁行业300万吨钢以上企业集团2010年指标排序中排列第一。

➢ 2010年河北新金钢铁有限公司万元工业增加值能耗（标煤）2879.5418kg，在中国钢铁行业300万吨钢以上企业2010年指标排序中排列第一。

➢ 2010年江苏法尔胜泓昇集团有限公司万元工业增加值能耗（标煤）337.8624kg，在中国钢铁行业钢铁企业2010年指标排序中排列第一。

➢ 2011年河北新金钢铁有限公司万元工业增加值能耗（标煤）2703.6198kg，在中国钢铁行业300万吨钢以上企业和300万吨钢以上企业集团2011年指标排序中排列第一。

➢ 2011年江阴长达钢铁有限公司万元工业增加值能耗（标

煤）111. 4804kg，在中国钢铁行业钢铁企业 2011 年指标排序中排列第一。

➢ 2012 年河北新武安钢铁集团有限公司万元工业增加值能耗（标煤）2455. 4644kg，在中国钢铁行业 300 万吨钢以上企业和 300 万吨以上企业集团 2012 年指标排序中排列第一。

➢ 2012 年江苏西城三联控股集团有限公司万元工业增加值能耗（标煤）780. 2941kg，在中国钢铁行业钢铁企业 2012 年指标排序中排列第一。

非钢铁企业

➢ 2002 年江苏苏嘉股份有限公司万元销售额能耗（标煤）0. 1410t，在中国钢铁行业非钢铁企业 2002 年指标排序中排列第一。

➢ 2003 年邯邢冶金矿山管理局万元销售额能耗（标煤）0. 8511t，在中国钢铁行业非钢铁企业 2003 年指标排序中排列第一。

➢ 2004 年江苏苏嘉股份有限公司万元销售额能耗（标煤）0. 2072t，在中国钢铁行业非钢铁企业 2004 年指标排序中排列第一。

➢ 2005 年邯邢冶金矿山管理局万元工业增加值能耗（标煤）0. 4268t，在中国钢铁行业非钢铁企业 2005 年指标排序中排列第一。

➢ 2006 年浙江漓铁集团有限公司万元工业增加值能耗（标煤）205357t，在中国钢铁行业非钢铁企业 2006 年指标排序中排列第一。

➢ 2007 年邯邢冶金矿山管理局万元工业增加值能耗（标煤）0. 29531t，在中国钢铁行业非钢铁企业 2007 年指标排序中排列第一。

➢ 2008 年鲁中冶金矿山集团公司万元工业增加值能耗（标煤）0. 4058kg，在中国钢铁行业非钢铁企业 2008 年指标排序中排列第一。

➢ 2009 年海南矿业股份有限公司万元工业增加值能耗（标煤）218. 4231kg，在中国钢铁行业非钢铁企业 2009 年指标排序中排列第一。

➢ 2010 年海南矿业股份有限公司万元工业增加值能耗（标煤）116. 6821kg，在中国钢铁行业非钢铁企业 2010 年指标排序中排列第一。

➢ 2011 年五矿（湖南）铁合金有限责任公司万元工业增加值能耗（标煤）-35008.7938kg，在中国钢铁行业非钢铁企业 2011 年指标排序中排列第一。

➢ 2012 年河北钢铁集团矿业有限公司万元工业增加值能耗（标煤）79.2188kg，在中国钢铁行业非钢铁企业 2012 年指标排序中排列第一。

万元产值能耗

钢铁企业

➢ 2007 年建龙钢铁控股有限公司万元产值能耗（标煤）190.1991kg，在中国钢铁行业 300 万吨钢以上企业集团、300 万吨钢以上企业 2007 年指标排序中排列第一。

➢ 2007 年法尔胜集团公司万元产值能耗（标煤）98.6070kg，在中国钢铁行业钢铁企业 2007 年指标排序中排列第一。

➢ 2008 年广州钢铁集团有限公司万元产值能耗（标煤）511.9868kg，在中国钢铁行业 300 万吨钢以上企业集团 2008 年指标排序中排列第一。

➢ 2008 年河北钢铁集团舞钢公司万元产值能耗（标煤）393.5493kg，在中国钢铁行业 300 万吨钢以上企业 2008 年指标排序中排列第一。

➢ 2008 年法尔胜集团公司万元产值能耗（标煤）85.7839kg，在中国钢铁行业钢铁企业 2008 年指标排序中排列第一。

➢ 2009 年太原钢铁（集团）有限公司万元产值能耗（标煤）752.2658kg，在中国钢铁行业 300 万吨钢以上企业集团、300 万吨钢以上企业 2009 年指标排序中排列第一。

➢ 2009 年中山中粤马口铁工业有限公司万元产值能耗（标煤）0.1298kg，在中国钢铁行业钢铁企业 2009 年指标排序中排列第一。

➢ 2010 年太原钢铁（集团）有限公司万元产值能耗（标煤）552.3507kg，在中国钢铁行业 300 万吨钢以上企业集团、300 万吨钢以上企业 2010 年指标排序中排列第一。

➢ 2010 年江苏法尔胜泓昇集团有限公司万元产值能耗（标煤）74.4333kg，在中国钢铁行业钢铁企业，2010 年指标排序中排列第一。

➢ 2011 年江阴长达钢铁有限公司万元产值能耗（标煤）18.1586kg，在中国钢铁行业钢铁企业 2011 年指标排序中排列第一。

➢ 2011 年中信泰富特钢集团有限公司万元产值能耗（标煤）492.3916kg，在中国钢铁行业 300 万吨钢以上企业和 300 万吨钢以上企业集团 2011 年指标排序中排列第一。

➢ 2012 年天津天钢集团有限公司万元产值能耗（标煤）433.1358kg，在中国钢铁行业 300 万吨钢以上企业和 300 万吨以上企业集团 2012 年指标排序中排列第一。

➢ 2012 年江苏西城三联控股集团有限公司万元产值能耗（标煤）117.0441kg，在中国钢铁行业钢铁企业 2012 年指标排序中排列第一。

非钢铁企业

➢ 2007 年江苏苏嘉集团有限公司万元产值能耗（标煤）98.8638kg，在中国钢铁行业非钢铁企业 2007 年指标排序中排列第一。

➢ 2007 年鲁中冶金矿山集团公司万元产值能耗（标煤）0.2471kg，在中国钢铁行业非钢铁企业 2008 年指标排序中排列第一。

➢ 2009 年海南矿业股份有限公司万元产值能耗（标煤）135.2411kg，在中国钢铁行业非钢铁企业 2009 年指标排序中排列第一。

➢ 2010 年邯邢冶金矿山管理局万元产值能耗（标煤）178.6346kg，在中国钢铁行业非钢铁企业 2010 年指标排序中排列第一。

➢ 2011 年五矿邯邢矿业有限公司万元产值能耗（标煤）171.6809kg，在中国钢铁行业非钢铁企业 2011 年指标排序中排列第一。

➢ 2012 年河北钢铁集团矿业有限公司万元产值能耗（标煤）42.4184kg，在中国钢铁行业非钢铁企业 2012 年指标排序中排列第一。

钢铁料消耗

➢ 2002 年广西柳州钢铁（集团）公司转炉钢铁料消耗 1054kg/t，在中国钢铁行业 2002 年指标排序中排列第一。

➢ 2003 年西林钢铁集团转炉钢铁料消耗 1058kg/t，在中国钢铁行业 2003 年指标排序中排列第一。

➢ 2004 年莱芜钢铁集团有限公司转炉钢铁料消耗 1058kg/t，在中国钢铁行业 2004 年指标排序中排列第一。

➢ 2005 年河北滦河实业集团有限公司转炉钢铁料消耗 1000. 00kg/t，在中国钢铁行业 2005 年指标排序中排列第一。

➢ 2006 年太原钢铁（集团）有限公司转炉钢铁料消耗 1050. 47kg/t，在中国钢铁行业 2006 年指标排序中排列第一。

➢ 2007 年萍乡钢铁有限责任公司转炉钢铁料消耗 1063. 89kg/t，在中国钢铁行业 300 万吨钢以上企业集团、300 万吨钢以上企业 2007 年指标排序中排列第一。

➢ 2007 年西林钢铁集团转炉钢铁料消耗 1056. 36kg/t，在中国钢铁行业钢铁企业 2007 年指标排序中排列第一。

➢ 2008 年萍乡钢铁有限责任公司转炉钢铁料消耗 1060. 00kg/t，在中国钢铁行业 300 万吨钢以上企业集团、300 万吨钢以上企业 2008 年指标排序中排列第一。

➢ 2008 年山西中阳钢铁有限公司转炉钢铁料消耗 1057. 00kg/t，在中国钢铁行业钢铁企业 2008 年指标排序中排列第一。

➢ 2009 年酒泉钢铁（集团）有限责任公司转炉钢铁料消耗 1034. 61kg/t，在中国钢铁行业 300 万吨钢以上企业集团、300 万吨钢以上企业、钢铁企业 2009 年指标排序中排列第一。

➢ 2010 年新兴铸管有限公司转炉钢铁料消耗 1041. 87kg/t，在中国钢铁行业 300 万吨钢以上企业集团、300 万吨钢以上企业、钢铁企业 2010 年指标排序中排列第一。

➢ 2011 年陕西龙门钢铁（集团）有限责任公司转炉钢铁料消耗 1042kg/t，在中国钢铁行业钢铁企业、300 万吨钢以上企业和 300 万吨以上企业集团 2011 年指标排序中排列第一。

➢ 2012 年陕西钢铁集团有限公司转炉钢铁料消耗 1030.56kg/t，在中国钢铁行业钢铁企业、300 万吨钢以上企业和 300 万吨以上企业集团 2012 年指标排序中排列第一。

炼钢工序吨钢耗废钢

➢ 2004 年宁夏恒力钢铁集团有限公司炼钢工序吨钢耗废钢 1034.00kg，在中国钢铁行业指标排序中排列第一。

炼钢工序耗电

➢ 2004 年抚顺新抚钢有限责任公司炼钢工序耗电 14.30kW · h/t，在中国钢铁行业指标排序中排列第一。

高炉利用系数

➢ 2002 年新兴铸管股份有限公司高炉利用系数 4.180t/(d · m^3)，在中国钢铁行业 2002 年指标排序中排列第一。

➢ 2003 年新兴铸管股份有限公司高炉利用系数 3.310t/(d · m^3)，在中国钢铁行业 2003 年指标排序中排列第一。

➢ 2004 年新兴铸管股份有限公司高炉利用系数 3.940t/(d · m^3)，在中国钢铁行业 2004 年指标排序中排列第一。

➢ 2005 年新兴铸管股份有限公司高炉利用系数 4.05t/(d · m^3)，在中国钢铁行业 2005 年指标排序中排列第一。

➢ 2006 年河北普阳钢铁有限公司高炉利用系数 4.21t/(d · m^3)，在中国钢铁行业 2006 年指标排序中排列第一。

➢ 2007 年天津荣城联合钢铁集团有限公司高炉利用系数 3.87t/(d · m^3)，在中国钢铁行业 300 万吨钢以上企业集团、300 万吨钢以上企业 2007 年指标排序中排列第一。

➢ 2007 年新兴铸管股份有限公司高炉利用系数 4.15t/(d · m^3)，在中国钢铁行业钢铁企业 2007 年指标排序中排列第一。

➢ 2008 年河北纵横钢铁集团有限公司高炉利用系数 3.80t/(d · m^3)，在中国钢铁行业 300 万吨钢以上企业集团、300 万吨钢以上企业 2008 年指标排序中排列第一。

➢ 2008 年新兴铸管股份有限公司高炉利用系数 3.966t/(d·m³)，在中国钢铁行业钢铁企业 2008 年指标排序中排列第一。

➢ 2009 年河北普阳钢铁有限公司高炉利用系数 4.60t/(d·m³)，在中国钢铁行业 300 万吨钢以上企业集团、300 万吨钢以上企业、钢铁企业 2009 年指标排序中排列第一。

➢ 2010 年新兴铸管股份有限公司高炉利用系数 3.91t/(d·m³)，在中国钢铁行业 300 万吨钢以上企业集团、300 万吨钢以上企业 2010 年指标排序中排列第一。

➢ 2010 年四平现代钢铁有限公司高炉利用系数 4.05t/(d·m³)，在中国钢铁行业钢铁企业 2010 年指标排序中排列第一。

➢ 2011 年江苏沙钢集团淮钢特钢股份有限公司高炉利用系数 4.0200t/(d·m³)，在中国钢铁行业钢铁企业、300 万吨钢以上企业和 300 万吨钢以上企业集团 2011 年指标排序中排列第一。

➢ 2011 年北京建龙重工集团有限公司高炉利用系数 3.7998t/(d·m³)，在中国钢铁行业钢铁企业、300 万吨钢以上企业和 300 万吨钢以上企业集团 2011 年指标排序中排列第一。

➢ 2012 年抚顺新钢铁有限责任公司高炉利用系数 3.7800t/(d·m³)，在中国钢铁行业 300 万吨钢以上企业和 300 万吨以上企业集团 2012 年指标排序中排列第一。

➢ 2012 年山西建邦集团有限公司高炉利用系数 4.000t/(d·m³)，在中国钢铁行业钢铁企业 2012 年指标排序中排列第一。

3000m³（含）以上高炉利用系数

➢ 2009 年太原钢铁（集团）有限公司 3000m³（含）以上高炉利用系数 2.50t/(d·m³)，在中国钢铁行业钢铁企业 2009 年指标排序中排列第一。

➢ 2010 年四川省川威集团有限公司 3000m³（含）以上高炉利用系数 3.7700t/(d·m³)，在中国钢铁行业钢铁企业 2010 年指标排序中排列第一。

➢ 2011 年武汉钢铁（集团）公司 3000m³（含）以上高炉利用系数 2.6421t/(d·m³)，在中国钢铁行业钢铁企业 2011 年指标排序中排列第一。

➢ 2012 年武汉钢铁（集团）公司 $3000m^3$（含）以上高炉利用系数 2. 551t/(d · m^3)，在中国钢铁行业钢铁企业 2012 年指标排序中排列第一。

2000(含)~$3000m^3$ 高炉利用系数

➢ 2009 年广东省韶关钢铁集团有限公司 2000(含)~$3000m^3$ 高炉利用系数 2. 767t/(d · m^3)，在中国钢铁行业钢铁企业 2009 年指标排序中排列第一。

➢ 2010 年安阳钢铁集团有限责任公司 2000(含)~$3000m^3$ 高炉利用系数 2. 8200t/(d · m^3)，在中国钢铁行业钢铁企业 2010 年指标排序中排列第一。

➢ 2011 年湖南华菱涟源钢铁有限公司 2000(含)~$3000m^3$ 高炉利用系数 2. 6840t/(d · m^3)，在中国钢铁行业钢铁企业 2011 年指标排序中排列第一。

➢ 2012 年武汉钢铁集团鄂城钢铁有限责任公司 2000(含)~$3000m^3$ 高炉利用系数 2. 738t/(d · m^3)，在中国钢铁行业钢铁企业 2012 年指标排序中排列第一。

1000(含)~$2000m^3$ 高炉利用系数

➢ 2009 年潍坊特钢集团有限公司 1000(含)~$2000m^3$ 高炉利用系数 3. 746t/(d · m^3)，在中国钢铁行业钢铁企业 2009 年指标排序中排列第一。

➢ 2010 年江苏申特钢铁有限公司 1000(含)~$2000m^3$ 高炉利用系数 3. 80t/(d · m^3)，在中国钢铁行业钢铁企业 2010 年指标排序中排列第一。

➢ 2011 年江苏申特钢铁有限公司 1000(含)~$2000m^3$ 高炉利用系数 3. 800t/(d · m^3)，在中国钢铁行业钢铁企业 2011 年指标排序中排列第一。

➢ 2012 年山西建邦集团有限公司 1000(含)~$2000m^3$ 高炉利用系数 4. 200t/(d · m^3)，在中国钢铁行业钢铁企业 2012 年指标排序中排列第一。

$1000m^3$ 以下高炉利用系数

➢ 2009 年河北普阳钢铁有限公司 $1000m^3$ 以下高炉利用系数 $4.600t/(d \cdot m^3)$，在中国钢铁行业钢铁企业 2009 年指标排序中排列第一。

➢ 2010 年临沂江鑫钢铁有限公司 $1000m^3$ 以下高炉利用系数 $5.0000t/(d \cdot m^3)$，在中国钢铁行业钢铁企业 2010 年指标排序中排列第一。

➢ 2011 年江苏沙钢集团淮钢特钢股份有限公司 $1000m^3$ 以下高炉利用系数 $4.0200t/(d \cdot m^3)$，在中国钢铁行业钢铁企业 2011 年指标排序中排列第一。

➢ 2012 年河北前进钢铁集团有限公司 $1000m^3$ 以下高炉利用系数 $4.020t/(d \cdot m^3)$，在中国钢铁行业钢铁企业 2012 年指标排序中排列第一。

喷吹煤粉

➢ 2002 年宝钢集团宝山钢铁股份有限公司喷吹煤粉 202.9kg/t，在中国钢铁行业 2002 年指标排序中排列第一。

➢ 2003 年宝钢集团宝山钢铁股份有限公司喷吹煤粉 192.6kg/t，在中国钢铁行业 2003 年指标排序中排列第一。

➢ 2004 年宝钢集团宝山钢铁股份有限公司喷吹煤粉 191.7kg/t，在中国钢铁行业 2004 年指标排序中排列第一。

➢ 2005 年宝钢集团宝山钢铁股份有限公司喷吹煤粉 190.41kg/t，在中国钢铁行业 2005 年指标排序中排列第一。

➢ 2006 年宝钢集团宝山钢铁股份有限公司喷吹煤粉 193.23kg/t，在中国钢铁行业指标 2006 年排序中排列第一。

➢ 2007 年武汉钢铁（集团）公司喷吹煤粉 173.50kg/t，在中国钢铁行业 300 万吨钢以上企业集团指标 2007 年排序中排列第一。

➢ 2007 年宝钢集团宝山钢铁股份有限公司喷吹煤粉 190.05kg/t，在中国钢铁行业 300 万吨钢以上企业指标 2007 年排序中排列第一。

➢ 2007 年长治钢铁（集团）有限公司喷吹煤粉 191.52kg/t，在中国钢铁行业钢铁企业指标 2007 年排序中排列第一。

➢ 2008 年太原钢铁（集团）有限公司喷吹煤粉 177.94kg/t，在中国钢铁行业 300 万吨钢以上企业集团、300 万吨钢以上企业 2008 年排序中排列第一。

➢ 2008 年长治钢铁（集团）有限公司喷吹煤粉 191.52kg/t，在中国钢铁行业钢铁企业指标 2008 年排序中排列第一。

➢ 2009 年太原钢铁（集团）有限公司喷吹煤粉 176.28kg/t，在中国钢铁行业 300 万吨钢以上企业集团 2009 年指标排序中排列第一。

➢ 2009 年宝山钢铁股份有限公司喷吹煤粉 186.02kg/t，在中国钢铁行业 300 万吨钢以上企业、钢铁企业 2009 年指标排序中排列第一。

➢ 2010 年河北文丰钢铁有限公司喷吹煤粉 188.54kg/t，在中国钢铁行业 300 万吨钢以上企业集团、300 万吨钢以上企业、钢铁企业 2010 年指标排序中排列第一。

➢ 2011 年河北普阳钢铁有限公司喷吹煤粉 182.00kg/t，在中国钢铁行业 300 万吨钢以上企业和 300 万吨钢以上企业集团 2011 年指标排序中排列第一。

➢ 2011 年冷水江钢铁有限责任公司喷吹煤粉 415.50kg/t，在中国钢铁行业钢铁企业 2011 年指标排序中排列第一。

➢ 2012 年日照钢铁控股集团有限公司喷吹煤粉 187.94kg/t，在中国钢铁行业钢铁企业、300 万吨钢以上企业和 300 万吨以上企业集团 2012 年指标排序中排列第一。

入炉焦比

➢ 2002 年宝钢集团宝山钢铁股份有限公司入炉焦比 283kg/t，在中国钢铁行业 2002 年指标排序中排列第一。

➢ 2003 年宝钢集团宝山钢铁股份有限公司入炉焦比 287kg/t，在中国钢铁行业 2003 年指标排序中排列第一。

➢ 2004 年宝钢集团宝山钢铁股份有限公司入炉焦比 191.7kg/t，在中国钢铁行业 2004 年指标排序中排列第一。

➢ 2005 年宝钢集团宝山钢铁股份有限公司入炉焦比 288.98kg/t，在中国钢铁行业 2005 年指标排序中排列第一。

➢ 2006 年宝钢集团宝山钢铁股份有限公司入炉焦比 288.84kg/t，在中国钢铁行业 2006 年指标排序中排列第一。

➢ 2007 年武汉钢铁（集团）公司入炉焦比 315.39kg/t，在中国钢铁行业 300 万吨钢以上企业集团 2007 年指标排序中排列第一。

➢ 2007 年宝钢集团宝山钢铁股份有限公司入炉焦比 296.30kg/t，在中国钢铁行业 300 万吨钢以上企业、钢铁企业 2007 年指标排序中排列第一。

➢ 2008 年太原钢铁（集团）有限公司入炉焦比 299.90kg/t，在中国钢铁行业 300 万吨钢以上企业集团、300 万吨钢以上企业 2008 年指标排序中排列第一。

➢ 2009 年太原钢铁（集团）有限公司入炉焦比 319.53kg/t，在中国钢铁行业 300 万吨钢以上企业集团 2009 年指标排序中排列第一。

➢ 2009 年宝山钢铁股份有限公司入炉焦比 284.21kg/t，在中国钢铁行业 300 万吨钢以上企业、钢铁企业 2009 年指标排序中排列第一。

➢ 2010 年河北普阳钢铁有限公司入炉焦比 320.0000kg/t，在中国钢铁行业 300 万吨钢以上企业集团 2010 年指标排序中排列第一。

➢ 2010 年宝山钢铁股份有限公司入炉焦比 292.7600kg/t，在中国钢铁行业 300 万吨钢以上企业、钢铁企业 2010 年指标排序中排列第一。

➢ 2011 年冷水江钢铁有限责任公司入炉焦比 122.55kg/t，在中国钢铁行业钢铁企业 2011 年指标排序中排列第一。

➢ 2012 年宝山钢铁股份有限公司入炉焦比 290.32kg/t，在中国钢铁行业钢铁企业、300 万吨钢以上企业和 300 万吨以上企业集团 2012 年指标排序中排列第一。

转炉炉衬寿命

➢ 2002 年莱芜钢铁集团有限公司转炉炉衬寿命 27785 炉，在中国钢铁行业 2002 年指标排序中排列第一。

➢ 2003 年莱芜钢铁集团有限公司转炉炉衬寿命 22778 炉，在中国钢铁行业 2003 年指标排序中排列第一。

➢ 2004 年重庆钢铁（集团）有限责任公司转炉炉衬寿命 22412 炉，在中国钢铁行业 2004 年指标排序中排列第一。

➢ 2005 年山东泰山钢铁集团转炉炉衬寿命 25561 炉，在中国钢铁行业 2005 年指标排序中排列第一。

➢ 2006 年山东泰山钢铁集团转炉炉衬寿命 31861 炉，在中国钢铁行业 2006 年指标排序中排列第一。

➢ 2007 年南昌长力钢铁股份有限公司转炉炉衬寿命 22781 炉，在中国钢铁行业 300 万吨钢以上企业集团 2007 年指标排序中排列第一。

➢ 2007 年马鞍山钢铁股份有限公司（本部）转炉炉衬寿命 24165 炉，在中国钢铁行业 300 万吨钢以上企业 2007 年指标排序中排列第一。

➢ 2007 年冷水江钢铁总厂转炉炉衬寿命 29398 炉，在中国钢铁行业钢铁企业 2007 年指标排序中排列第一。

➢ 2008 年马鞍山钢铁股份有限公司（本部）转炉炉衬寿命 21306 炉，在中国钢铁行业 300 万吨钢以上企业集团 2008 年指标排序中排列第一。

➢ 2008 年河北钢铁集团唐钢公司转炉炉衬寿命 28175 炉，在中国钢铁行业 300 万吨钢以上企业 2008 年指标排序中排列第一。

➢ 2008 年冷水江钢铁总厂转炉炉衬寿命 34139 炉，在中国钢铁行业钢铁企业 2008 年指标排序中排列第一。

➢ 2009 年马鞍山钢铁股份有限公司转炉炉衬寿命 22303 炉，在中国钢铁行业 300 万吨钢以上企业集团、300 万吨钢以上企业 2009 年指标排序中排列第一。

➢ 2009 年冷水江钢铁有限责任公司转炉炉衬寿命 36219 炉，在中国钢铁行业钢铁企业 2009 年指标排序中排列第一。

➢ 2010 年河北前进钢铁集团有限公司转炉炉衬寿命 24402 炉，在中国钢铁行业 300 万吨钢以上企业集团 2010 年指标排序中排列第一。

➢ 2010 年湖南华菱涟源钢铁有限公司转炉炉衬寿命 40521 炉，在中国钢铁行业 300 万吨钢以上企业、钢铁企业 2010 年指标排序中排列第一。

➢ 2011 年唐山国丰钢铁有限公司转炉炉衬寿命 1106 炉，在中国钢铁行业 300 万吨以上企业集团 2011 年指标排序中排列第一。

➢ 2011 年天津荣程联合钢铁集团有限责任公司转炉炉衬寿命 120018 炉，在中国钢铁行业钢铁企业 2011 年指标排序中排列第一。

➢ 2011 年天津荣程联合钢铁集团有限责任公司转炉炉衬寿命 120018 炉，在中国钢铁行业钢铁企业 2011 年指标排序中排列第一。

➢ 2011 年四川省达州钢铁集团有限责任公司转炉炉衬寿命 25933 炉，在中国钢铁行业 300 万吨钢以上企业 2011 年指标排序中排列第一。

➢ 2012 年四川省达州钢铁集团有限责任公司转炉炉衬寿命 38633 炉，在中国钢铁行业钢铁企业、300 万吨钢以上企业和 300 万吨钢以上企业集团 2012 年指标排序中排列第一。

轧钢综合成材率

➢ 2002 年福建省三钢（集团）有限责任公司轧钢综合成材率 99.91%，在中国钢铁行业指标排序中排列第一。

➢ 2003 年萍乡钢铁有限责任公司轧钢综合成材率 99.85%，在中国钢铁行业指标排序中排列第一。

➢ 2004 年湖南华菱钢铁集团有限责任公司年轧钢综合成材率 99.39%，在中国钢铁行业指标排序中排列第一。

➢ 2005 年山西海鑫钢铁集团有限责任公司轧钢综合成材率 99.90%，在中国钢铁行业指标排序中排列第一。

➢ 2006 年福建省三钢（集团）有限责任公司轧钢综合成材率 99.75%，在中国钢铁行业指标排序中排列第一。

➢ 2007 年萍乡钢铁有限责任公司轧钢综合成材率 100.00%，在中国钢铁行业 300 万吨钢以上企业集团、300 万吨钢以上企业、钢铁企业 2007 年指标排序中排列第一。

➢ 2008 年萍乡钢铁有限责任公司轧钢综合成材率 100.79%，在中国钢铁行业 300 万吨钢以上企业集团、300 万吨钢以上企业、钢铁企业 2008 年指标排序中排列第一。

➢ 2009 年江西萍钢实业股份有限公司轧钢综合成材率 100.56%，在中国钢铁行业 300 万吨钢以上企业集团、300 万吨钢以上企业、钢铁企业 2009 年指标排序中排列第一。

➢ 2010 年陕西龙门钢铁（集团）有限责任公司轧钢综合成材率 100.48%，在中国钢铁行业 300 万吨钢以上企业集团、300 万吨钢以上企业、钢铁企业 2010 年指标排序中排列第一。

➢ 2011 年陕西（龙门）钢铁集团有限责任公司轧钢综合成材率 100.9300%，在中国钢铁行业钢铁企业、300 万吨钢以上企业和 300 万吨钢以上企业集团 2011 年指标排序中排列第一。

➢ 2012 年西林钢铁集团有限公司轧钢综合成材率 100.38%，在中国钢铁行业 300 万吨钢以上企业和 300 万吨钢以上企业集团 2012 年指标排序中排列第一。

➢ 2012 年四平现代钢铁有限公司轧钢综合成材率 100.50%，在中国钢铁行业钢铁企业 2012 年指标排序中排列第一。

全员劳动生产率

钢铁企业

➢ 2002 年宝钢集团宝山钢铁股份有限公司全员劳动生产率 91.0899 万元/(人·年)，在中国钢铁行业 2002 年指标排序中排列第一。

➢ 2003 年宝钢集团宝山钢铁股份有限公司全员劳动生产率 150.5000 万元/(人·年)，在中国钢铁行业 2003 年指标排序中排列第一。

➢ 2004 年宝钢集团宝山钢铁股份有限公司全员劳动生产率 182.2328 万元/(人·年)，在中国钢铁行业 2004 年指标排序中排列第一。

➢ 2005 年宝钢集团宝山钢铁股份有限公司全员劳动生产率

137.6628 万元/(人·年)，在中国钢铁行业 2005 年指标排序中排列第一。

➢ 2006 年宝钢集团宝山钢铁股份有限公司全员劳动生产率 119.5745 万元/(人·年)，在中国钢铁行业 2006 年指标排序中排列第一。

➢ 2007 年江苏沙钢集团有限公司全员劳动生产率 70.0584 万元/(人·年)，在中国钢铁行业 300 万吨钢以上企业集团 2007 年指标排序中排列第一。

➢ 2007 年宝钢集团宝山钢铁股份有限公司全员劳动生产率 143.4262 万元/(人·年)，在中国钢铁行业 300 万吨钢以上企业、钢铁企业 2007 年指标排序中排列第一。

➢ 2008 年宝钢集团宝山钢铁股份有限公司全员劳动生产率 123.4747 万元/(人·年)，在中国钢铁行业 300 万吨钢以上企业集团、300 万吨钢以上企业、钢铁企业 2008 年指标排序中排列第一。

➢ 2009 年天津天钢集团有限公司全员劳动生产率 52.6779 万元/(人·年)，在中国钢铁行业 300 万吨钢以上企业集团 2009 年指标排序中排列第一。

➢ 2009 年宝山钢铁股份有限公司全员劳动生产率 91.3177 万元/(人·年)，在中国钢铁行业 300 万吨钢以上企业、钢铁企业 2009 年指标排序中排列第一。

➢ 2010 年河北前进钢铁集团有限公司全员劳动生产率 73.2494 万元/(人·年)，在中国钢铁行业 300 万吨钢以上企业集团 2010 年指标排序中排列第一。

➢ 2010 年宝山钢铁股份有限公司全员劳动生产率 115.9564 万元/(人·年)，在中国钢铁行业 300 万吨钢以上企业 2010 年指标排序中排列第一。

➢ 2010 年江阴市长达钢铁有限公司全员劳动生产率 176.0872 万元/(人·年)，在中国钢铁行业钢铁企业 2010 年指标排序中排列第一。

➢ 2011 年番禺珠江钢管有限公司全员劳动生产率 206.2661 万元/(人·年)，在中国钢铁行业钢铁企业 2011 年指标排序中排列第一。

➢ 2012 年日照钢铁控股集团有限公司全员劳动生产率 83.9646 万元/(人·年)，在中国钢铁行业钢铁企业、300 万吨钢以上企业和 300 万吨以上企业集团 2012 年指标排序中排列第一。

非钢铁企业

➢ 2002 年江苏苏嘉股份有限公司全员劳动生产率 9.3459 万元/(人·年)，在中国钢铁行业非钢铁企业 2002 年指标排序中排列第一。

➢ 2003 年营口青花耐火材料股份有限公司全员劳动生产率 8.1781 万元/(人·年)，在中国钢铁行业指标非钢铁企业 2003 年排序中排列第一。

➢ 2004 年浙江漓铁有限集团公司全员劳动生产率 15.7800 万元/(人·年)，在中国钢铁行业非钢铁企业 2004 年指标排序中排列第一。

➢ 2005 年浙江漓铁有限集团公司全员劳动生产率 182431 万元/(人·年)，在中国钢铁行业非钢铁企业 2005 年指标排序中排列第一。

➢ 2006 年邯邢冶金矿山管理局全员劳动生产率 12.5009 万元/(人·年)，在中国钢铁行业非钢铁企业 2006 年指标排序中排列第一。

➢ 2007 年中国冶金科技集团公司全员劳动生产率 92.4000 万元/(人·年)，在中国钢铁行业非钢铁企业 2007 年指标排序中排列第一。

➢ 2008 年海南矿业联合有限公司全员劳动生产率 37.0602 万元/(人·年)，在中国钢铁行业非钢铁企业 2008 年指标排序中排列第一。

➢ 2009 年邯邢冶金矿山管理局全员劳动生产率 19.1400 万元/(人·年)，在中国钢铁行业非钢铁企业 2009 年指标排序中排列第一。

➢ 2010 年海南矿业股份有限公司全员劳动生产率 38.8775 万元/(人·年)，在中国钢铁行业非钢铁企业 2010 年指标排序中排列第一。

➢ 2011 年海南矿业股份有限公司全员劳动生产率 42. 7305 万元/(人·年)，在中国钢铁行业非钢铁企业 2011 年指标排序中排列第一。

➢ 2012 年海南矿业股份有限公司全员劳动生产率 32. 1031 万元/(人·年)，在中国钢铁行业非钢铁企业 2012 年指标排序中排列第一。

三年利润平均增长率

钢铁企业

➢ 2005 年河北文丰钢铁有限公司三年利润平均增长率 459. 1698%，在中国钢铁行业 2005 年指标排序中排列第一。

➢ 2006 年抚顺新抚钢有限责任公司三年利润平均增长率 136. 4339%，在中国钢铁行业 2006 年指标排序中排列第一。

➢ 2007 年建龙钢铁控股有限公司三年利润平均增长率 65. 8439%，在中国钢铁行业 300 万吨钢以上企业集团、300 万吨钢以上企业 2007 年指标排序中排列第一。

➢ 2007 年抚顺新抚钢有限责任公司三年利润平均增长率 523. 5343%，在中国钢铁行业钢铁企业 2007 年指标排序中排列第一。

➢ 2008 年江苏沙钢集团有限公司三年利润平均增长率 85. 6817%，在中国钢铁行业 300 万吨钢以上企业集团、300 万吨钢以上企业 2008 年指标排序中排列第一。

➢ 2008 年江苏申特钢铁有限公司（上海申特型钢有限公司）三年利润平均增长率 208. 2115%，在中国钢铁行业钢铁企业 2008 年指标排序中排列第一。

➢ 2009 年昆明钢铁控股有限公司三年利润平均增长率 50. 4292%，在中国钢铁行业 300 万吨钢以上企业集团 2009 年指标排序中排列第一。

➢ 2009 年宝钢集团新疆八钢公司三年利润平均增长率 50. 8863%，在中国钢铁行业 300 万吨钢以上企业 2009 年指标排序中排列第一。

➢ 2009 年江苏申特钢铁有限公司三年利润平均增长率 203.4106%，在中国钢铁行业钢铁企业 2009 年指标排序中排列第一。

➢ 2010 年衢州元立金属制品有限公司三年利润平均增长率 72.5923%，在中国钢铁行业 300 万吨钢以上企业集团、300 万吨钢以上企业 2010 年指标排序中排列第一。

➢ 2010 年河北天柱钢铁集团有限公司三年利润平均增长率 164.6934%，在中国钢铁行业钢铁企业 2010 年指标排序中排列第一。

➢ 2011 年酒泉钢铁（集团）有限责任公司三年利润平均增长率 100.4418%，在中国钢铁行业 300 万吨钢以上企业集团 2011 年指标排序中排列第一。

➢ 2011 年广西柳州钢铁（集团）公司三年利润平均增长率 173.7090%，在中国钢铁行业 300 万吨钢以上企业 2011 年指标排序中排列第一。

➢ 2011 年方大特钢科技股份有限公司（原南昌长力钢铁股份有限公司）三年利润平均增长率 281.6628%，在中国钢铁行业钢铁企业 2011 年指标排序中排列第一。

➢ 2012 年方大特钢科技股份有限公司（原南昌长力）三年利润平均增长率 139.1865%，在中国钢铁行业钢铁企业、300 万吨钢以上企业和 300 万吨以上企业集团 2012 年指标排序中排列第一。

非钢铁企业

➢ 2005 年邯邢冶金矿山管理局三年利润平均增长率 387.6030%，在中国钢铁行业非钢铁企业 2005 年指标排序中排列第一。

➢ 2006 年海南钢铁公司三年利润平均增长率 464.6264%，在中国钢铁行业非钢铁企业 2006 年指标排序中排列第一。

➢ 2007 年中国冶金科工集团公司三年利润平均增长率 109.3600%，在中国钢铁行业非钢铁企业 2007 年指标排序中排列第一。

➢ 2008 年中钢集团吉林铁合金股份有限公司三年利润平均增长率 72.7653%，在中国钢铁行业非钢铁企业 2008 年指标排序中排列第一。

➢ 2009 年方大炭素新材料科技股份有限公司三年利润平均增长率 216.3659%，在中国钢铁行业非钢铁企业 2009 年指标排序中排列第一。

➢ 2010 年海南矿业股份有限公司三年利润平均增长率 31.4719%，在中国钢铁行业非钢铁企业 2010 年指标排序中排列第一。

➢ 2011 年河北钢铁集团矿业有限公司三年利润平均增长率 32.6492%，在中国钢铁行业非钢铁企业 2011 年指标排序中排列第一。

➢ 2012 年鲁中矿业有限公司三年利润平均增长率 90.4258%，在中国钢铁行业非钢铁企业 2012 年指标排序中排列第一。

三年资本平均增长率

钢铁企业

➢ 2005 年河北文丰钢铁有限公司三年资本平均增长率 455.3240%，在中国钢铁行业 2005 年指标排序中排列第一。

➢ 2006 年天津天钢集团有限公司三年资本平均增长率 87.4200%，在中国钢铁行业 2006 年指标排序中排列第一。

➢ 2007 年萍乡钢铁有限责任公司三年资本平均增长率 48.5291%，在中国钢铁行业 300 万吨钢以上企业集团、300 万吨钢以上企业 2007 年指标排序中排列第一。

➢ 2007 年江苏申特钢铁有限公司三年资本平均增长率 111.0727%，在中国钢铁行业钢铁企业 2007 年指标排序中排列第一。

➢ 2008 年首钢总公司三年资本平均增长率 61.3740%，在中国钢铁行业 300 万吨钢以上企业集团、300 万吨钢以上企业 2008 年指标排序中排列第一。

➢ 2008 年江苏申特钢铁有限公司（上海申特型钢有限公司）三

年资本平均增长率113.6402%，在中国钢铁行业钢铁企业2008年指标排序中排列第一。

➢2009年中天钢铁集团有限公司三年资本平均增长率72.9451%，在中国钢铁行业300万吨钢以上企业集团、300万吨钢以上企业2009年指标排序中排列第一。

➢2009年江苏申特钢铁有限公司三年资本平均增长率118.1647%，在中国钢铁行业钢铁企业2009年指标排序中排列第一。

➢2010年新兴铸管股份有限公司三年资本平均增长率43.4588%，在中国钢铁行业300万吨钢以上企业集团、300万吨钢以上企业2010年指标排序中排列第一。

➢2010年四川省川威集团有限公司三年资本平均增长率82.8569%，在中国钢铁行业钢铁企业2010年指标排序中排列第一。

➢2011年中天钢铁集团有限责任公司三年资本平均增长率43.0293%，在中国钢铁行业300万吨钢以上企业和300万吨钢以上企业集团2011年指标排序中排列第一。

➢2012年北京建龙重工集团有限公司三年资本平均增长率37.1491%，在中国钢铁行业300万吨钢以上企业和300万吨以上企业集团2012年指标排序中排列第一。

➢2012年番禺珠江钢管有限公司三年资本平均增长率87.4218%，在中国钢铁行业钢铁企业2012年指标排序中排列第一。

非钢铁企业

➢2005年贵州龙里龙腾铁合金有限责任公司三年资本平均增长率43.6264%，在中国钢铁行业非钢铁企业2005年指标排序中排列第一。

➢2006年海南钢铁公司三年资本平均增长率82.7778%，在中国钢铁行业非钢铁企业2006年指标排序中排列第一。

➢2007年中国冶金科工集团公司三年资本平均增长率47.6200%，在中国钢铁行业非钢铁企业2007年指标排序中排列第一。

➢ 2008 年中钢集团吉林铁合金股份有限公司三年资本平均增长率 32.0314%，在中国钢铁行业非钢铁企业 2008 年指标排序中排列第一。

➢ 2009 年方大炭素新材料科技股份有限公司三年资本平均增长率 66.2315%，在中国钢铁行业非钢铁企业 2009 年指标排序中排列第一。

➢ 2010 年五矿（湖南）铁合金有限责任公司三年资本平均增长率 163.2154%，在中国钢铁行业非钢铁企业 2010 年指标排序中排列第一。

➢ 2011 年河北钢铁集团矿业有限公司三年资本平均增长率 39.5089%，在中国钢铁行业非钢铁企业 2011 年指标排序中排列第一。

➢ 2012 年鲁中矿业有限公司三年资本平均增长率 35.1324%，在中国钢铁行业非钢铁企业 2012 年指标排序中排列第一。

三年营业收入平均增长率

钢铁企业

➢ 2005 年河北文丰钢铁有限公司三年营业收入平均增长率 163.1219%，在中国钢铁行业 2005 年指标排序中排列第一。

➢ 2006 年唐山港陆钢铁有限公司三年营业收入平均增长率 103.4682%，在中国钢铁行业 2006 年指标排序中排列第一。

➢ 2007 年江苏沙钢集团有限公司三年营业收入平均增长率 54.9046%，在中国钢铁行业 300 万吨钢以上企业集团、300 万吨钢以上企业 2007 年指标排序中排列第一。

➢ 2007 年江苏申特钢铁有限公司三年营业收入平均增长率 97.4117%，在中国钢铁行业钢铁企业 2007 年指标排序中排列第一。

➢ 2008 年江苏沙钢集团有限公司三年营业收入平均增长率 53.0028%，在中国钢铁行业 300 万吨钢以上企业集团、300 万吨钢以上企业 2008 年指标排序中排列第一。

➢ 2008 年抚顺新钢铁有限责任公司三年营业收入平均增长率 150.4843%，在中国钢铁行业钢铁企业 2008 年指标排序中排列第一。

➢ 2009 年天津天钢集团有限公司三年营业收入平均增长率 47.0821%，在中国钢铁行业 300 万吨钢以上企业集团、300 万吨钢以上企业 2009 年指标排序中排列第一。

➢ 2009 年江苏申特钢铁有限公司三年营业收入平均增长率 109.6567%，在中国钢铁行业钢铁企业 2009 年指标排序中排列第一。

➢ 2010 年衢州元立金属制品有限公司三年营业收入平均增长率 49.0691%，在中国钢铁行业 300 万吨钢以上企业集团、300 万吨钢以上企业、钢铁企业 2010 年指标排序中排列第一。

➢ 2011 年中天钢铁集团有限责任公司三年营业收入平均增长率 36.5998%，在中国钢铁行业 300 万吨钢以上企业和 300 万吨钢以上企业集团 2011 年指标排序中排列第一。

➢ 2011 年安钢集团河南凤宝特钢有限公司三年营业收入平均增长率 42.0658%，在中国钢铁行业钢铁企业 2011 年指标排序中排列第一。

➢ 2012 年临沂江鑫钢铁有限公司三年营业收入平均增长率 215.7116%，在中国钢铁行业钢铁企业 2012 年指标排序中排列第一。

➢ 2012 年北京建龙重工集团有限公司三年营业收入平均增长率 160.7393%，在中国钢铁行业 300 万吨钢以上企业和 300 万吨以上企业集团 2012 年指标排序中排列第一。

非钢铁企业

➢ 2005 年浙江漓铁有限集团公司三年营业收入平均增长率 124.1196%，在中国钢铁行业非钢铁企业指标排序中排列第一。

➢ 2006 年海南钢铁公司三年营业收入平均增长率 45.1563%，在中国钢铁行业非钢铁企业 2006 年指标排序中排列第一。

➢ 2007 年中国冶金科工集团公司三年营业收入平均增长率 35.3100%，在中国钢铁行业非钢铁企业 2007 年指标排序中排列第一。

➢ 2008 年吉林铁合金有限责任公司三年营业收入平均增长率 38.9918%，在中国钢铁行业非钢铁企业 2008 年指标排序中排列第一。

➢ 2009年方大炭素新材料科技股份有限公司三年营业收入平均增长率36.7551%，在中国钢铁行业非钢铁企业2009年指标排序中排列第一。

➢ 2010年五矿（湖南）铁合金有限责任公司三年营业收入平均增长率25.2793%，在中国钢铁行业非钢铁企业2010年指标排序中排列第一。

➢ 2011年五矿（湖南）铁合金有限责任公司三年营业收入平均增长率94.5943%，在中国钢铁行业非钢铁企业2011年指标排序中排列第一。

➢ 2012年河北钢铁集团矿业有限公司三年营业收入平均增长率48.3682%，在中国钢铁行业非钢铁企业2012年指标排序中排列第一。

环保投入额占营业收入比率

钢铁企业

➢ 2004年宝钢集团上海第一钢铁有限公司环保投入额占营业收入比率26.4273%，在中国钢铁行业2004年指标排序中排列第一。

➢ 2005年河北普阳钢铁有限公司环保投入额占营业收入比率3.5246%，在中国钢铁行业2005年指标排序中排列第一。

➢ 2006年包头钢铁（集团）有限责任公司环保投入额占营业收入比率4.3057%，在中国钢铁行业2006年指标排序中排列第一。

➢ 2007年包头钢铁（集团）有限责任公司环保投入额占营业收入比率4.2172%，在中国钢铁行业300万吨钢以上企业集团、300万吨钢以上企业2007年指标排序中排列第一。

➢ 2007年重庆东华特殊钢有限责任公司环保投入额占营业收入比率21.9742%，在中国钢铁行业钢铁企业2007年指标排序中排列第一。

➢ 2008年攀枝花钢铁（集团）公司环保投入额占营业收入比率3.3124%，在中国钢铁行业300万吨钢以上企业集团、300万吨钢以上企业2008年指标排序中排列第一。

➢ 2008 年江苏苏钢集团有限公司环保投入额占营业收入比率 6.5295%，在中国钢铁行业钢铁企业 2008 年指标排序中排列第一。

➢ 2009 年新余钢铁集团有限公司环保投入额占营业收入比率 6.3413%，在中国钢铁行业 300 万吨钢以上企业集团、300 万吨钢以上企业、钢铁企业 2009 年指标排序中排列第一。

➢ 2010 年重庆钢铁（集团）有限责任公司环保投入额占营业收入比率 3.1472%，在中国钢铁行业 300 万吨钢以上企业集团、300 万吨钢以上企业、钢铁企业 2010 年指标排序中排列第一。

➢ 2011 年首钢水城钢铁（集团）有限责任公司环保投入额占营业收入比率 3.1222%，在中国钢铁行业钢铁企业、300 万吨钢以上企业和 300 万吨钢以上企业集团 2011 年指标排序中排列第一。

➢ 2012 年凌源钢铁集团有限责任公司环保投入额占营业收入比率 4.2215%，在中国钢铁行业钢铁企业、300 万吨钢以上企业和 300 万吨钢以上企业集团 2012 年指标排序中排列第一。

非钢铁企业

➢ 2004 年锦州铁合金（集团）有限责任公司环保投入额占营业收入比率 1.9486%，在中国钢铁行业非钢铁企业 2004 年指标排序中排列第一。

➢ 2005 年锦州铁合金（集团）有限责任公司环保投入额占营业收入比率 2.6057%，在中国钢铁行业非钢铁企业 2005 年指标排序中排列第一。

➢ 2006 年吉林铁合金有限责任公司环保投入额占营业收入比率 1.7539%，在中国钢铁行业非钢铁企业 2006 年指标排序中排列第一。

➢ 2007 年腾达西北铁合金有限责任公司环保投入额占营业收入比率 1.9623%，在中国钢铁行业非钢铁企业 2007 年指标排序中排列第一。

➢ 2008 年广东省大宝山矿业有限公司环保投入额占营业收入比率 1.5979%，在中国钢铁行业非钢铁企业 2008 年指标排序中排列第一。

➢ 2009 年鲁中冶金矿山集团公司环保投入额占营业收入比率 68.6190%，在中国钢铁行业非钢铁企业 2009 年指标排序中排列第一。

➢ 2010 年五矿（湖南）铁合金有限责任公司环保投入额占营业收入比率 2.9013%，在中国钢铁行业非钢铁企业 2010 年指标排序中排列第一。

➢ 2011 年五矿（湖南）铁合金有限责任公司环保投入额占营业收入比率 2.2807%，在中国钢铁行业非钢铁企业 2011 年指标排序中排列第一。

➢ 2012 年五矿（湖南）铁合金有限责任公司环保投入额占营业收入比率 3.5354%，在中国钢铁行业非钢铁企业 2012 年指标排序中排列第一。

当年环保投入额

➢ 2004 年宝钢集团上海第一钢铁有限公司当年环保投入额 360000 万元，在中国钢铁行业 2004 年指标排序中排列第一。

➢ 2004 年锦州铁合金（集团）有限责任公司当年环保投入额 1828 万元，在中国钢铁行业非钢铁企业指标排序中排列第一。

人均产钢

➢ 2005 年江苏沙钢集团有限公司人均产钢 1075.7530t，在中国钢铁行业 2005 年指标排序中排列第一。

➢ 2006 年五矿营口中板有限责任公司人均产钢 1463.84t，在中国钢铁行业 2006 年指标排序中排列第一。

➢ 2007 年江苏沙钢集团有限公司人均产钢 857.25t，在中国钢铁行业 300 万吨以上企业集团、300 万吨钢以上企业 2007 年指标排序中排列第一。

➢ 2007 年五矿营口中板有限责任公司人均产钢 1456.53t，在中国钢铁行业钢铁企业 2007 年指标排序中排列第一。

➢ 2008 年江苏沙钢集团有限公司人均产钢 825.15t，在中国钢铁行业 300 万吨以上企业集团、300 万吨钢以上企业 2008 年指标排序中排列第一。

➢ 2008 年五矿营口中板有限责任公司人均产钢 1153. 40t，在中国钢铁行业钢铁企业 2008 年指标排序中排列第一。

➢ 2009 年河北津西钢铁集团人均产钢 735. 54t，在中国钢铁行业 300 万吨钢以上企业集团、300 万吨钢以上企业 2009 年指标排序中排列第一。

➢ 2009 年五矿营口中板有限责任公司人均产钢 891. 28t，在中国钢铁行业钢铁企业 2009 年指标排序中排列第一。

➢ 2010 年河北前进钢铁集团有限公司人均产钢 908. 2239t，在中国钢铁行业 300 万吨钢以上企业集团、300 万吨钢以上企业 2010 年指标排序中排列第一。

➢ 2010 年临沂江鑫钢铁有限公司人均产钢 908. 9215t，在中国钢铁行业钢铁企业 2010 年指标排序中排列第一。

➢ 2011 年河北前进钢铁集团有限公司人均产钢 933. 5982t，在中国钢铁行业钢铁企业、300 万吨钢以上企业和 300 万吨以上企业集团 2011 年指标排序中排列第一。

➢ 2012 年日照钢铁控股集团有限公司人均产钢 912. 6371t，在中国钢铁行业钢铁企业、300 万吨钢以上企业和 300 万吨以上企业集团 2012 年指标排序中排列第一。

全部从业人员平均人数

➢ 2004 年攀枝花钢铁（集团）公司 105127 人，在中国钢铁行业 2004 年指标排序中排列第一。

➢ 2004 年邯邢冶金矿山管理局全部从业人员平均人数 12972 人，在中国钢铁行业非钢铁企业 2004 年指标排序中排列第一。

研究与发展经费占营业收入比重

➢ 2009 年天津天铁冶金集团有限公司研究与发展经费占营业收入比重 3. 7285，在中国钢铁行业 300 万吨钢以上企业集团 2009 年指标排序中排列第一。

➢ 2009 年本溪钢铁（集团）有限责任公司研究与发展经费占营

业收入比重4.4750，在中国钢铁行业300万吨钢以上企业、钢铁企业2009年指标排序中排列第一。

➢ 2010年酒泉钢铁集团有限责任公司研究与发展经费占营业收入比重4.1654，在中国钢铁行业300万吨钢以上企业集团2010年指标排序中排列第一。

➢ 2010年本溪钢铁（集团）有限责任公司研究与发展经费占营业收入比重4.9509，在中国钢铁行业300万吨钢以上企业、钢铁企业2010年指标排序中排列第一。

➢ 2011年酒泉钢铁（集团）有限责任公司研究与发展经费占营业收入比重4.1394，在中国钢铁行业300万吨钢以上企业和300万吨以上企业集团2011年指标排序中排列第一。

➢ 2011年江苏华菱锡钢特钢有限公司研究与发展经费占营业收入比重10.9401，在中国钢铁行业钢铁企业2011年指标排序中排列第一。

➢ 2012年天津荣程联合钢铁集团有限责任公司研究与发展经费占营业收入比重8.9413，在中国钢铁行业钢铁企业、300万吨钢以上企业和300万吨以上企业集团2012年指标排序中排列第一。

流动比

钢铁企业

➢ 2011年唐山国丰钢铁有限公司流动比1.7806%，在中国钢铁行业300万吨钢以上企业2011年指标排序中排列第一。

➢ 2011年新兴铸管股份有限责任公司流动比1.6115%，在中国钢铁行业300万吨钢以上企业集团2011年指标排序中排列第一。

➢ 2011年天津天钢集团有限公司流动比1.5737%，在中国钢铁行业钢铁企业2011年指标排序中排列第一。

➢ 2012年天津天钢集团有限公司流动比1.7508%，在中国钢铁行业钢铁企业、300万吨钢以上企业和300万吨以上企业集团2012年指标排序中排列第一。

非钢铁企业

➢ 2011年海南矿业股份有限公司流动比4.4138%，在中国钢铁行业非钢铁企业2011年指标排序中排列第一。

➢ 2012年海南矿业股份有限公司流动比2.9348%，在中国钢铁行业非钢铁企业2012年指标排序中排列第一。

速动比

钢铁企业

➢ 2011年新兴铸管股份有限责任公司速动比1.4192%，在中国钢铁行业300万吨钢以上企业和300万吨钢以上企业集团2011年指标排序中排列第一。

➢ 2011年江苏法尔胜泓昇集团有限公司速动比2.9504%，在中国钢铁行业钢铁企业2011年指标排序中排列第一。

➢ 2012年唐山国丰钢铁有限公司速动比1.2675%，在中国钢铁行业钢铁企业、300万吨钢以上企业和300万吨以上企业集团2012年指标排序中排列第一。

非钢铁企业

➢ 2011年海南矿业股份有限公司速动比4.1005%，在中国钢铁行业非钢铁企业2011年指标排序中排列第一。

➢ 2012年海南矿业股份有限公司速动比1.9724%，在中国钢铁行业非钢铁企业2012年指标排序中排列第一。

煤气回收利用率

➢ 2011年首钢总公司煤气回收利用率100.0000%，在中国钢铁行业300万吨钢以上企业和300万吨钢以上企业集团2011年指标排序中排列第一。

➢ 2011年陕西略阳钢铁有限责任公司煤气回收利用率100.0000%，在中国钢铁行业钢铁企业2011年指标排序中排列第一。

➢ 2012年日照钢铁控股集团有限公司煤气回收利用率100%，在中国钢铁行业300万吨钢以上企业和300万吨以上企业集团2012